『一带一路』视野下海外华文媒体动态与前瞻

主编◎彭伟步

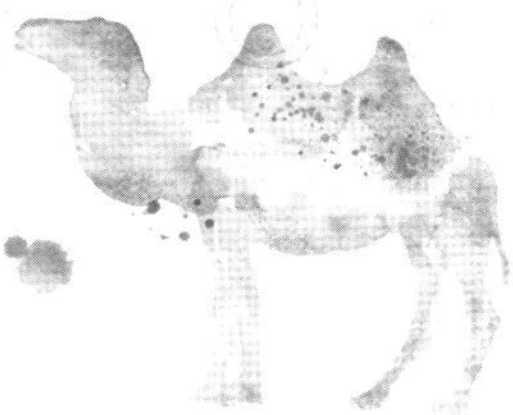

暨南大学出版社
JINAN UNIVERSITY PRESS

中国·广州

图书在版编目（CIP）数据

“一带一路”视野下海外华文媒体动态与前瞻/彭伟步主编．—广州：暨南大学出版社，2018.8
ISBN 978-7-5668-2380-9

Ⅰ．①一…　Ⅱ．①彭…　Ⅲ．①中文—媒体—研究—世界　Ⅳ．①G219.1

中国版本图书馆 CIP 数据核字（2018）第 100368 号

“一带一路”视野下海外华文媒体动态与前瞻
“YIDAIYILU” SHIYE XIA HAIWAI HUAWEN MEITI DONGTAI YU QIANZHAN
主　编：彭伟步

出 版 人：徐义雄
责任编辑：冯　琳　黄　球　颜　彦
责任校对：周海燕
责任印制：汤慧君　周一丹

出版发行：暨南大学出版社（510630）
电　　话：总编室（8620）85221601
营销部（8620）85225284　85228291　85228292（邮购）
传　　真：（8620）85221583（办公室）　85223774（营销部）
网　　址：http://www.jnupress.com
排　　版：广州良弓广告有限公司
印　　刷：广州市穗彩印务有限公司
开　　本：787mm×1092mm　1/16
印　　张：16.25
字　　数：298 千
版　　次：2018 年 8 月第 1 版
印　　次：2018 年 8 月第 1 次
定　　价：49.80 元

目　录

移民社会学视角下移民报刊的文化融入与逆向反抗

彭伟步

【摘　要】 美国著名社会学家帕克从社会学的角度研究移民报刊的族群与国家认同，认为包括华文报刊在内的移民报刊具有维护族群的功能，但是并不代表他们在政治上认同祖（籍）国，提出移民报刊是促进外来移民融入主流社会的重要手段。帕克虽然澄清了包括华文报刊在内的移民报刊的政治效忠问题，但是由于历史与文化视角等原因，其关于少数族群传媒的族群与国家认同的研究存在明显缺陷。

【关键词】 罗伯特·E. 帕克；美国移民报刊；少数族群传媒；族群认同；国家认同

中国经济的发展和崛起，日益受到美国的关注。面对中国的崛起，如何保护美国国家利益和安全成为美国学者研究的热点问题。美国生活着400多万名华人，近十年主流媒体不断出现华人从事间谍活动的报道，使主流社会对华人的政治忠诚产生怀疑。与此同时，美国各地华人创办各种华文报刊，传播中华文化，也引起主流社会的文化猜忌：这些华文报刊是否只传播中华文化，而缺乏融入美国社会的意愿，甚至成为阻止华人接受美国价值观的障碍？早在20世纪，美国著名学者罗伯特·E. 帕克（Robert Ezra Park，1864—1944）在芝加哥投入了大量精力，通过调查访问和调阅历史文献，对包括华文报刊《世界周刊》（*World Journal*）在内的移民报刊进行研究，提出移民与主流社会存在社会距离的问题，分析了移民对母语报刊拥有特殊感情的原因。这些观点对于客观看待华文报刊的功能不无启发意义。

一、移民社会学的提出

19世纪末20世纪初美国经历了两个移民高峰：“一个是1881—1890年，

达到了520多万人；另一个是1901—1910年，达到了870余万人之多。"① 相继涌入美国城市的大量外来移民，不仅给美国城市带来了严重的社会管理问题，而且引起了主流社会对外来移民是否接受美国价值观、能否实现美国化的激烈争论。作为当时美国第二大城市的芝加哥，随着外来移民不断涌入，新移民社区的产生，促成了社区的少数族群化，不仅加重了城市管理的压力，而且经常出现不同族群之间、少数族群与主流社会之间因为文化差异而产生的摩擦。芝加哥由此成为美国城市面临移民问题的典型城市，也为社会学者研究少数族群提供了极具研究价值和理论实践价值的环境与条件。"新移民的不断涌入导致了芝加哥的无序和分裂，而美国社会存在的排斥移民的现象，更加使芝加哥社会问题层出不穷。许多社会学家和社会工作者开始进行实地考察分析，试图探讨解决移民能否融入新的社会，美国社会如何同化新移民这一当时美国主流社会普遍关心的问题。"② 众多学者对移民问题的研究，逐步充实或发展了各种新闻传播学的理论。"芝加哥的研究者把自己看做'进步主义运动'之翼，认为美国社会有能力同化其少数民族。他们的著作既代表了同化主义传统的极点，又代表了试图划定这一传统界线的研究者们的第一批尝试。"③

外来移民在数个相对集中的社区形成的少数族群，究竟能否被同化入美国主流社会呢？这是美国主流社会普遍关心的问题。罗伯特·E. 帕克率先对少数族群所在的社区进行研究，以移民报刊的研究作为切入点。他发现，除了德裔非常喜欢阅读德语报刊外，其他一些移民对本族群移民报刊的感情也很深厚，比如说，华人对华文报刊。他因此决定对"1910年初在芝加哥出版的19种日报（其中7种为少数族群语言报刊）进行调查研究"④。他通过对包括华文报刊《世界周刊》（*World Journal*）在内的报刊的研究，对华人接受美国文化的同化过程有了更深入的理解。他发现，"有效的个体之间的传播在同化过程中起到了重要作用，因为从敌对到冲突、适应乃至同化，每一个阶段都伴随着个人和群体之间的接触与交流，人际传播、群体传播贯穿其中。同时，报纸作为新兴的大众媒介对少数族群的同化起到了推波助澜的作用。同

---

① 转引自胡锦山：《罗伯特·帕克与美国城市移民同化问题研究》，《求是学刊》2008年第1期，第134页。见：U. S. Dept. of Commerce. Historical statistics of the United States: colonial times to 1970. Washington, D. C.: Government Printing Office, 1975: pp. 105-106.

② 胡锦山：《罗伯特·帕克与美国城市移民同化问题研究》，《求是学刊》2008年第1期，第135页。

③ PERSONS S. Ethnic studies at Chicago: 1905-1945. Urbana: University of Illinois Press, 1987: p. 78.

④ PARK R. The city: suggestion for investigation of human behavior in the urban environment. Chicago: University of Chicago Press, 1915: p. 27.

化是一种群体现象，捍卫少数族群文化的报纸，特别是少数族群报刊在其中起到非常重要的作用”①。

据此，帕克认为，报刊、社团、教育是外来移民维系文化认同以至于族群认同的重要手段和工具，其中，报刊又起着相当重要的作用。它们不仅传播移民信息，也传播当地主流社会信息。它们不仅服务移民，而且促进不同移民社区的文化交流。移民报刊不仅是维系外来移民文化认同的重要工具，而且是促进移民融入主流社会的重要手段。移民报刊起着当地主流传媒不可替代的作用。进而，帕克对多个城市的移民报刊展开调查研究，并通过多年对移民报刊的调查统计，于 1922 年出版了《移民报刊及其控制》（*The Immigrant Press and Its Control*）。“《移民报刊及其控制》采用了经验社会学的研究方法，通过以‘发现事实’（fact – finding）为主要特征的经验研究和以理论探讨为主要特征的思辨研究，按‘移民报刊的生存土壤’‘外语报刊的状况’‘移民报刊的历史’和‘报业控制’四大部分进行分析论述。”② 正是这本书使帕克获得“大众传播的第一个理论家”③ 的美誉，至今仍被认为是对少数族群传媒理论论述最为完整和系统的著作。后人对少数族群传媒的调查和研究基本上也建立在帕克关于移民报刊研究的基础上，并围绕某一族群传媒而展开。

二、移民报刊对改善移民的边缘人状态的重要作用

帕克与他的学生在芝加哥主要针对当时城市外来移民能否融入美国社会的问题进行了大量的研究工作，这是涉及美国所有大城市，并超出城市社会学范围的重大社会政治问题。“他们的研究开创了城市社会学先河，对其后相关学科的理论研究和实际应用都产生了广泛而深刻的影响。由于独特的研究方法、学术思想和贡献，帕克及其同事和学生的研究被称为芝加哥学派。”④

早年的记者经历使帕克在研究城市外来移民同化问题时较之其他芝加哥学派的学者视野更为宽阔，他特别强调移民报刊在推动外来移民向主流社会同化过程中的重要性，强化了他将经验研究作为解决社会现实问题的主要研究方法的取向。也正是因为极其重视经验研究方法，他对大量移民报刊刊登的广告特别关注。“帕克对 170 家分属 24 个语言群体的报刊上的广告篇幅、

① 胡锦山：《罗伯特·帕克与美国城市移民同化问题研究》，《求是学刊》2008 年第 1 期，第 137 页。
② 胡锦山：《罗伯特·帕克与美国城市移民同化问题研究》，《求是学刊》2008 年第 1 期，第 135 页。
③ 罗杰斯：《传播学史》，上海：上海译文出版社 2002 年版，第 150 页。
④ 胡锦山：《罗伯特·帕克与美国城市移民同化问题研究》，《求是学刊》2008 年第 1 期，第 136 页。

不同条目广告所占的空间比例作了仔细的调查分析，发现在日常生活中，人们在阅读报刊时往往会忽视报纸的主要内容——社论，相反一些当地新闻、出生消息和讣告、广告，特别是所谓秘方和招工信息却为读者所关注。”[①] 他认为，“在许多情况下，广告揭示的移民社区的结构，比报刊其他部分可以做到的更全面”，“广告还揭示了移民群体在多大程度上适应了美国的生活方式”。[②] 除此之外，帕克还进行了个案研究，对华人进行了深入研究，包括对华文报刊工作人员的访谈。通过细致考察华文报刊的范例——《世界周刊》，他认为华文报刊“成功地反映了这个种族（华人）的个人生活，并对报刊所代表的公众舆论、思想和渴望起到如此重要的作用”[③]。

帕克通过大量的调查研究，在齐美尔的“陌生人”理论基础上，发展出“社会距离”和“边缘人”理论。帕克认为，陌生人之所以“陌生”，实际上是由于新的社会环境导致的文化认同的缺失，产生了“两个或以上个体或其他范畴之间的能察觉到的亲近感的缺乏”，即“社会距离”。这个发现真实地反映了华人的生存状态。从根本上说，华人对新环境的“社会距离”是由于自己在心理上迫切地想融入其中，但由于文化上的隔离等原因，很多华人陷入了“边缘人”的尴尬境地，特别是早期赴美华人，大部分文化程度相对低下，通过“卖猪仔”的形式从事体力劳动，如矿工、洗衣工人等，再加上东西方文化的巨大差异，在心理上产生的社会距离与其他移民相比更加明显。

“边缘人”是对两个社会群体的参与都不完全，处于两个群体的边缘，因此产生紧张感、失落感、自卑感等。“边缘人”处于劣势，被排斥，具有不稳定性和反社会倾向等特征。因此，边缘人的存在成为社会不稳定的因素。故此，华人社区的存在，为减少社会距离，缓解边缘人的心理紧张状态提供了缓冲地带，而其中华文报刊就为稀释紧张心理作出了突出贡献。帕克在研究中发现，“华人社区在美国都拥有它们的报刊，即使他们在本国时没有”[④]。华文报刊的创立，对缓解新移民的思乡情绪，淡化边缘人的色彩，加速融入主流社会，起着不可替代的作用，不仅缓解了他们的乡愁，稀释了他们的紧张心理，调适了边缘人的角色，拉近了与主流社会的社会距离，而且对美国社会的稳定作出了重大贡献。

在帕克对移民报刊研究的基础上，许多具有华人背景的美国学者通过华

---

① 胡锦山：《罗伯特·帕克与美国城市移民同化问题研究》，《求是学刊》2008年第1期，第135页。

② 胡锦山：《罗伯特·帕克与美国城市移民同化问题研究》，《求是学刊》2008年第1期，第136页。

③ 参见 PARK R. The immigrant press and its control. New York：Harper & Brother Publishers，1922：pp. 89，109，135，150，367－368.

④ PARK R. The significance of social research in social service. Journal of applied sociology，1924，65（3）：pp. 264－265.

文报刊的特点，进一步探索来自非洲和亚洲移民报刊的族群和国家认同问题。他们都主张政府应容许少数族群传媒存在，认为它们的存在有助于延续少数族群文化，帮助少数族群融入主流社会，并在此基础上开展了华文报刊的社会影响力、文化、族群与国家认同的研究，进一步丰富了少数族群传媒研究。

三、华文报刊的文化融入作用

在帕克的研究之前，很多人把文化认同、族群认同与政治认同等同起来，从而产生了一种错觉，以为传播族群文化就是在政治上认同移民来源国。也正是这种错觉，造成外来移民的国家认同一直受到质疑。大量华人定居美国，面向华人的报刊大量涌现，不遗余力地在美国传播中华文化，维系和强化华人认同，这种现象引起了主流社会的忧虑：华文报刊强调族群和文化认同，会不会妨碍他们接受美国价值观，强化他们对中国的政治认同。对于这种疑虑，帕克在其研究中提出移民报刊有助于外来移民融入主流社会，不会强化其对祖（籍）国的认同，无疑有助于人们厘清移民报刊以及之后的少数族群传媒的文化与国家认同问题。

帕克通过对大量报道内容的调查，发现“即便是最冷僻的外语报纸如意第绪语①、波兰语等报刊，其作用主要是帮助新来的移民懂得如何在北美生存下来，很少有报刊鼓励对于原先祖国的忠诚，美国的移民通过传播确立美国文化的标准、价值观念和习俗帮助它们的移民读者同化于美国文化，从而加速了移民与主流社会的融合”②。移民报刊将移民过去的经历与美国城市生活联系起来。“外语（外来移民语言）新闻保存了过去的记忆，同时它成为新经历的通路”，而且正因如此，“外来移民语言的报刊不自觉地成为美国化中最经常的因素”。③ 因此，帕克认为，包括华文报刊在内的移民报刊通过帮助它们的移民读者同化于美国文化而扮演着越来越重要的角色。

帕克在多篇文章中论述了包括华文报刊在内的移民报刊如何提高移民融入、忠诚于美国社会的观点。帕克在《报纸形成的历史》这篇论文里进一步阐述了这个问题。帕克谈到了移民报刊如何培养读者以及报纸的引导作用。他说：“如何使移民和他们的后代成为我们报刊（英语报刊）的读者，已成为

---

① 属于日耳曼语。全球大约有三百万人在使用，使用者主要是德国犹太人。因此意第绪（语）又表示“德国犹太人”。

② 胡锦山：《罗伯特·帕克与美国城市移民同化问题研究》，《求是学刊》2008 年第 1 期，第 136 页。

③ PARK R. The immigrant press and its control. New York：Harper & Brother Publishers，1922：p. 449.

现代新闻工作的课题之一。养成读本族群报刊习惯的移民，最终要被当地的美国报刊所吸引。报刊是那些不得不生活在狭小社区范围内的移民瞭望广大外部世界的窗口，报刊也注意到，即使那些只能看懂日报上标题的人们，也愿意买星期日报，看着上面的图画。”① 他反对压抑或控制移民报刊，强调它们的角色有助于维护种族文化，并使读者透过本族群的语言而接触到城市生活，使移民顺利融入美国社会中。

帕克通过对移民报刊的研究，并以实证调查数据为根据，再三强调，移民报刊存在多重认同现象。从这个角度上来说，华文报刊虽有较强烈的身份归属意识，但也认同美国，接受美国价值观。这种现象是华文报刊与生俱来的特点，帕克为此提出了主流社会应该以宽容的态度对待包括华文报刊在内的移民报刊的多重认同特点，并采取多种措施把其纳入社会管理当中，通过传播主流社会的价值观，促进外来移民对主流社会和国家的认同，从而逐渐使外来移民融入主流国家，甚至同化他们。帕克认为，移民报刊并不会阻碍外来移民融入主流社会，当然也就不存在不认同国家的问题。他认为，既然移民报刊认同国家，那么采取限制性措施控制它们的言论，不仅无助于少数族群融入主流社会，甚至反而会激发移民报刊的反抗，效果适得其反。

在此之后，许多美国学者不断论证帕克的观点，其中美国学者布罗（Judith R. Blau）、托马斯（Mim Thomas）、纽豪斯（Beverly Newhouse）、卡威（Andrew Kavee）等人在《移民报刊：族群缓冲机构，纽约 1820—1984》（*Ethnic Buffer Institutions - The Immigrant Press*：*New York City*，1820 - 1984）一文中所提出的观点较有代表性。他们通过对非裔和亚裔报刊的研究，提出了与帕克相同的看法。他们也认为，“没有证据显示，这些移民报刊憎恨或拒绝同化（assimilation），在政治上认同移民来源国，相反他们却帮助少数族群了解和融入主流社会”②。这些结论均向我们清晰地传达华文报刊传播中华文化并不会强化华人对中国的政治认同的观点。华文报刊在身份和国家认同中的不同表现，有助于缓解和消除主流社会对华文报刊的疑虑，也有助于主流社会对华人的理解，这显然有助于开拓华文报刊及其他移民报刊双重甚至多重认同的理论研究突破。

---

① 帕克等著，宋俊岭等译：《城市社会学——芝加哥学派城市研究文集》，北京：华夏出版社 1987 年版，第 78 页。

② BLAU J R，THOMAS M，NEWHOUSE B，KAVEE A. Ethnic buffer institutions - the immigrant press：New York city，1820 - 1984. Historical social research，1998，23（3）：pp. 20 - 37. 同见彭伟步：《全球化对少数族群传媒维护与族群认同的影响》，《世界民族》2009 年第 5 期，第 29 页。

四、移民报刊的逆向文化反抗

帕克深信美国价值观对外来移民具有强大的吸引力，外来移民一定会通过移民报刊的传播认识美国价值观，并且自愿地融入美国社会中去，因此，对一些批评美国价值观的移民报刊表示不满，对抗拒融入的移民及其传媒表示不解。他在研究当中，站在美国价值观的高地居高临下地审视来自世界各地的移民，认为这些移民正是受到美国价值观的吸引才定居到美国，而忽视了世界各地的文化背景差异造成世界各地移民融入美国社会的程度出现差异的事实。从这个角度来说，帕克通过对包括华文报刊在内的七份移民报刊的研究，得出美国价值观必将同化外来移民的观点明显存在缺陷。

帕克对移民社区进行了深入调研，也对移民报刊进行了实证分析，但是他站在主流媒体的发展规律的视角上看待移民传媒的生存与发展，认为"在美国主流文化的同化下，随着外来移民逐步融入美国社会，移民报刊的生存期限很短，可能不超过二年"①。然而，实际上，许多移民报刊的生存时间都超过了二年，如美国的华文报刊中，中国台湾联合报系的《世界日报》、香港星岛报业集团的《星岛日报》等，生存时间短的有 10 年，长的有 30 多年，不仅发展迅速，每天发行，而且发行量也比较稳定。帕克没有意识到，华文报刊坚持维护华人权益，以传承文化为己任，才使得它们虽然面临很多困难，但是仍然能够长时间生存下来。由此可见，帕克对移民报刊只有二年时间寿命的论断显然过于悲观，低估了它们顽强的生命力，忽视了人民在世界流动、相互补充的趋势。

对于移民报刊的影响力，帕克认为其仅是移民向主流社会同化的过渡产物，在社会当中起不到明显作用。然而，从今天来看，少数族群传媒的影响力却不容忽视。比如说《世界日报》，它的办报时间很长，而且在华人社区的影响非常大，在政治选举中显现出影响华人投票意愿的作用，受到政治候选人的重视。其他少数族群传媒的影响也很令人注目。"在美国，除非裔族群之外，移民们都表示，更愿意通过少数族裔媒体获取关于故土或是所在的美国社区的信息。西班牙移民对本民族的媒体最忠诚，87% 的人说他们经常接触西班牙语媒体；其他四个少数群体中，也各有 64% 的人收听、收看或是阅读

---

① Judith R. Blau，Mim Thomas，Beverly Newhouse，Andrew Kavee 在其论文中，同样认为少数族群传媒的生存期限不超过两年。见 BLAU J R，THOMAS M，NEWHOUSE B，KAVEE A. Ethnic buffer institutions – the immigrant press：New York city，1820 – 1984. Historical social research，1998，23（3）：pp. 20 – 37.

母语新闻。在网络媒体的受众中，阿拉伯语网站吸引了美国76%的本语种移民；亚裔移民中也有三分之二愿意登录自己的母语网站了解窗外事。”① 少数族群传媒不仅成为当地传媒的重要组成部分，而且是传播族群信息的重要工具，今后在美国民主制度的保障下仍然有广泛的基础、广阔的发展空间。

以在美国出生的华人学生来说，他们从小受美国文化教育，被人称为“香蕉仔”“ABC”，无法深切地触摸到华人的思想，更无法深入地感受华人文化的精髓，在对华文报刊进行内容分析时不可避免地存在真实和客观性的问题。虽然这些华人学生借助通晓华语的优势，采用内容分析的研究方法，对华文报刊的内容进行分类和倾向检验，然而，由于他们大多只通晓两种语言（华语和英语），对其他移民报刊涉及很少，甚至根本无法开展研究。他们无法进行文化差异的比较，以及其他文化变量对外来移民融入美国的意愿、程度进行影响因子的交叉研究，这使得研究只能停留在对报刊内容作简单的分类与统计，缺乏分析深度，无法检测出态度是否存在显著性差异，以更加深入地反映移民报刊的文化、族群与国家认同的态度。

总体而言，帕克对移民报刊的研究作出了重大贡献，帮助人们厘清了它们的角色，更正了人们一直以来认为移民报刊是外来移民融入主流社会的重要障碍的错误观点，推动了政府出台比较开明和包容的政策对待外来移民及其传媒，这对于美国社会来说，无疑是极大的进步。帕克对华文报刊的个案研究，也使人们对早期华文报刊的角色和历史作用有了更深入的了解，为我们了解早期美国华人社会打开了一扇窗口，促进我们对华文报刊及少数族群传媒的理论研究，并在其理论的基础上，进一步探讨华文报刊如何有效发挥改变华人“边缘人”角色的作用，延伸华侨华人如何缩小与主流社会之间的社会距离的理论研究。

---

① 《少数族裔媒体：藏在美国主流媒体身后的巨人》，华语国际通讯社，http://www.ccmedu.com/bbs54_58671.html，2008年3月4日。

新加坡华文传媒的法律控制研究及其对我国新闻立法的启示

杨　平

【摘　要】新加坡的大众传媒历来为崇尚“新闻自由”的西方媒体所诟病。在新加坡，媒体的自由受到社会和政治的双重约束，被称为“有责任的新闻自由”。为实现“有责任的新闻自由”思想，新加坡政府采取了诸多管控措施，其中又以法律手段的应用最为普遍。在以“立法严，执法苛”著称的法律控制之下，新加坡大众传媒享有“有节制的权力和有约束的自由”，媒体既不是国家的看门狗，也不做政府的传声筒，而是在二者之间找寻生存的空间。有研究表明，目前在新加坡，华文传媒的话语权正在减弱，作用被不断弱化。[①] 这其中固然有新加坡教育“重英轻华”的因素，但其严苛的传媒法律控制影响也同样不可忽视。建国52年来，新加坡经济飞速发展，政府廉洁高效，大众传媒和政府之间建立了新型的合作关系，形成了“发展新闻”这一独特的传播制度。同为“多民族、多宗教”的亚洲国家，新加坡的传媒管理策略对我国有着重要的借鉴意义，其针对传媒领域“细致全面、灵活多变”的法律手段对我国的新闻立法更是具有一定的启示作用。

【关键词】新加坡；华文传媒；法律控制

一、新加坡传媒控制的背景及表现

1. 新加坡是一个多民族、多语言、多宗教的多元社会

“多民族、多语言、多宗教”是新加坡这个国家的基本国情，这同时也使得新加坡成为一个典型的多元文化社会。在这个只有700多平方公里土地的

① 彭伟步：《新马华文报纸话语权比较研究》，《东南亚研究》2008年第3期，第72－82页。

城市国家里，汇聚了中华文化、欧美文化、印度文化和马来文化。[①] 根据新加坡统计局 2011 年数据，该年全国总人口为 518.37 万，本地居民总数为 378.93 万。其中，华人占比 74.1%，马来人占比 13.4%，印度人占比 9.2%，华人、印度人和马来人是新加坡的三大族群。每个族群都有自己的语言和宗教信仰，多民族产生了多语言和多宗教。据统计，新加坡目前至少有 24 种语言，其中马来语为新加坡的国语，英语、华语、马来语和泰米尔[②]语为官方语言。李光耀执政后大力推广英文教育，英语成为新加坡的行政语言，目前是新加坡使用最为广泛的语言。宗教信仰方面，基督教、印度教、道教、佛教、伊斯兰教这几个世界主要宗教同时也是新加坡的主要宗教。

新加坡在独立前，先后经历了英国殖民时期、日本统治时期和马来西亚联邦时期。1959 年，以李光耀为核心的人民行动党执政，1965 年，新加坡宣布独立并建国。在殖民地时期，为加强统治，英国政府对新加坡实行的是“分而治之”的种族分治政策，华人、印度人、马来人等各族群被孤立起来，这种政策使得各族群之间交流较少，融合程度极为缓慢。日本统治期间，则是不断挑起种族矛盾，使得各族群之间矛盾日益激化。人民行动党执政后，李光耀宣布实行种族平等政策，将多元族群和谐政策作为一项国策。

如何才能让这种“种族平等”的观念深入人心？有着西方教育背景的李光耀看到了大众传媒的威力和影响。他认为，“大众传播媒介的力量，是影响现代生活的一个因素。大众传播媒介的效力能左右人们的态度和影响人们的行为，毫无疑问地，只要经过一段持续不歇的时间，它便能影响人们的概念与信仰态度，和所信奉的政策与纲领的态度”[③]。

1974 年以前，新加坡对传媒缺乏控制，各种传媒由于文化背景不同的需要，呈现出极为混乱的局面：“英文报采取的是殖民地政府的立场；华文报则提倡华语、华文教育及华人沙文主义，向中国看齐；马来报鼓动争取马来人的权利和特权，宣扬马来民族主义，并和马来西亚与印度尼西亚的马来回教民族认同；淡米尔文报则保持当地淡米尔人与他们祖先——淡米尔那都之间的联系。”[④] 混乱的传媒明显不利于新加坡推行多元融合价值观，因此，20 世纪 70 年代后，新加坡政府开始大力实行传媒改革，逐步加强对大众传媒的把控。

---

① 郭振宇：《迈向一个融合的 21 世纪》，见《第四座桥—— 跨世纪的文化对话》，北京：新世界出版社 1999 年版，第 242 页。

② 新加坡将“泰米尔”译作“淡米尔”。

③ 李光耀著，（新加坡）《联合早报》编：《李光耀 40 年政论选》，北京：现代出版社 1994 年版。

④ 李光耀著，（新加坡）《联合早报》编：《李光耀 40 年政论选》，北京：现代出版社 1994 年版。

2. 1971 年“黑色行动”，华文报《南洋商报》核心人员遭逮捕事件

新加坡政府对传媒的管制主要体现在以下两方面：其一，要求所有媒体都以英语、华语、马来语、印度语出版；其二，要求媒体舆论一致宣传多元融合价值观，禁止搞族群沙文主义。自新加坡加强传媒控制以来，因违反规定遭到严厉惩处的媒体不在少数，其中最为出名的是在 1971 年的“黑色行动”中核心人员遭逮捕的《南洋商报》事件。

1971 年 5 月 2 日，新加坡政府援引内部安全法令（即不需要公开审判和法定程序即可下逮捕令的紧急法令）逮捕了时任《南洋商报》总经理李茂成、总编辑仝道章、主笔李星可和公关经理郭隆。次年，社长李有成也被捕入狱。这是新加坡政府对当地华文报纸涉嫌“黑色活动”所采取的“黑色行动”。《南洋商报》的罪名是：“大事渲染亲中共的新闻，并且在华文和华人问题上发动种族主义的情绪。这种作为，如果不及时加以制止，势必引起种族主义的爆发。”① 《南洋商报》是否真的煽动种族主义情绪显然并不重要，重要的是新加坡政府通过这次“黑色行动”，向传媒界显示出整治媒体的决心。此后在新加坡，新闻媒体只能享有“有节制的权力和有约束的自由”。李光耀曾明确表示：“新闻自由和言论自由必须服从于新加坡的国家整体和民选政府的首要目标。”“有责任的新闻自由”一说在新加坡正式形成。

新加坡不仅加强对国内媒体的控制，对国外媒体也毫不手软。李光耀执政后，新加坡推行英文教育，这在加速国际化的同时也给新加坡带来了新的问题：英语的普及使得国内民众非常容易受到西方文化的影响，尤其是西方媒体的舆论影响。当然，新加坡政府对这种现象绝不会坐视不管。1971 年世界报业学会大会上，李光耀表示，对于外国通讯社试图通过舆论影响新加坡人的态度，新加坡政府有责任加以抵制。② 1986 年，美国《时代》周刊发表的一篇文章《钳制异议者的声音》，被新加坡政府认为歪曲事实，要求更正但遭到拒绝后，政府下令减少其在新加坡的发行量，从 18 000 份减到 3 000 份。1994 年，美国《国际先驱论坛报》发表《所谓的“亚洲价值观”是经不起考验的》，批评新加坡政府存在“王朝政治”和“裙带关系”。1995 年，李光耀等人以诽谤罪向该报索赔 95 万新元，并最终得到 21. 4 万美元的名誉赔偿金。

---

① 邓绍根：《冯列山新闻文集》，北京：世界知识出版社 2014 年版。

② 郭振宇：《新加坡报业对稳定族群关系的作用》，见赵振祥主编：《东南亚华文传媒研究》，北京：世界知识出版社 2007 年版，第 251 页。

二、新加坡传媒控制的法律手段

“严刑峻法”向来是新加坡社会治理的最大特点，许多人对新加坡的第一印象都是这样的：“一个吐口香糖都要罚款的花园城市。”据不完全统计，自1959年李光耀执政以来至1991年，新加坡制定的各种法律法规数目达到383种①，细密的法律条文几乎覆盖了所有的社会行为。在历来被政府严格把控的大众传媒领域，法律手段的应用更是常见。

1. 新加坡主要的传媒法规

同中国一样，新加坡没有以立法形式颁布专门的新闻法，而是把与新闻有关的法规写入其他法律中。目前的新加坡，同传媒有关的法律有《报纸与印刷所法》《电影法》《新加坡广播局法》《广播法》《网络行为法》《宪法》《刑法》《内部安全法》《不良出版物法》等。

其中，新加坡《刑法》第五百零五条规定：凡“制作、出版或传播任何声明、传谣或报道”，目的是“引起或可能引起新加坡的武装力量或任何人叛乱、玩忽职守的”，或“引起或可能引起公众或部分公众害怕或担心，并因此使任何人实施或反对公共安全秩序的”，可处长至2年的有期徒刑，或罚金，或两罚并处。

《报纸与印刷所法》第三条规定：新加坡境内的人，如要开设印刷所并用来印刷文件，必须取得由部长颁发的期限为一年的许可证。有关部长拥有对许可证的颁发、永久撤销或随时中止效力的自由裁量权。

由以上法规条文的节选可知，新加坡对大众传媒的法律控制非常严密，且已经形成了宪法、法律、法规、政策相互配套的传媒法律规范体系。

2. 法律手段同经济手段相结合

在针对传媒颁布的各项法令中，有一条尤其重要，它从所有权方面保证了政府对传媒的控制。2002年，新加坡通过了《报章与印务馆法令》，其中重要内容是关于政府对报刊的控制和资本集中度问题，其精髓则可概括为“政府控制、公众所有、集团经营”②。

在新加坡，主要的报纸都由新加坡报业控股集团掌控，如新加坡最大华文报《联合早报》和最大英文报《海峡时报》。新加坡的传媒改制是从1970

① 王军峰：《李光耀德育观念体系探微》，《北京大学学报（社会科学版）》2013年第1期，第128－132页。

② 孙发友、李艳华：《新加坡新闻传媒控制模式透视》，《编辑之友》2005年第2期，第64－66页。

年以后开始的，在这之前，政府对传媒的管制较为宽松，所有权基本为私有。

新加坡《报章与印务馆法令》规定：非上市公司不得经营报纸；上市报业公司的股票又分为管理股和普通股。其中，在任命等投票事项上，一张管理股票相当于200张普通股票。没有政府任命的部长的批准，管理股不能抵押和出售。新加坡通过法律手段和经济手段的结合，从根本上实现了对传媒所有权的控制。

同时，《报章与印务馆法令》还规定：报业公司里任何人不得持有超过总股本5%的股份，互相有关系的股东可集体拥有总股本不超过12%的股份。这种规定有利于保证传媒所有权的分散及传媒业“公众所有”的基本性质。

3. 新加坡传媒法律控制的特点

（1）条文细致全面。

查阅新加坡的新闻法规可发现，其法规条文极其细致，条文中对行为人的年龄、过错的处罚年限及违法行为的时长等均作了明确的数字规定，对于各条款的文字表述也极力追求准确、细致、全面，更为便利执法者。如《电影法》第十三条规定，任何进口的、未经委员会准许的影片，不得从它所进口的船上、新加坡港务局的仓库、邮局、火车站或其他场所“移动”，违反者即构成犯罪。

（2）执法灵活多变。

在上文的“黑色行动”里提到，政府逮捕《南洋商报》的法律依据是内部安全法令。按照此法令，政府部门不需要公开审判和法定程序即可下令逮捕违法人员，这是处理紧急情况的法律保障。新加坡传媒监管的最高机构为新闻通信及艺术部，在有关的法律中，部长对于自己根据法律作出的某些批准，可以在任何时间给予撤销，而且“可以不阐明理由”。对于在新加坡销售和发行的外国报纸的许可，“部长可以在规定一定条件后批准许可，也可以拒绝批准或撤销许可而不阐述理由”。

（3）立法严、执法苛。

无论从立法还是执法来看，新加坡对传媒的法律控制都相当严苛。通过上述细致全面的法律条文，新加坡政府实现了对新闻界的严厉整顿，消除了传媒与政府抗争的可能性。由于受西方影响较深，新加坡新闻界曾一度出现自由化倾向。面对“新闻自由”的思潮，李光耀曾直接指出：“有一种不适合的价值观，便是把报章视为第四权，自英国人统治时代起，新加坡的报章从未曾是第四权。”[①] 新加坡管制媒体的立场十分鲜明，即绝不允许媒体成为监

① 李光耀著，（新加坡）《联合早报》编：《李光耀40年政论选》，北京：现代出版社1994年版。

督政府的工具，对于违法违规的媒体，更是法律手段、经济手段双管齐下，处罚从逮捕到罚款，从起诉到撤职，毫不留情。经过几十年的管制，新加坡的新闻体制呈现出如今“立法严、执法苛”的局面。

三、新加坡新闻控制产生的影响

通过以法律手段为主的一系列管控措施，新加坡实现了对传媒的有效监管，形成了独特的“发展新闻”传播制度，即媒体积极传播国家意识并支持和宣传政府制定的政策，并成为政府在发展国民经济和促进种族和睦过程中的伙伴。那么这样一种传播制度对于国家的经济建设及社会发展等具有怎样的影响？缺少舆论监督的新闻媒体，还能发挥出积极的效应吗？我们从新加坡的发展现状来分析。

1. 经济飞速发展，位列“亚洲四小龙”之一

1965 年新加坡独立并建国之初，外界并不看好这个地域狭小、物质匮乏、人群复杂的小国度，但新加坡在以李光耀为核心的人民行动党的治理之下，借助其靠近马六甲海峡的天然地理位置，大力发展港口货运经济，成为亚洲金融中心，经济实力迅速腾飞，20 世纪 80 年代即与中国台湾、韩国和中国香港并称“亚洲四小龙”，更成为亚洲为数不多的发达国家之一。其人均 GDP 从 1960 年的 1 310 美元增加到 2017 年的 79 679 美元，短短 57 年增长了 60 余倍。① 虽然新闻管理制度同经济发展程度并无直接关联，但团结稳定的社会、廉洁高效的政府却同传播制度有着密切的联系。从这个角度看，新加坡没有盲目效仿西方的民主自由制度，而是根据国情制定一套与本国发展稳定目标相匹配的新闻体制，实为明智之举。

2. 共同价值观的有效形成

新加坡人民行动党在 1991 年颁布了《共同价值观白皮书》，共同价值观的内容为“国家至上，社会为先；家庭为根，社会为本；社会关怀，尊重个人；求同存异，协商共识；种族和谐，宗教宽容”②。新加坡对大众传媒的严格管控，其首要目的即在于推行此共同价值观。上文已论述过，新加坡是一个多民族、多语言、多宗教的国家，这样的国家非常容易面临种族冲突问题，因此新加坡将族群关系视为国家首要大事，并提出了上述共同价值观。这套价值观提出后，政府面临的问题就是如何使其被各民族所接受，而如今团结

---

① Singapore Department of Statistics. Per Capita GNI and Per Capita GDP at Current Market Prices. (2018 -01 -02). http://www.tablebuilder.singstat.gov.sg/publicfacing/mainMenu.action.

② 李光耀著，(新加坡)《联合早报》编：《李光耀 40 年政论选》，北京：现代出版社 1994 年版。

稳定的新加坡社会证明，新加坡媒体在推行共同价值观方面起到了举足轻重的作用。

首先，是大众传媒主动宣传共同价值观。大众传媒涉及电影、电视、电台，涉及报刊、图书与网络，早已融入民众的日常生活，涉及的问题领域十分广泛。新加坡对传媒进行管制，但又依赖它进行共同价值观的宣传，从而延伸出共同价值观各方面的具体问题，以及由此而衍生出来的其他问题，从而加强人们对共同价值观的理解深度与认知广度，完善共同价值观的体系。其次，是大众传媒不得刊载违反共同价值观的内容。在新加坡，审查制度有利于维护社会道德和加强国民凝聚力。政府明文禁止任何媒体传播违反社会核心价值观的内容。正如李光耀所说："我们需要媒体去加强，而非减弱我们的学校和大学灌输的共同价值观及社会态度。"①

3. *新加坡新闻制度一直为西方世界所诟病*

虽然新加坡的"发展新闻"传播制度对本国的经济发展和社会稳定均作出了不可忽视的贡献，但"反对新闻自由、压制舆论监督"的管控理念自诞生以来，即遭到西方世界的强烈抵制。西方对新加坡媒体政策的批评一直都没有停止过。1994 年，美国《自由论坛》猛烈攻击新加坡的新闻模式和它所提倡的"亚洲价值观"。1995 年，国际报业协会通过决议，要求新加坡改善媒体的处境。2006 年，国际某"新闻自由监督"机构，把新加坡的新闻自由指数评为接近垫底（168 个国家中名列第 146 位）。对此，新加坡的政府和媒体认为，世界上并不存在绝对的新闻自由，新闻媒体行使第四权力的说法也是错误的。即使在标榜高度新闻自由的西方社会，其媒体也经常受到各种因素的制约。李光耀曾强调："我不接受报纸业主有权决定要发表什么就发表什么的说法。新闻自由必须服从于国家的至高需要和民选政府的首要目标。"

四、新加坡传媒的法律控制对我国新闻立法的启示

尽管各个国家对"新闻自由"的理解各有不同，但有一点是肯定的：新闻传播事业需要管理和约束，尤其是来自法律的规范。"新闻立法"这个话题，在我国一直是争议的焦点，支持者认为新闻立法是保障公民言论自由的关键环节，在依法治国的大环境下新闻事业必须有法可依；反对者认为新闻立法难以解决公众人物隐私权与公众的知情权、记者的采访权与监督自由等之间的矛盾。由此，新闻立法虽屡被提及，但一直未有行动。笔者认为，为

① 李光耀：《经济腾飞路——李光耀回忆录》，北京：外文出版社 2001 年版。

促进中国新闻立法的进程，可向新加坡借鉴一二。首先，中国与新加坡有许多相似之处，例如同为亚洲国家，都是一党执政，都是多民族、多语言、多宗教的多元社会等。其次，国际上一直对美国媒体模式倍加推崇，但独特国情决定了美国模式并不适合我国，而新加坡对新型传媒模式的成功探索却值得我国借鉴。这些年来，我国正在不断地向外国学习，但正如李光耀所言，在亚洲，或许新加坡模式比美国模式更有效。以下为笔者认为新加坡模式中值得我国学习的策略。

1. 实行“负责任的新闻自由”

西方世界崇尚“新闻自由”，但新加坡明确反对新闻自由。新加坡前任总理吴国栋曾对新闻从业者说：“别滥用给予你们的自由。这种自由不应等于可以不查明事实便报道谣言，或可以恣意伤害无辜者，或可以不顾权威体制及对外关系会因为不够敏感的报道而受到伤害。约束新加坡报章的自由比让它们像在一些国家里那样撒野胡闹来得好。”① 在新加坡，新闻自由的前提是负责任。1995 年，新加坡最大华文报《联合早报》总编辑林任君提出“负责任的新闻自由”一说，此后这一理论成为新加坡传媒管理的思想基石。对于“负责任的新闻自由”，可以这样理解：媒体可以享有新闻自由，但前提是必须接受社会和政治责任的约束；媒体的责任在于促进共识而非挑起对抗情绪、破坏社会稳定。

这一点非常符合我国的国情需要，在我国，虽然未明确反对“新闻自由”思想，但也绝不提倡这一思想，我国的新闻传播事业同样需要政府的管理、社会的监督以及行业的自律。习近平总书记2016 年 2 月 19 日在党的新闻舆论工作座谈会上强调，在新的历史时期下，党的新闻舆论工作要坚守党性原则，坚持马克思主义新闻观和正确舆论导向，新闻报道要以正面宣传为主。

2. 以法律促进媒体和政府的合作关系

西方媒介曾盛行这样一种理念：新闻记者和媒介是社会良知的“看门狗”。“看门狗”理论就此而来，意为新闻媒介和记者要做国家的瞭望塔，及时发现潜在的危险，并警示国家和人民。这一思想的实现主要依赖于大量的监督报道，监督的主要对象为政府。但在新加坡，媒体是支持政府的，双方有着共同的目标：促进社会稳定发展。如此一来，双方处于一种合作关系，“看门狗”之说自然无法立足。这样一种新型的媒体和政府关系同样值得我国借鉴，因为无论是政府的管理还是新闻的报道，其目的都应是促进国家和社会的发展，媒体和政府之间的彼此提防会造成国家力量的严重内耗，而双方

① 袁舟：《媒体集团的经营与管理：新加坡报业控股的成功之道》，汕头：汕头大学出版社 2003 年版，第 72 页。

的合作则可以更好地促进国家进步。合作不意味着媒体完全服从政府，从此不作任何监督报道而只呈现歌舞升平，而是媒体对政府的监督报道要以促进政府改进的态度进行，例如给予政府对监督报道进行回复的权力，而政府也要对媒体的需要尽可能地配合。

当然，媒体不做国家的“看门狗”，不意味着就要做政府的“传声筒”。新加坡政府和媒体认为，倘若新闻媒体只会唯唯诺诺，充当政府的传声筒，那就是对自身、对公众乃至对政府的不负责任。因为这样的媒体，在市场经济下必然无法存活，而且也不利于政府与人民的沟通。新闻媒体要在“看门狗”和“传声筒”的夹缝中找准定位，即以媒体独到的眼光发现社会问题，并将其告知政府和公众。在报道问题的时候，要注意不能肆意地攻击政府，或轻易地质疑政府的能力，要将民众的意见及时转达给政府，同时让政府的努力被民众看到。

五、结语

上文分析了新加坡传媒控制的背景和表现，阐述了新加坡传媒控制的法律手段及其特点，并探究了新加坡传媒管控对其经济社会的影响，在此基础上总结出新加坡传媒管控中值得我国借鉴的策略。与照搬照抄西方媒体模式不一样，新加坡政府根据其基本国情探索出了一套适合本国政治、文化的媒体运行模式，而这一模式被认为是成功的。随着中国的崛起，建设具有国际竞争力的传媒事业的要求也越来越迫切，中国传媒界在学习国外优秀经验，引进西方先进技术的同时，应立足中国国情，从本国政治文化背景出发，寻找一条适合本国的媒体发展道路。

【参考文献】

1. 郭振宇：《迈向一个融合的 21 世纪》，见《第四座桥——跨世纪的文化对话》，北京：新世界出版社 1999 年版。

2. 邓绍根：《冯列山新闻文集》，北京：世界知识出版社 2014 年版。

3. 郭振宇：《新加坡报业对稳定族群关系的作用》，见赵振祥主编：《东南亚华文传媒研究》，北京：世界知识出版社 2007 年版。

4. 李光耀著，（新加坡）《联合早报》编：《李光耀 40 年政论选》，北京：现代出版社 1994 年版。

5. 袁舟：《媒体集团的经营与管理：新加坡报业控股的成功之道》，汕头：汕头大学出版社 2003 年版。

6. 孙发友、李艳华：《新加坡新闻传媒控制模式透视》，《编辑之友》2015 年第 2 期。

联合早报网涉南海仲裁案舆论引导策略研究

朱思良

【摘　要】近年来，围绕南中国海诸岛主权的纷争愈演愈烈，牵涉中菲领土问题的南海仲裁案更是引发了中外媒体的舆论大战。本文以权威性的海外华文媒体网站联合早报网有关南海仲裁的170篇报道为研究样本，依据指标进行详细的统计分析和内容分析。研究表明，联合早报网在涉南海仲裁案的报道中，坚持客观中立的第三方立场，注重信息源、舆论主体的多元性和报道体裁的多样性，通过引用海内外专家学者的言论，巧妙实现议程设置，引导读者对南海问题进行理性思考，起到了良好的舆论引导作用。

【关键词】联合早报网；南海问题；南海仲裁案；舆论引导

一、研究缘起

南中国海纷争、摩擦不断。2013年1月22日，菲律宾以中国在南海所主张的九段线违反了《联合国海洋法公约》为由，将南海问题提交国际仲裁。虽然中国多次发表声明称仲裁程序非法无效，中国不接受、不承认，但仲裁庭仍强行推进仲裁程序。2016年7月12日，仲裁庭作出最终裁决，判菲律宾胜诉，声称中国对南海海域没有“历史性所有权”，并否定了中国主张的“九段线”。

南海仲裁案一直是国内外媒体争相报道的热点，也是中外舆论博弈的焦点。国际主流媒体往往把持国际舆论，通过先声夺人，反复报道，偷换概念，声东击西，割裂历史，选择、回避、组合、歪曲事实等方式，进行片面报道，抨击中国立场，攻击中国依据，抹黑中国形象，企图把中国塑造成一个以大欺小、恃强凌弱、咄咄逼人、蛮横霸道、不遵守国际法的国家形象。[①] 中国官

---

① 孔令杰、王看、刘聪聪：《国际主流媒体关于菲律宾南海仲裁案的报道情况调查研究》，《亚太安全与海洋研究》2016年第4期，第70页。

方主流媒体采用整齐划一的舆论引导模式，揭露国际仲裁的非法程序，谴责域外国家的别有用心，坚持通过和平谈判解决争端。国内外长期的舆论对抗使南中国海争端问题变得复杂敏感，不仅不利于问题的和平解决，也对中国的国际形象产生了不良影响。

事实上，在南海仲裁案的舆论构建中，除了中国官方媒体的正面引导和西方媒体的批判质疑外，还有一些域外国家通过第三方视角进行相对客观理性的报道。这些第三方的报道在南海仲裁案的舆论引导中发挥的作用不可忽视，研究其舆论建构和引导方法对我国提高国际传播力和提升国家形象有着重要的意义。

二、研究方法

（一）媒体选择

选择联合早报网作为研究媒体，原因有二：其一，基于新加坡这一国家的特殊性质。新加坡虽然是东盟成员国，地缘上接近南中国海的争端海域，但并非南海仲裁案中的主权声索国，在南中国海问题上不涉及直接的利益冲突，具有独立的第三方身份。其二，作为新加坡著名华文报纸《联合早报》的电子版，联合早报网秉承了母报报道客观、言论公正的特征，在其首页开辟“南中国海争端”专题栏目，跟踪报道南中国海争端问题，报道专业、及时。此外，联合早报网还是世界上读者访问量比较高的网上华文报纸，其中中国读者的访问量占到了总访问量的80%以上。①

（二）样本选择

截至2017年2月2日，笔者在联合早报网中检索关键词“南海仲裁”，经过逐篇核对，排除内容重复和主题无关的文章后，共获得与南海仲裁案相关报道170篇，依据事先建好的分析框架，对170篇报道进行了内容分析。

三、样本分析与研究发现

（一）信源地和发声主体特征

南中国海局势一直是国际社会关注的热点，不仅关系到亚太地区的和平

---

① 覃广华：《〈联合早报网〉与〈凤凰网〉香港特首选举报道框架对比》，《新闻世界》2013年第7期，第246页。

发展，更对世界政治经济格局产生深刻影响。菲律宾单方面提交国际仲裁以来，各国家（地区）不同的利益相关者依据自身立场发出声音，表达诉求，构成了多元复杂的舆论场。

从新闻报道来源来看（见图1），联合早报网所引用的媒体来源包含南海仲裁案的声索国（地区）中国大陆、菲律宾、中国台湾和域外国家新加坡、英国等。除代表新加坡媒体的联合早报网自家的新闻报道数量多于其他媒体外，其他国家（地区）的引用数量较为均衡。值得注意的是，联合早报网关于南海仲裁案的报道并未直接引用美国媒体的报道。

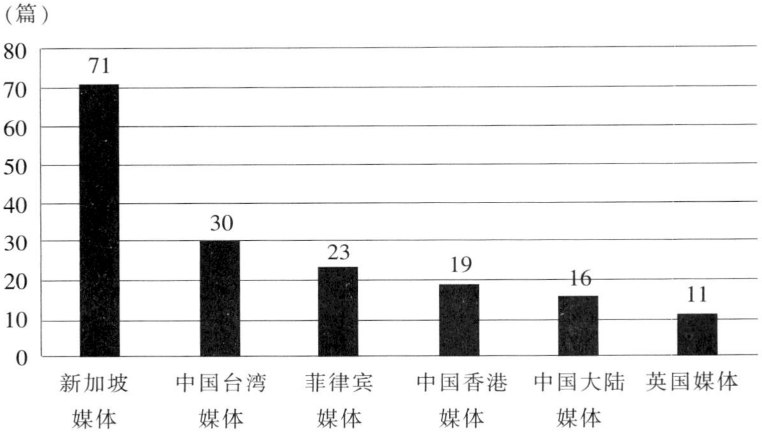

图1　联合早报网南海仲裁案新闻报道来源分布

从舆论发声主体来看，引用的中国大陆媒体主要包括《人民日报》、新华社、新华网、《环球时报》4家中央官方主流媒体（2篇来自中国外交部网站）；中国香港媒体有《明报》、《大公报》、《星岛日报》、凤凰卫视、凤凰网、中国通讯社、《文汇报》7家具有影响力的媒体；中国台湾地区的引用媒体有《旺报》《自由时报》《中时电子报》《世界日报》《联合报》《经济日报》和台湾联合新闻网7家媒体；菲方的引用媒体主要来自菲律宾历史悠久的华文报刊《商报》；新加坡媒体主要是《联合早报》及联合早报网；英国媒体主要是FT中文网和BBC中文网两家网站。此外，联合早报网还非常重视专家学者对南海仲裁案的深度解析，先后刊发了海内外问题研究专家和官员撰写的11篇南海仲裁案分析文章，占总报道量的6.47%。这些专家学者包括：中国共产党中央军事委员会联合参谋部副参谋长孙建国，中国原国务委员戴秉国，中国和平统一促进会香港总会常务副会长、香港侨界社团联会永远名誉会长屠海鸣，时任中华人民共和国驻新加坡共和国特命全权大使陈晓东，台湾海洋大学海洋法律研究所国际法教授高圣惕，南京大学中国南海研究协同创新中心执行主任、南京大学国际关系研究院院长朱锋，国际文化战略研究和咨询专家伟达，英国皇家国际事务研究所伊丽莎白女王二世学院高级研究员薛桂芳，西南政法大学国际法教授潘国平，新加坡国立大学法学院副教授、亚洲法律研究中心副主任王江雨，中国社会科学院世界经济与政治研究所国际战略研究室主任薛力。在 170 篇研究报道中，80% 以上的报道均引用了中国大陆、中国台湾、菲律宾、美国、日本、英国、新加坡等官员学者对南海仲裁案的具体问题的解读。

总体而言，联合早报网涉及南海仲裁案的信息来源地和舆论发声主体是一个较为多元和均衡的模式。首先，注重传播多元价值立场观点，既有主权声索国（地区）的舆论发声，又有域外相关国家的声音，多元均衡的舆论来源有利于增强报道的可信度，达到良好的传播效果。其次，联合早报网在南海仲裁案这一国际问题的报道中，注重传播专家学者和知名媒体人的意见分析，通过意见领袖的示范效应，巧妙实现议题设置，传播观点。

（二）舆论演变特征

本研究样本的时间在 2014 年 10 月到 2017 年 2 月 2 日之间，时间跨度较长，说明南海仲裁案是联合早报网热门的舆论话题。统计表明（见图 2）①，南海仲裁案的舆论演变进程不断波动，大致经过三个时期。第一个时期是 2015 年 6 月到 2016 年 3 月的舆论平稳期，这段时间每个月的报道均在 5 篇以内，虽然南海仲裁案一直在推进中，但基本无关键性的事件进展。第二个时期为 2016 年 4 月到 10 月的舆论爆发期，在南海仲裁案结果公布的前三个月（4—6 月），相关各方对南海仲裁的预测层出不穷，中国大陆尤其是中央媒体连续发表声明称不承认、不接受仲裁，中国台湾地方政府发表声明强调太平岛是岛非礁等一系列事件使舆论出现第一个小高峰。7 月 12 日南海仲裁案结果公布，新闻报道急剧飙升到 80 篇，达到巨型波峰。此外，南海仲裁案结果公布三个月后，菲律宾总统杜特尔特先后访华、访日也使 9 月和 10 月的舆论再次出现小高峰。第三个时期是 2016 年 11 月之后的舆论消退期，随着菲方访华，中菲双方搁置争议，和平谈判的开展，热门的南海仲裁案舆论热度逐

① 笔者统计发现，在样本时间范围（2014. 10—2017. 2）内，2014. 10—2015. 5 和 2016. 12—2017. 2 两个时间段中，联合早报网关于南海仲裁案的报道数量极少（2014. 10—2015. 5 仅 2 篇，2016. 12—2017. 2 仅 1 篇）。在不影响分析舆论演变趋势的前提下，为了使图表设计更加直观明了，笔者仅截取了 2015. 6—2016. 12 时间段的报道量绘制图 2。

渐下降。2016 年 7 月的报道数量显示（见图 3），7 月份的报道数量波峰也主要出现在中旬（11—15 日），说明南海仲裁案结果的公布是引爆各方舆论的主要原因。

近年来，涉及高强度舆论博弈的国家主权安全问题的事件容易产生次生的舆论灾害。如 2008 年法国干扰奥运会火炬传递引发的中国民众抵制家乐福事件，2012 年中日钓鱼岛之争引发的“9·15”西安打砸日系车事件，2017 年韩国部署萨德反导弹系统引起的中国民众抵制乐天事件，这些涉及国家安全问题的事件往往容易煽动国人的民族主义情绪，引发一些不理智的社会行为。2016 年 7 月，南海仲裁案结果公布后也引起了国人围堵和抵制肯德基的现象，扰乱了正常的社会秩序。政府及相关部门需重视事件发生的过程，在关键时间点做好舆论引导工作，警惕舆论发酵为更大的舆情危机，将次生的舆论灾害降到最低。联合早报网引用《围堵肯德基，别将滋事当爱国》《新华网评“抵制肯德基”：自己折腾自己不是爱国》《莫以爱国之名漠视文明和秩序》三篇评论，呼吁社会公民理性爱国。

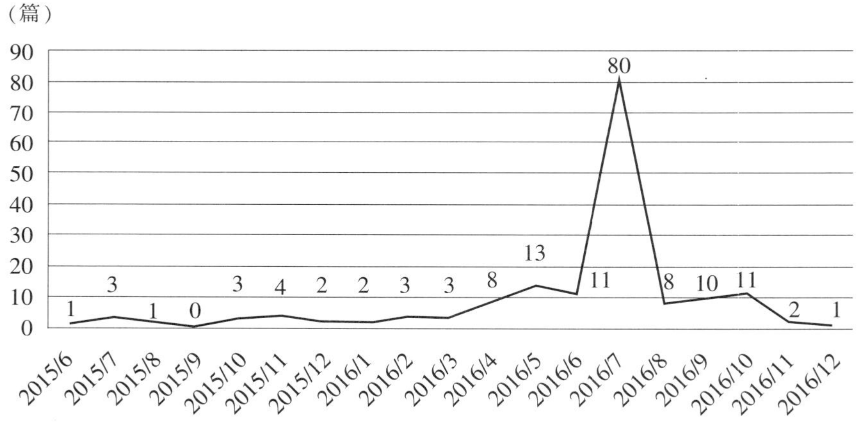

图 2　联合早报网涉南海仲裁案部分时间段报道数量

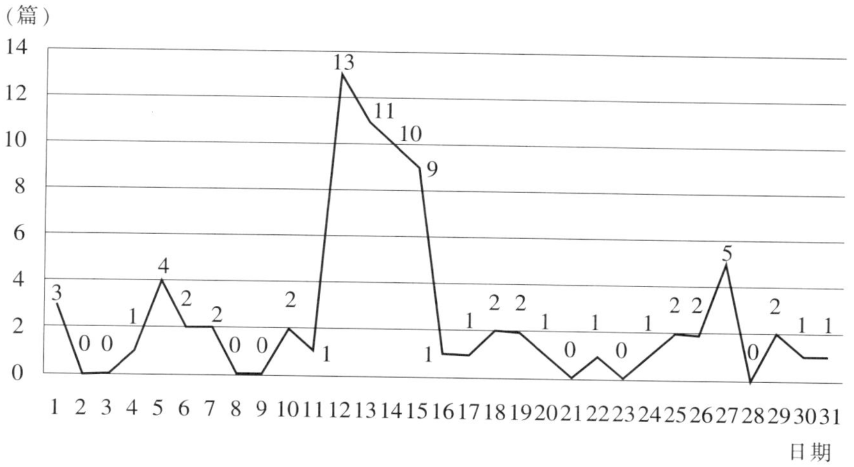

图 3　联合早报网涉南海仲裁案 2016 年 7 月报道数量

（三）报道的体裁特征

联合早报网关于南海仲裁案的报道坚持其一贯的风格，以深度的解释性报道和评论为特色，长篇幅、高质量的文本内容成为构建舆论的重要保证。就报道的篇幅而言，170 篇研究样本总字数为 181 044，平均每篇约 1 065 个字，可见报道的篇幅普遍较长。就报道的体裁而言（见图 4），联合早报网涉南海仲裁案的短篇幅消息报道共 79 篇，约占报道总数的 47%；深度解析南海局势、中美关系、中菲关系、中国大陆与台湾两岸关系的评论文章 43 篇，约占报道总数的 25%；传达世界各国家对南海仲裁案的相关态度的长篇解释性报道 45 篇，约占报道总数的 26%；官方声明、官员讲话稿等其他体裁约占总数的 2%。笔者研究具体文本发现，解释性报道能从多方面整合关于南海仲裁案的信息，解释的内容为中国中央政府、菲方政府、中国台湾地区政府以及新加坡政府等关于南海仲裁案的相关表态，评论文章则是中外政府官员、学者等“意见领袖”对时局的理性评析。总之，长篇的新闻评论和解释性报道约占总报道的 51%，是联合早报网平衡各方意见、客观理性说理的重要方式。

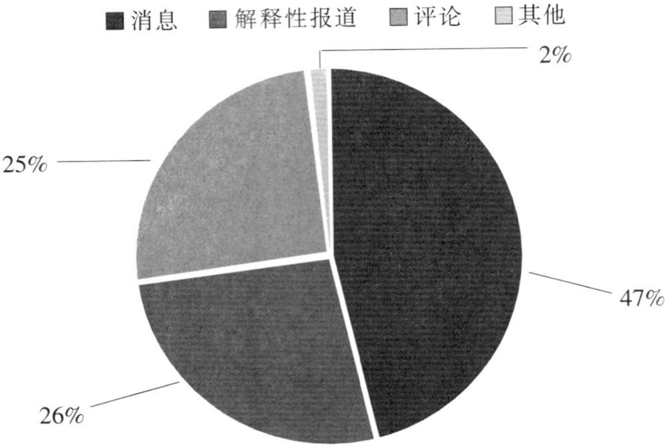

图 4　联合早报网涉南海仲裁案报道体裁占比

（四）报道的内容特征

南海仲裁作为亚太地区的一个长期热点问题，包含许多国家政治、经济、外交、军事等各方面利益诉求。从菲律宾提交国际仲裁到仲裁庭宣布结果的四年间，联合早报网全方位、多视角报道南海仲裁过程中发生的一系列新闻事件（见下表），7 篇关于新加坡的报道基于新加坡总理李显龙访美和新加坡驻华大使罗家良与中国《环球时报》总编辑胡锡进关于第 17 届不结盟运动峰会的报道“书信对峙”的事件，聚焦南海问题对两国关系的考验；30 篇关于美国的报道通过谴责中国不遵守国际法，出动军舰在南海海域自由航行等事件对中国施压，说明美国作为超级大国对南海问题的干预；7 篇关于日本的报道立足于菲总统访日，日本谴责中国以强欺弱等，说明日本搅局南海仲裁案；菲律宾 41 篇关于争夺南海岛屿主权的报道和后期 15 篇表示愿意搁置争议的报道，表明南海仲裁的闹剧之后，中菲关系重新走上和平谈判的道路；中国台湾地方政府强调太平岛是岛非礁，以及相关人士呼吁台湾地区与中国大陆联合维护南海主权的报道共 34 篇；27 篇关于中国大陆的报道，包括中国官方发表声明称中方不参与、不承认南海仲裁，国内外媒体、专家对中国军事力量、外交政策的预测以及中国民众抵制肯德基等，表明中国在南海问题上的坚决态度；此外还有 9 篇关于其他国家对南海仲裁案持支持中方、反对中方、劝说中菲谈判解决争端等不同立场。由此可见，联合早报网注重展现多方利益的报道平衡，丰富报道的主题和框架，既有中国大陆、中国台湾和菲律宾在南海主权问题上的外交对抗，美、日等国的外交干预，又有专家学者们对南海仲裁可能带来的政治、经济问题进行的分析和预判。

联合早报网涉南海仲裁案涉及国家（地区）和报道主题分布

涉及国家（地区）	报道主题	频次	占比	合计（百分比）
新加坡	南海仲裁案观点存分歧，中新关系面临考验	7	4.12%	4.12%
美国	美国插手南海仲裁问题	30	17.65%	17.65%
菲律宾	中菲南海仲裁中的领土争论	41	24.12%	32.94%
	中菲搁置争议，和平谈判	15	8.82%	
中国台湾地区	受仲裁案影响，台湾当局发声维护岛屿主权	25	14.71%	20.00%
	大陆与台湾改善关系，共同维护领土主权	9	5.29%	
日本	日本搅局南海仲裁问题	7	4.12%	4.12%
中国	中国政治、军事、外交的策略	12	7.06%	15.88%
	中国不承认南海仲裁合法性	12	7.06%	
	中国民众非理性爱国行为	3	1.76%	
其他国家（地区）	其他国家支持中国南海立场	4	2.35%	5.29%
	劝中菲冷静克制，谈判解决争端	4	2.35%	
	劝中国遵守国际仲裁	1	0.59%	

（五）报道的价值立场

联合早报网独立采写的南海仲裁案报道有54篇，约占样本的32%，以客观中立的消息为主，报道具体的新闻事实、传达各方力量对南海仲裁案的声音，凸显网站“报道中立、言论客观”的理念；转载其母报《联合早报》的文章有19篇，以报纸评论员和专家学者对时局的客观解析为主，例如《伟达：中国政治文化进入“第三心理期”》《陈晓东：纷纷扰扰看南中国海》《判决能缓中菲岛争?》。在引用倾向性较为明显的报道时，联合早报网会通过在报道标题上标明转载的媒体单位或言论人名字的方式，间接表达自己的第三方立场，例如：《人民日报：南海仲裁案就是美菲自导自演的一出烂戏》《新华社：安倍访亚太搅局南中国海　心愿难遂》《新华社短评：日本女防长别往南中国海吐口水》《明报社评：中菲关系不宜过早乐观》《文汇报：美对华持续挑衅是危险的玩火行为》《英媒：北京外交重挫　在国际上“四面楚歌”》《台媒：中美争当老大　互逼对方妥协》《澳总理：中国遵守国际法才能避免修昔底德陷阱》等。作为海外华文媒体，联合早报网在报道中国问题时有着世界性的眼光和利益距离感，同时，其主要的读者又是中国读者和海外华人，这就要求其在报道中国问题时不能一味“吹捧”或“抹黑”，保持客观中立的传播立场才能赢得读者的青睐，向世界展示中国的真实形象。

四、结论与启示

在中国大陆，《联合早报》是唯一获准在中国大城市发行的海外华文报纸，联合早报网也是少数几家未被中国网络防火墙（Great Fire Wall）屏蔽的华文网站之一，成为中国大陆受众了解境外信息的一个特殊窗口。[①]

作为重要的海外华文媒体，联合早报网一直将自己的特点定位为：“公信、中立、客观的新闻报道，用第三只眼看世界，看到很多在中国无法看清的事情。”在联合早报网对南海仲裁案的舆论引导中，亦可见这种“冷眼旁观”的特点。从信源角度看，坚持多渠道信源和舆论发声主体，注重意见领袖的示范作用，通过专家学者专业视角的解读，摆脱了某些媒体在南海问题上非黑即白的判断模式，为读者提供了无可替代的、有价值的观点解读。从报道体裁来看，联合早报网坚持解释与说理相结合的报道形式，以更丰富的新闻内容、更新颖的新闻角度，引导读者对南海问题进行理性思考。从价值立场来看，联合早报网坚持从置身局外的角度进行报道和评论，使国际各界人士能从客观的角度了解中国的政策和态度。

随着综合实力的不断提高，中国作为世界大国与国际社会的沟通和交流日益频繁，国际影响力与日俱增，对海外华人和海外华文媒体的吸引力也不断增长，讲好中国故事，传递好中国声音成为海外华文媒体的重要任务。联合早报网始终关注中国的发展进程，坚持从东方人的角度来传播新闻，引导舆论，对传播真实的中国国家形象起到重要的作用。

【参考文献】

1. 孔令杰、王看、刘聪聪：《国际主流媒体关于菲律宾南海仲裁案的报道情况调查研究》，《亚太安全与海洋研究》2016年第4期。

2. 覃广华：《〈联合早报网〉与〈凤凰网〉香港特首选举报道框架对比》，《新闻世界》2013年第7期。

3. 吴锋、季丹：《联合早报网涉疆暴恐案的舆论构建及引导策略——基于262篇报道的知识挖掘分析》，《情报杂志》2016年第7期。

4. 陆佳怡、张子晗：《媒体外交视野下的“南海仲裁案”——以中菲美日媒体的报道

---

① 吴锋、季丹：《联合早报网涉疆暴恐案的舆论构建及引导策略——基于262篇报道的知识挖掘分析》，《情报杂志》2016年第7期，第78页。

为例》，《对外传播》2016 年第 11 期。

5. 邱普艳：《忧患意识下的平衡战略：新加坡〈联合早报〉涉华报道分析》，《新闻界》2016 年第 4 期。

6. 杨先保、马彪：《中国在南海仲裁案中政治传播的特点与对策》，《理论观察》2016 年第 12 期。

新媒体时代泰国华文报纸的发展困境与转型探索

袁夏岚

【摘　要】在“中国—东盟”深度融合的背景下，通过海外华文媒体传递中国声音、联络华人群体、促进中外文化交流显得日益重要。在东南亚各国中，泰国近年来与中国的民间交流频繁，“泰国游”成了热门旅游线路，泰国华文媒体也因此迎来了“变革期”和新的发展契机。在全世界传统媒体都不同程度受到新媒体冲击的当下，泰国华文报纸也不例外。本文在查阅相关文献及采访泰国华文媒体从业人员的基础上，论述了泰国华文报纸的发展困境以及为转型做的探索、面临的机遇和挑战。

【关键词】泰国华文报纸；发展困境；转型；新媒体

一、泰国华文报刊现状

泰国华人群体经过漫长的发展，已经成为泰国人口中一支重要且稳定的队伍。据推算，至 2011 年，泰国的华人数量约为 718 万，占总人口的 10.76%。① 因为华人数量多，华文报纸成为泰国销量最大的外文报刊。当代泰国华文报纸的历史可从 20 世纪 70 年代算起，当时，中国恢复了在联合国的合法席位，泰国也开始改变对华政策并与中国建交，曾经 10 余年的华文报刊停刊局面被打破。其间，泰国出现过 20 余家华文报，还出版过一些涉及时政、经济、娱乐、文艺、生活等领域的华文期刊。目前，泰国仅存 6 家华文日报，内容多是关于中国的报道。

① 丘进：《华侨华人研究报告（2013）》，北京：社会科学文献出版社 2014 年版。

表1　泰国现存的6家华文日报（按创办时间排序）

报刊名称	创办时间	主办单位
《星暹日报》	1950年1月1日	康蒂集团
《世界日报》	1955年7月26日	台湾联合报
《中华日报》	1960年3月16日	前身为《新报周刊》
《新中原报》	1974年6月18日	盘谷银行集团
《京华中原联合日报》	1984年7月16日	原《京华日报》和《中原日报》合并
《亚洲日报》	1993年8月28日	一批泰华企业家集资创办

6家华文日报均在泰国首都曼谷刊印并向全国发行。《星暹日报》创刊最早，至今已有60多年历史；《亚洲日报》创刊虽然最晚但发展迅速；《世界日报》1986年由台湾联合报系接手运营后实力大增，发行遍布多个国家；《中华日报》是泰国唯一一家获准上市的华文报纸。目前在泰国发行量最大的华文报纸是《世界日报》和《星暹日报》。笔者采访了数名在泰国华文报纸和电视台工作的媒体人，他们的直观感受均是：《星暹日报》虽然作为历史最悠久的报纸而名声在外，但在泰国影响力最大的却是《亚洲日报》和《世界日报》。对于泰国华文报纸的发行量，至今没有一个准确且权威的数据，有人在2012年曾做过统计，得出的结果是6家华文媒体每日总的发行量仅有10万份左右。①随着新媒体的迅速发展，泰国华文报纸的发展陷入困境，面临着转型的考验。

二、发展困境

（一）发行量下降

目前，泰国6家华文报纸主要在泰国国内发行，集中在曼谷及周边地区，以及内地一些华人聚集的地方。发行方式有当地代理、直营送报以及摊点零售等，以订阅为主，零售主要集中在唐人街。近年来有些华文报积极扩展发行渠道，如《世界日报》《星暹日报》已先后进入曼谷的许多连锁便利店。若按700万华人拥有10万份报纸计算，每千人仅拥有14份报纸。有学者的统计数字更为惨淡，“泰国华人人口超过600万，但总发行量却不足8万，报社面临严重的财政危机。泰国6家华文报中规模最大的是《世界日报》，设备与

① 黄慧玲：《媒介生态学视角下柬泰华文报刊微信发展研究》，暨南大学硕士学位论文，2015年，第11页。

人才都较充足，但每日销量最多5 000份，其读者群主要为在泰国经商的13万台湾商人及其家属”①。

除了在泰国国内发行外，各家报纸也开始将触角伸向国外，在东盟其他国家建立了发行网络。如《亚洲日报》在柬埔寨发行；《中华日报》在东南亚其他国家都有发行；《世界日报》不仅在印度尼西亚创办了《世界日报（印度尼西亚版）》，而且在柬埔寨、老挝、缅甸、越南等周边国家都有发行；《星暹日报》已进入国际航线飞机，发行至周边国家。但总体而言，这些国外发行数量少、成本高、不稳定，并不能扭转泰国华文报纸发行量下降的趋势。

（二）读者老龄化，受众萎缩

泰国华文报业的影响力主要集中在泰国华人群体内部，包括老一辈华侨华人、在泰华商及中国留学生等。然而，第一代华人已经老去，第二、三代华人年轻群体转向新媒体。此外，第二、三代华人后裔多取泰名、习泰语、从泰俗，华文水平有限，对华文报纸的认可度和忠诚度都在下降，很多人已经没有阅读华文报纸的习惯了。华文报纸也不再是中国留学生获取信息的主要途径。笔者采访的数位泰国留学生均表示在泰期间从不看华文报纸，身边的中国留学生也鲜有人看。② 在泰的年轻华人群体不再看报，中国留学生也不看报，信息获取方式主要依靠新媒体，这直接造成华文报纸受众萎缩、读者市场断层。

早在2007年的第四届世界华文传媒论坛上，《新中原报》董事总经理林宏就感慨：“我们的读者年龄在五十五至八十岁间。”③ 10年之后的现在，林宏先生所说的读者群年龄更大了，但新的年轻群体却没有补上来，华文媒体读者群出现“青黄不接”的局面。

造成上述局面是有历史原因的。中华人民共和国成立后，泰国政府开始限制华文教育。中泰建交前夕，泰国政府把华文学校的华文授课时间从每天两小时减为一小时。从此，泰国的华文教育日益走下坡路。《新中原报》总编辑何韵2011年曾撰文称：“随着泰国华文教育的走下坡，华文教育开始出现断层现象，开始影响泰国华文报纸的生存。可喜现象于1990年出现了，乃阿喃总理的政府宣布开放华文教育，近10年来，在中泰两国政府的支持下，中

---

① 彭伟步：《东南亚华文传媒发展综述》，见夏春平主编：《世界华文传媒年鉴》（2015），北京：中国新闻社世界华文传媒年鉴社2015年版，第4页。

② 采访时间：2017年2月。

③ 李慧、郭虹：《东南亚华文报人吁发展华教解人才与读者匮乏之忧》，http：//news. 163. com/07/0903/18/3NG1NGCE000120GU. html，2017年2月28日。

华文化的传承有了进一步的发展。但遗憾的是，打从1990年开放华文教育以来，21年过去了，蓬勃的华文教育却培养不出华文报纸的读者来。在这21年中，华文报纸的销路几乎没有增加。”①

一位曾在《星暹日报》任职、现为泰国中文中央电视台新媒体主管的媒体人接受笔者采访时表示：“目前Facebook、YouTube、Line、WeChat、Twitter在泰国普通民众心中普及度较高，而传统媒体与新媒体之间存在一个‘断层期’：老一辈更偏向于传统媒体，年青一代更关注新媒体，未来如何‘承接与发展’，对华文媒体人来说是挑战也是机遇。”②

（三）受新媒体冲击，华文报纸生存更难

传统媒体受到新媒体冲击已是不争的事实，这种冲击对海外华文媒体的影响更甚。对泰国华文媒体来说，受众群体和发展空间本就有限，新媒体的冲击使它们生存更为艰难。《星暹日报》《世界日报》《中华日报》《京华中原联合日报》尽管均开设了网站，但这些网站起步较晚，规模不大，功能单一，鲜有广告，很难借此创收，且目前《世界日报》和《京华中原联合日报》的网站已无法正常访问。其他主打新闻资讯的华文网站有泰华网、东盟经济时报网等，它们的信息传播力和影响力甚至超过了传统媒体的网站。

微博和微信兴起后，网站的传播力下降，各种主打新闻资讯的自媒体如雨后春笋般出现，华文报纸的受众和广告再次被分流。以微信自媒体为例，主打泰国新闻和生活服务类资讯的微信自媒体有“泰国头条新闻”“泰国中文网”“你好泰国”“泰国网”“泰国生活导航”“今日泰国”等，这些自媒体传播的内容与华文媒体雷同，但制作成本较低，传播速度快，进一步挤压了华文媒体的传播空间。

传播环境的巨变和眼下的发展困境，“既反映出海外华文媒体必须向新媒体方向转型的现实需要，又反映出新媒体已成为华文传媒今后的必然发展方向”③。但转型并不容易。在发展新媒体方面，泰国华文报纸除了人才缺乏外，资金、技术、信息采集能力等也是其发展的障碍。

上述曾在《星暹日报》任职、现为泰国中文中央电视台新媒体主管的媒体人表示：“现在泰国华文媒体也在不断变革和创新，部分媒体开始重视新媒体的传播和推广，重视内容生产，但原创内容更多是对新闻事件的评论和分析，

---

① 何韵：《泰国华文媒体与中华文化的传承》，http：//news. ifeng. com/gundong/detail_2011_08/25/8674378_0. shtml，2017年2月28日。

② 采访时间：2017年3月3日。

③ 彭伟步：《当前海外华文传媒发展动态浅析》，《东南亚研究》2014年第2期，第91页。

新闻资讯同质化内容依然存在，未来泰国华文媒体或会出现一轮‘洗牌’。”

三、转型探索

（一）融入新媒体，拓宽传播空间

网络和新媒体的迅速发展，在某种程度上挤压了华文报纸的生存和发展空间，依靠单一的传播渠道已经不能满足甚至不符合现时期和未来的传播要求。对泰国华文报纸而言，新移民对华文报纸的转折性影响还未显现，但网络化的趋势已有所发展。部分泰国华文报纸近年来积极探索新媒体发展路径，以拓宽传播空间。

据笔者了解，6 家华文报纸中，《星暹日报》《世界日报》《中华日报》《京华中原联合日报》均开设了网站，但目前《世界日报》和《京华中原联合日报》的网站已无法正常访问，网站已不再是华文报纸转型的方向。微博和微信兴起后，《星暹日报》和《中华日报》相继开通了微博，其中《星暹日报》的官方微博“泰国星暹传媒”粉丝数约 9.9 万，《中华日报》的“泰国中华网”粉丝数约 3 万。① 开通了微信公众号的有《星暹日报》和《世界日报》，分别为“泰国星暹日报”和“泰国世界日报”。这两个公众号的内容差异性较大，“泰国星暹日报”多发布一些耸人听闻的社会新闻，充斥着“标题党”思维；相比之下，“泰国世界日报”发布的内容更具服务性，更接近真正意义上的“新闻”。

表 2　2017 年 2 月 28 日“泰国星暹日报”和“泰国世界日报”公众号内容

“泰国星暹日报”公众号	“你有男性器官吗?! 无论你去哪里教书都不会有人要的!”（大学院长公开歧视羞辱变性教师）
	疑似中国盗版食品引发泰国 6 岁女孩食物中毒昏迷?!
	自焚?! 全裸泰女子拿油罐欲自焚
	外星人入侵泰国了！不信你看这个泰国广告！
	爱吃海鲜？龙仔厝府第 16 届海鲜美食节要来啦！
	30 公斤的眼镜王蛇闯入甲米酒店
	逆天宣传短片，饮酒过度的后果！会很……很……迟钝！
	可怜！泰国黑熊放生失败！高空坠亡！

① 数据采集时间：2017 年 2 月 28 日。

（续上表）

“泰国世界日报”公众号	三高级将领觐见僧王赐言
	维稳会继续用特权管控法身寺及周边
	泰女孩吃盗版中国品牌零食后中毒昏迷
	移动互联网速度泰国全球垫底
	中国情侣在普吉度假村熟睡时被盗
	变性女教师被大学院长当众歧视

从数据上看，“泰国星暹日报”的头条阅读量多稳定在1万~2万，平均阅读量约为6 700；“泰国世界日报”的头条阅读量一般为1 000~2 000，平均阅读量约为1 500。[①] 如果仅看传播数据，《星暹日报》无论微博还是微信都占得了头筹。2014年12月，《星暹日报》公开宣称其微信阅读量突破了两千万。新媒体不断涌现不仅有力地推动了海外华文媒体朝网络化、综合化和全球化的方向发展，而且将极大地促进海外华文传媒业的发展，有助于它们开拓新的受众群，扩大服务的范围，增强影响力，促进中华文化在海外的传播。[②]

尽管泰国的华文报纸整体上正朝着新媒体的方向发展，但尚未形成一个立体、多层次、跨媒体和全球化的传播网络，6家华文报纸中，仅《星暹日报》同时拥有报纸、网站、微博、微信，且规模不大，并未发挥出媒体融合效应。

（二）与国外同行跨区域合作

中国—东盟深度合作背景下，泰国华文报业的作用、影响力均有所提升，与国外同行的合作也多了，这种合作目前主要表现在业务合作和发行渠道方面。因为市场不大，泰国华文报纸都是小规模经营，投入的成本有限，与国外同行合作不仅可以学习到先进的经营理念，还可以突破地域束缚，拓展市场，以获取生机。

在发行渠道上，《亚洲日报》相继与中国香港的《文汇报》、中国内地的《人民日报·海外版》、印度尼西亚的《国际日报》合作，共同制作专版，这三份报纸2006年起在泰国随《亚洲日报》同步发行，合作后《亚洲日报》版

---

① 数据来源：搜狗微信搜索，搜索于2017年2月28日。

② 彭伟步：《媒体融合背景下海外华文媒体的开拓与创新——以马来西亚星洲媒体集团为例》，《东南亚纵横》2010年第10期，第29页。

面扩增，内容也更丰富。2011 年，《京华中原联合日报》也开始与香港的《文汇报》合作，发行《文汇报（泰国版）》。

在业务合作上，最令人瞩目的要数《星暹日报》与南方报业集团的合作了。2013 年 11 月，《星暹日报》与南方报业集团正式签约，双方以资本入股和团队输出的方式深度合作。南方报业集团的团队从报纸定位、采编理念、管理模式、经营运作等方面对《星暹日报》进行了全方位改造，将《星暹日报》定位为“泰国第一华文主流媒体”，以报纸为龙头，逐渐形成立足泰国、辐射东南亚乃至全球的华文全媒体集团。报纸秉持客观、公正、中立的立场，以时政经济、服务资讯为主要内容，以老华商为基础，以新华商、新移民、华文学生、华语游客等为核心读者群，成为具有话语权、影响力的主流媒体。[①] 改版后，《星暹日报》面貌发生了巨大变化，版面版式与国际潮流接轨，新闻时效性、可读性更强，获得了广大读者的好评。

作为《世界日报》母公司，台湾联合报系对该报发展也给予了大力支持，多年来向该报注入了大量资金改善通信及印刷设备，并派出优秀人员强化工作内容。[②] 中华日报有限公司目前是泰国华文报界唯一一家上市交易的华文报业企业，《中华日报》在国际交往中的地位和作用也必将得到越来越多的认可。目前《中华日报》和新华社、中新社等均有长期合作关系。泰国华文传媒通过内引外联，既丰富了信息量，又拓展了生存空间，同时也进一步密切了海内外华文传媒业的联系。

（三）发展其他产业，开展多元化经营

报业的收入主要有发行收入、广告收入、经营收入三类，海外华文媒体还有一种特殊的方式——外界捐助。因为经营上多围绕主营业务开展，如承接印刷业务、发行增刊、组织读者活动等，市场狭小且未形成常态与规模，经营收入对整体收入影响不大。因此，泰国华文媒体的来源主要有三种：发行收入、广告收入和外界捐助。

因为发行量不高，泰国华文报纸靠发行盈利不太现实，而外界捐助不稳定，因此，广告是三种收入来源中的主要途径。但华文报纸在泰国毕竟不是主流媒体，市场空间相对较小，要做大做强，必须走多元发展之路。近几年，泰国华文媒体积极创新经营模式，力争从单一走向多元，构建综合性媒体产业。

---

① 《南方报业跨国办〈星暹日报〉》，http://www.nfmedia.com/jtdt/jtxw/201312/t20131206_362690.htm，2017 年 2 月 27 日。

② 符永康：《泰国〈世界日报〉60 岁“庆生”：没有打不开的难局》，http://intl.ce.cn/qqss/201507/27/t20150727_6040991.shtml，2017 年 2 月 27 日。

大体而言，目前泰国华文报业的多元化经营有以下几种模式：一是以报业为核心，发展带有文化性质的投资事业，包括举办讲座、开办展览会、发行期刊、发展旅游产业等，这种模式较为常见，其他种种产业的投资除获取利润外，都是为了扩大对主业的影响；二是依托报纸渠道，开展代理、中介服务；三是由报纸向其他形式的媒体发展，实现多媒体融合；四是开发传媒的延伸活动或衍生产品。

2013 年《星暹日报》与南方报业集团合作后，依托南方报业集团的管理团队开始进行改革。例如，在越来越多的中国游客、中国企业和投资客进入泰国的形势下，《星暹日报》开始发展面向华人客户的房地产中介服务。①

随着泰国华文读者老龄化、新生代读者转向手机网络等趋势，《世界日报》也在不断加强网络资讯服务，该报所属的台湾联合报系已开始向整合报纸、网络、手机、电子书等多元下载工具的未来媒体发展，其改革与实践是否会对旗下的其他报纸产生影响和示范作用，还有待观察。

四、机遇和挑战

随着“泰国游”的兴起以及中泰邦交的日渐紧密，泰国华文报纸的生存环境有了很大的改善，各报纸纷纷寻找改革与创新之路。市场变革对泰国华文媒体来说既是机遇也是挑战。

在新形势下，泰国华文媒体应抓住媒体融合的机遇，迎接挑战，重点发展新媒体传播领域，根据新媒体的特点在业务上进行改革和创新，具体可从内容、经营、合作及华文教育几个方面入手。正如《世界日报》2015 年在其 60 周年“庆生”社论中所说的，“只要用心投入、积极开创，没有打不开的难局”。笔者认为，泰国华文报纸可借着中国—东盟商务合作的“东风”，积极联系中国的客户资源，开拓报纸的经营收入和广告来源，目前一些华文报纸已经有了中国企业的广告；同时，也可与中国各地方政府联系，让海外传媒为地方外宣服务，以广告的形式刊登招商信息或华人政策信息，使得华文报纸在沟通双方经贸信息的同时实现广告收益。

身处信息时代，媒介环境千变万化，任何简单论断泰国华文报业前途的言论都显得意气草率。无论怎样，只要华人社会存在，作为承载中华文化的华文媒体必然会发挥其独特作用，影响社会进步和族群发展。

---

① 郭启明：《“搭建泰国房地产走向中国的桥梁”：〈星暹日报〉董事总经理兼总编辑谭智良表示，房博会泰国馆将为泰国房产商和中国投资者提供一个双赢平台》，《南方都市报》，2014 年 8 月 18 日 SA28 版。

浅论《印度尼西亚日报》的传承与变革

陈乔琦

【摘　要】印度尼西亚是目前华侨华人人数最多的国家，印度尼西亚的华人传媒理应受到足够的关注及重视。苏哈托执政期间推行禁华政策，对印尼的华文报刊限制巨大。本文通过对《印度尼西亚日报》的概述和分析，将苏哈托政权下台前后时期的报纸内容进行对比，探讨《印度尼西亚日报》是如何在禁华时期夹缝生存并传承中华文化，在华文解禁后又作出了何种改变，在与同行竞争中力求生存发展的。

【关键词】印尼华文报刊；苏哈托时代；华文传承

一、引言

《印度尼西亚日报》诞生于苏哈托政权伊始、全面禁华的特殊时期，以独特的身份——当时唯一的官办华文报刊，更名后依旧“存活”至今。本文对苏哈托政权下台前后时期的《印度尼西亚日报》的报刊内容进行对比分析，探讨作为唯一一份历经印尼华文报刊“冬眠期”和“复苏期”的报纸，在两个迥然不同的政治环境下，跟随时代作出的改变以及始终未变的传承，并分析这些差异性和统一性的影响因素。

二、《印度尼西亚日报》概况

（一）创刊背景

华人移居印度尼西亚有着悠久的历史，20世纪50年代末，绝大多数印尼华人家庭都已经在当地生活了至少三代。如今，印度尼西亚已经成为华侨华人最多的国家，居住在印度尼西亚的华侨华人总人数约为800万，占了印尼总人口的3%～4%。其中，95%以上已于20世纪60年代加入了印尼国籍。[①]他们在印尼奉公守法、辛勤工作，为印尼当地的社会、经济发展作出的贡献是有史可鉴、有目共睹的，理应得到全世界人民的公认和肯定。然而，印度尼西亚却是世界历史上排华问题最为严重的国家之一。在印尼，华人饱受歧视和排挤，迫害华侨华人的惨剧更是频频发生，印尼华文报刊的发展也随之历尽坎坷。

1959年11月8日，印尼政府颁布了“总统第10号法令”，居住在乡镇的华侨被逼迫迁至海外，处境困难。在这种情况下，当时的印尼报刊对7月3日发生在万隆附近的芝马墟2名华侨妇女的流血事件进行了大篇幅的报道，而后印尼政府在10月颁布紧急政令，吊销全印尼华文报纸的出版执照，至此，长达半个多世纪的华文报业基本结束。[②]

在这期间，虽然在1961年排华浪潮稍稍平息后，印尼各地曾出现过在军方监督下创办起来的《政治宣言日报》、倾向于印尼政府的《忠诚报》等华文报刊，但大部分也在不久后就被勒令停刊。1965年10月1日，苏哈托政权上台，华文报纸全面禁停，仅存的13家华文报社悉数被关闭，进口的华文报刊也被全部取缔。[③] 1966年，印尼当局为了传达其政令，出版了一份印尼官方的喉舌报纸——《印度尼西亚日报》。直到苏哈托下台，瓦希德在1999年10月当选印尼总统后，随着一些歧视印尼华人的法规被废除，印尼华人的生存环境逐渐改善，印尼的华文报刊才得到新生。因此，《印度尼西亚日报》是印尼华文被禁期间唯一的一份华文报刊。[④]

（二）基本情况

《印度尼西亚日报》创刊于1966年，是印尼当局为了向印尼华人宣扬政府的政策和各项法规，更好地管理印尼华人及其思想倾向，以期达到同化印尼华人的长远目标，而由政府出面办的一份华文报纸。

《印度尼西亚日报》由政府基金会主办并由印尼的陆军情报部门直接管辖，采编人员均来自印尼国家政府，其办报方针、新闻取材等都是由印尼政府所规定。其发行目的是“向不大懂印尼文和只懂华语、华文的印尼居民提供有关政府政策、法令条例和诸事件的说明”[⑤]。1986年，《印度尼西亚日报》

---

① 资料来源：互动百科，http：//www.baike.com/gwiki/苏哈托，2017年3月25日。

② 夏春平主编：《世界华文传媒年鉴（2005）》，北京：世界华文传媒年鉴社2005年版，第80页。

③ 彭伟步：《东南亚华文报纸研究》，北京：社会科学文献出版社2005年版，第70页。

④ 夏春平主编：《世界华文传媒年鉴（2005）》，北京：世界华文传媒年鉴社2005年版，第80页。

⑤ 温广益、蔡仁龙、刘爱华等编著：《印度尼西亚华侨史》，北京：海洋出版社1985年版。

庆祝创办20周年时，重申了其宗旨在于“不仅担负起传达政府指示的任务与媒介作用，也促使社会大众更加领悟‘身在印度尼西亚，必须忠心面对印度尼西亚’的思想与表现”；“以上两种文字出版的作用，也无形中促使未能掌握好印度尼西亚文的读者能够逐渐学习与习惯于阅读印度尼西亚文，最后达到完全懂得和能够使用”。[①]

《印度尼西亚日报》虽然是印尼政府出于自身利益、以更好地管控印尼华侨为出发点创办的报纸，但确实也是华文报刊被禁期间的唯一一份华文报刊，让华文传媒没有在印尼完全消失，延续了“香火”，在海外华文的传播和继承方面都作出了重要的贡献。[②] 自华文报刊解禁后，印尼华文报刊纷纷创刊并迅速发展，《印度尼西亚日报》失去了垄断的地位，但它在印尼华人范围内还存有一定的影响力。[③]

三、《印度尼西亚日报》内容的改变与沿袭

苏哈托政权下台后，《印度尼西亚日报》在内容、广告和版面上都有哪些改变？其差异性和统一性表现在哪里？变化和统一的原因又是什么？

本文对苏哈托政权倒台前后几年的《印度尼西亚日报》报刊内容，主要是报刊中文部分的版面内容做一个纵向的分析研究。除了广泛地阅览多份《印度尼西亚日报》搜寻资料外，针对不同新闻种类、广告的数量等数据方面的分析，采用了抽样统计的方法。在选取具体的研究对象上，避开印尼当地各民族的传统节日后，选取了1988年、1994年、1998年、2001年和2005年4月、5月、7月、9月、12月每个月9日的报纸作为研究对象。这其中，2001年9月9日及12月9日正好是星期天，因该报每周日会出版《印度尼西亚日报》的星期刊，从内容至排版都与平日的报刊大为不同，主要为休闲、娱乐的内容，遂改为以当月10日的报刊作为统计数据的目标。

即在这5个月中，每个月选取1份样本，每年选取5份，共25份样本。通过分析这个特定时间内的华文版面内容，探究1998年印尼政局改变对《印度尼西亚日报》的影响。

---

① 梁英明：《战后东南亚华人社会变化研究》，北京：昆仑出版社2001年版。

② 陈旺：《东南亚华文报纸涉华社论研究》，厦门大学硕士学位论文，2009年。

③ 罗红、高红樱：《印尼华文媒体的历史、现状及前景》，《新闻记者》2005年第8期，第20－23页。

（一）变化及其原因

1. 报刊变化的内容

（1）新闻。

新闻部分最大的变化表现在增加了中文版面，板块和内容更加丰富，尤其关于中国的新闻报道明显增加。

表1　关于中国的新闻报道篇数

年份	1988	1994	1998	2001	2005
国内新闻及资讯	46	70	174	291	166
国际新闻	13	33	129	90	147
中国相关	0	23	19	9	21

1988年，《印度尼西亚日报》的印尼语和汉语各占一半版面。其中，除头版的新闻部分，第二版的小说、散文部分和小说连载部分，以及最后一版的信息资讯部分是中文外，其余都是印尼文，即该报的新闻部分除了头版是中文，其余板块均为印尼文。在这部分中文板块的新闻内容中，以印尼国内的新闻及资讯为主。

1994年，该报的印尼文板块有所减少，大多控制在2~3个版面，中文版面的内容增多，设有《经济》板块，内含印尼本国及国外的经济新闻资讯。与中国有关的新闻以及国际新闻普遍增多，但依旧以印尼本地的新闻为主。

至1998年，该报已经变成了全中文版面的华文报纸，只有少量的印尼文板块，例如星期刊中会出现印尼文板块。除了头版的新闻外，还分别设置了《工商界》《经济新闻》《国际新闻》《国内新闻》和《体育新闻》的板块，每个板块都有一个整版的版面内容。各种新闻在数量上都大幅度提升。

2005年，报纸版面明显增多，内容也更加丰富。版面由1988年的8个版面（包括印尼语版面）增至12个版面（全中文版面），在以前的几个大的新闻板块的基础上，又有《综合新闻》《华社动态》《绿洲》《南腔北调》《科技漫步》《保健医原》等板块，增加了更多与中华文化相关的内容。如《华社动态》主要是报道华人在印尼社会的新闻，而《南腔北调》则专门刊载中国古代传统小说、散文或中华历史知识。

《印度尼西亚日报》从1988年至2005年，报道内容以印尼国内的新闻及资讯为主，国际新闻的数量呈现增多的趋势，但印尼本地资讯为“大头”的情况依旧未变。有关中国的新闻报道从无到有，表明印尼社会对华人甚至是中国的态度正在发生变化。1998 年前后，该报在内容设置上最大的变革，即更改为全中文的华文报刊，几乎取消了所有印尼文的版面。

（2）广告。

广告方面的变化突出表现在广告数量的减少、所占篇幅的缩小和广告内容的筛选上。《印度尼西亚日报》早期的报纸常出现性暗示意味的小广告，大多是 KTV、迪斯科等歌舞厅娱乐场所开业和壮阳药等内容。广告上往往会出现数个香艳的女性形象，以吸引读者。仅 1988 年的 5 份样本报刊中，就有 10 则此类型的广告，而后 1994 年到 2001 年，此类广告的数量逐年减少，并且所占篇幅缩小。直至 2005 年的 5 份样刊中，未见此类广告的出现。

1988 年 7 月 9 日

1994 年 4 月 9 日

1998 年 9 月 9 日

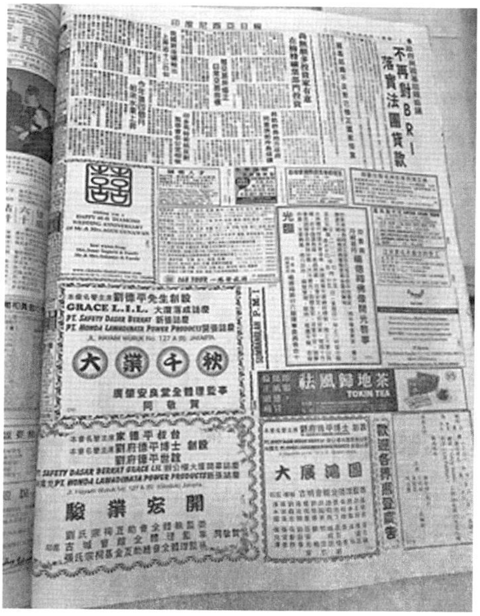

2001 年 7 月 9 日

图 1　《印度尼西亚日报》最后一页的广告版面

（3）新闻标题和排版。

《印度尼西亚日报》一直采用中文繁体字，在排版上，早期的版面惯用竖向文字排版方式，阅读顺序从右往左。新闻标题也喜欢采用竖标题，极少使用横标题的排版方式。字号偏小，字体也比较单一，一个版面编排了诸多内容，整个中文版面大多呈现出密密麻麻的状态。

在调查的 2005 年的报刊中，《印度尼西亚日报》已经将阅读顺序改为从左至右，文字标题也是横标题偏多。并且随着报纸整个版面的增多，版面的内容不再过于紧凑地挤在同一个版面上，版面的分布已经逐渐变得整洁有序，更为美观。

HARIAN INDONESIA

印度尼西亞日報

1988 年 12 月 9 日

HARIAN INDONESIA

印度尼西亞日報

召開人協特別大會亦不妨

1998 年 5 月 9 日

HARIAN INDONESIA

印度尼西亞日報

瓦希德總統與諸黨魁會晤

定於今天在茂物行宮舉行

阿敏拉伊斯不參加，美加娃蒂無與會日程

2001 年 7 月 9 日

HARIAN INDONESIA

印度尼西亞日報

統主持新警長就職

強調縫除貪污的決心

公理何在？

2005 年 7 月 9 日

图 2　《印度尼西亚日报》第一页的头版新闻版面

2. 引起变化的原因

这些变化受到多种因素的影响，造成这些变化的影响因素可归纳为印尼国内因素和国外因素的共同作用。国内因素又可分为政治环境变化的影响、社会生活变化的影响和报纸本身为了其生存发展，提高自身业务水平等所作出的努力。而国外因素则包含国际环境的制约和影响及中国与印尼两国关系变化的影响。

（1）国际环境因素。

“软权力”是国际自由主义学说的核心概念之一，并在冷战后的国家竞争和发展中逐渐成熟。刘志云博士认为，“国际政治性质的转变已使无形的权力即软权力变得更加重要”，“包括美国在内的所有国家都必须适应这种转变，必须学会运用包括文化与意识形态的吸引力，操作相互依赖，管理与影响国际制度，共享人类文化价值，推广民主、自由理念等在内的软权力资源实现自己的战略目标”。[①] 印度尼西亚在改革的进程中，以往存在的种族歧视、强制民族同化的现象是不会被国际接受的，必将受到各国的谴责与抵制。同时，恐怖主义活动猖獗一时，印尼在历经金融风暴和国内政变后，需要一个相对稳定、安全的国内环境。印尼政府的对华政策直接或间接地受到国际环境的制约和影响，为了树立一个良好的国家形象，吸引更多国外资本，增加国与国之间的合作，进而达到发展印尼本国经济的目的，印尼政府必须对长期以来的排华问题采取措施。

（2）中国与印尼两国关系变化的影响。

中国与印尼两国关系的改善有利于印尼华人及华文报刊的发展。印尼遭遇金融危机时，中国伸出了援助之手，帮助印尼度过了困难时期。21 世纪以来，中国以大国形象的地位迅速崛起，印尼想要留住中国的资金，想要与中国睦邻合作，必须与中国打好关系，必须处理好印尼华人的问题。2005 年，中国与印尼建立战略伙伴关系，两国的双边关系进入快速发展的新阶段，各领域的友好合作不断取得新进展。由此看来，两国为了政治、经济的发展都作出了转变和妥协。这些影响又从文化等各方面反映出来，《印度尼西亚日报》中对中国以及两国合作的报道逐年增多即是这种趋势的表现之一。

（3）印尼国内政治环境因素。

印尼国内的政局巨变是《印度尼西亚日报》在 1998 年前后报刊内容变革的主要原因。1998 年，印尼受到亚洲金融风暴的强烈冲击，加上印尼国内社会积存已久的政治、经济、文化等方面的问题集中爆发，进而导致独裁统治

① 刘志云：《全球化背景下自由主义国际关系理论的创新与国际法》，《江西社会科学》2010 年第 5 期，第 165－173 页。

了印尼32年的苏哈托下台，在这之后短短的7年间，也就是本文所调查样本的2005年前，印尼政权屡次更迭，分别是1998年5月至1999年10月的哈比比政府、1999年10月至2001年7月的瓦希德政府、2001年7月至2004年10月的梅加瓦蒂政府以及2004年10月上台的苏西洛政府。苏哈托政权后的哈比比、瓦希德、梅加瓦蒂、苏西洛政权被称为“后苏哈托时代”。由此可见，苏哈托下台的1998年是印尼政权变化及推动印尼政治和社会发展的巨大的分水岭，是印尼由威权走向民主的伊始和标杆。

在《第三波——20世纪后期的民主化浪潮》中，亨廷顿概括了19世纪以来发生的第三波世界民主化浪潮的五个原因：经济发展造就民主化基础、威权政体因政绩困境面临合法性的危机、改革后天主教支持民主、外部势力的干预、“滚雪球”式的示范效应。[①] 在这五个原因中，经济发展是首要原因。苏哈托的中央集权统治期间，经济上取得了巨大的进步和发展。在经济发展的基础上，社会教育程度提高，民众的个人能力和参政意识不断增强，中产阶级的队伍逐步扩大，造成整个社会阶层的改变，促使印尼社会解构和重建，进一步催生了民主政体。

威权体制是战后这个特殊时期留下的特殊产物，由于威权制度能强化社会整合，在一定程度上维持了社会的稳定并且统治成本相对来说较低，许多第三世界的国家纷纷采用了这种制度。苏哈托执政时期，确实在经济建设上取得了巨大的成果，但也不能阻止这种威权体制内部暴露出弊端并且逐渐坍塌。苏哈托的集权统治垮台后，印度尼西亚向民主转型，领导者力求构建起民主的框架，改革政党制度，实现权力的分化和制衡。在民主化进程的推动中，印度尼西亚的公民社会也逐渐成型。

历经苏哈托下台后的“黑色五月”，除了经济滑坡外，印尼社会还出现了严重的民族、宗教、党派之间的斗争。这期间，印尼统治者为了平息冲突和治理印尼社会各种问题，在各地推进民主改革，颁布了众多条令法规。其中，哈比比、瓦希德、梅加瓦蒂和苏西洛总统在对印尼华人的政策方面，都各自作出了调整或颁布新政，这些政令直接或间接地对印尼华文报刊产生了巨大影响。例如，哈比比政府于1998年取消限制言论自由的法律条例和出版行业的执照管制；1999年2月，签署总统决定书取消禁售华文禁令等。

（4）华人在印尼社会生活的变化。

印尼的民主化社会改善了印尼华人的生存状况，这些变化在经济、政治以及华人文化教育上都表现得十分明显。从各方面可以看出，后苏哈托时期印尼华人的整体地位提高了，同时这种好的趋势又反作用于华文教育、华文

① 塞缪尔·亨廷顿著，刘军宁译：《第三波——20世纪后期的民主化浪潮》，上海：上海三联书店1998年版，第54页。

传媒，保证了华文报刊的生存，推动其迅速发展。

①政治。

苏哈托执政时期，在政府方面，提出了“发展高于政治”的口号，把国家重心放在发展经济上，对政治进行严格的管控。对于印尼华人，更是有着“去政治化”的要求，在政治上严格限制和排斥华人，解散华人社会的政治团体。当时，印尼国内各宗教、政党等不同的势力分化严重，政治斗争时常发生。在原住民政治领导人的煽动下，斗争常常波及无辜的华人，使印尼华人成为政治斗争的牺牲品。

在民众方面，印尼华人和原住民的二元划分在苏哈托时期就被打下了深刻的烙印。原住民公开歧视和排挤华人，对华人形象的“污名化”和“标签化”现象严重，而政府也想将这种歧视合法化。当时的印尼社会中普遍存在着华人已经占据了经济的优势，不能再让华人掌控应属于原住民的政治权利的意识。

在苏哈托执政期间最为严重的排华时期，政府公开排挤华人，原住民反华情绪高涨，印尼华人的基本生存有时都难以得到保障，更是鲜有华人冒险参政。廖建裕博士在《印度尼西亚华人近况》中提到，“虽然有少数华人以基金会和友好协会的形式来活动”，“但终因背景不清及华人对参与政治性活动的恐惧而未能成功”。[①] 可见，《印度尼西亚日报》在苏哈托时期“不问政治”的举措既是情有可原，亦是情非得已。

后苏哈托时期，伴随着印尼民主改革的大潮，印尼强制同化的政策受到各种批评并逐渐被废除。印尼逐渐在法律上给予华人平等的权利，并允许华人成立政党。而印尼华人在 5 月的排华事件后，也愈发认识到华人参政、改善华人在印尼的生活状况和社会地位的重要性。

②经济。

在苏哈托时期，政府虽然在各方面打压华人，但为了筹集和利用华人的经济资本来发展印尼的经济，出台了许多鼓励华人发展经济的政策法规。但这个时期的华人经济也是在限制的基础上生存发展的，苏哈托政府一方面为了安抚原住民的情绪，在经济领域实施原住民优先原则；另一方面又不舍得放弃华人带给印尼经济发展的好处。在这种庇护、限制下的华人经济，不仅使政府官员贪污腐败的现象越演越烈，并且反而让原住民对印尼华人的怨恨愈加浓厚。

后苏哈托时期，政府为了整顿华人的经济势力，对华人的资本进行重组、调整。1998 年金融危机爆发时，印尼国内曾有“趁机清除华人经济的主导地

---

① 廖建裕：《印度尼西亚华人近况》，《华侨历史》1987 年第 1 期，第 6 页。

位”的观点和趋势出现，但这其实是不现实的。首先，当时的华人经济已经与印尼的主体经济有着紧密的联系，与当时的政府高层及印尼资本家的关系尤为密切。同时，金融风暴后的印尼需要大量资金维持和拯救其经济。其实，在印尼从威权向民主转型的过程中，不少大型的华人企业为了摆脱中央的控制，已将资本大量撤出印尼，迁往海外。针对这种情况，印尼苏门答腊岛总工会呼吁华人返回印尼，并称将向政府提出取消划分原住民与非原住民的区别，以期华人和印尼人共同发展印尼经济。为了挽回华人资本，政府向华人承诺不允许再有种族歧视和暴乱的发生，并鼓励和扶持华人中小企业的发展，使印尼华人经济向多元化发展。这些都为后苏哈托时期纷纷创立和迅速发展起来的华人传媒奠定了经济基础。

③华人文化。

1998 年前，印尼政府为了加强对华人的控制和实现同化华人的目标，颁布各种政令，从华语、华文到华语电影、华文传媒均遭到严格的封杀，这给印尼的华文传媒和华文传承都带来了巨大的影响和打击。凡在公众场合都严禁使用中文，华人对华语、华文的使用一度陷于一种极度惶恐不安的境况。在华文教育方面，政府坚决取缔华侨学校。“从 1966 年 3 月起华侨学校陆续被关闭，到 5 月所有的 629 所华侨学校被关闭。”① 后来迫于华商的压力，允许华裔学生就读华人私人社团办的“特殊设计民族学校”。这种类型的学校从华裔学生的人数比例到华语教学的内容都存在极大的限制，但当时的原住民仍然对此类学校的存在极为不满，后来政府甚至由于此类学校数量的增加而恐慌。可见，《印度尼西亚日报》在当时作为唯一一份华文报刊境遇之危险，以及报刊有关汉语学习的内容之珍贵。

后苏哈托时期，在政府政策放宽的条件下和华人自身努力争取下，华人的宗教、语言、教育、传媒等华文文化都朝着积极的方向发展。2000 年 2 月 21 日，瓦希德撤销关于禁止进口和流通华文印刷品的第 286 号条例，华文报业从此进入大规模复苏时期，这促使包括《印度尼西亚日报》在内的华文报刊向更好的方向发展。华语的使用和华文的复兴加大了华人与印尼经济的合作和发展，印尼社会需要更多华语人才，华语教育的迫切性日益凸显。华文教育事业在印尼复苏，政府逐步对民间的华文教育放宽限制。在华文教育事业迅速规范和发展下，2001 年教育部将华语教育纳入国民教育体系，并在同年签订了两国的汉语水平考试协议。这都为《印度尼西亚日报》在 1998 年后转型成为全汉语的华文报刊打下了语言和环境基础。

---

① 《华侨华人百科全书·法律条例政策卷》编辑委员会编：《华侨华人百科全书·法律条例政策卷》，北京：中国华侨出版社 2000 年版，第 517 页。

（5）行业竞争。

1998 年苏哈托政权垮台后，印尼政府对华文报刊的态度和政策大大放宽，《印度尼西亚日报》从印尼华文“冬眠期”的唯一一份华文报刊转变为华文报刊“复苏期”众多华文传媒中的一员。印尼政府对华文报刊政策的开放，对于《印度尼西亚日报》来说既是推动又是挑战。放宽政策于报刊的益处如上文所述，是有目共睹的，同时带来的危机又是巨大的。《印度尼西亚日报》作为一个老牌的官办华文报刊，要在众多华文报刊复兴的时期继续生存和发展下去，必须针对不同时期的政策，在印尼民主改革的大潮中，对自身进行相应的改变。

（二）报刊统一性的表现

在《印度尼西亚日报》随着历史进程发生显著变化的同时，也有未曾改变的地方。该报始终坚持以传播中华文化为己任，主要表现在报纸副刊的原创文学、中华古典小说连载、中医和汉语学习的华文板块。

早期的《印度尼西亚日报》就常大篇幅刊登中华历史故事、中国古代传统小说、华文文学、中医等国学内容。这已经成为该报副刊上的重要内容，这是 1998 年印尼政变前后期都不曾改变的。相反，随着苏哈托下台，印尼华文传媒进一步发展，《印度尼西亚日报》的印尼文版面逐步消失，副刊上增加了更多的中华国学板块，例如书法欣赏等。

1. 副刊

（1）文学。

《印度尼西亚日报》副刊上所发表的大多是诗歌、散文、小说，其中，经常在该报副刊上发表文学作品的累计有 120 人以上，除了原先就从事华文写作的印尼华文作家，还有许多来自其他东南亚国家及中国港台地区的华文爱好者，他们在报纸副刊版面不断地磨砺笔锋，并逐渐形成个人独特的创作风格。①

这些副刊上的文学作品，多是爱情故事、旅游文学、随笔等，纯文艺、“不问政治”的倾向颇为明显。在苏哈托政府的恐怖独裁期间，重大的排华事件屡次发生，印尼人民被政府大肆煽动，军方甚至教唆、指挥暴民攻击华裔居民，排华情绪高涨。在当时如此敏感的政治环境下，在这份由军政当局出版的报刊副刊上，印尼华文作家们都小心翼翼地避开各种“雷区”，如若稍有不慎就会被退稿。并且，当时不少印尼华文报刊的稿费数目非常小，甚至没有稿费，然而这些印尼华文作家们依然在印尼华文的“冬眠期”坚持写作，传播并传承了华文文化，在海外华文文学发展史上作出了卓越的贡献。

① 齐秋萍：《印度尼西亚华文报纸副刊历史与现状综论》，暨南大学硕士学位论文，2006 年。

椰風新村
BUKIT GADING VILLA

1988 年 4 月 9 日

2001 年 9 月 9 日

图 3　副刊版面

（2）中医。

中医是华文报刊大篇幅刊登的国学内容之一。印尼华人对中医颇以为傲，许多的印尼民众也十分推崇中医学。中医在印尼民间深得人心，即使是在苏哈托对华的独裁黑暗统治期间，中医仍然受到了政府的许可。所以，中医养生类的内容在《印度尼西亚日报》中刊发的情况，并未因政局的变化而受到过多的影响。

印度尼西亞日報
中醫處方也常應用
抗原與抗體
醫藥版
RUANGAN KESEHATAN

1989 年 12 月 8 日　医药版

印度尼西亞日報

老人應該避免陰虛

■ 李茂輝醫師

踝關節負重大

教你幾招不易扭傷

■ 撰文：曾良華醫生

輸卵管結石
多喝水可排出

■文明 供稿

雪耳治肺虛

踝關節的構造

踝關節扭傷

護理及治療

扭傷的分級

大量喝水

無需開刀

2005 年 5 月 12 日　保健医原

图 4　中医版面

（3）小说连载。

武侠小说也是华文报刊常年刊登的内容之一，以金庸、古龙、梁羽生的武侠小说为主。武侠小说在印尼坊间大受欢迎，二十世纪三四十年代就已经风靡印尼。不只是侨生爱看，许多印尼的原住民也喜欢捧着中国武侠小说的印尼文译本看得有滋有味。所以，《印度尼西亚日报》也乐于刊登武侠小说连载，常常动辄用掉半个报纸版面。在这一点上，该报也未曾因为政局变化而丢掉小说连载的传统。

寶刀情孽

●古龍著●

我們最愛親的

1988 年 12 月 9 日　古龙连载小说《宝刀情孽》

笑傲江湖

1994 年 7 月 9 日　金庸连载小说《笑傲江湖》

侠客行

2005 年 12 月 9 日　金庸连载小说《侠客行》

图 5　小说连载版面

（4）学汉语、华文教育板块。

海外华文传媒和华文教育是不可分割的“两兄弟”，它们的命运被系在一起，并互相依附对方发展。华文传媒是华文教育推广、传播的重要途径，而华文教育则是华文传媒生存、发展的基础和保障。华文传媒和华文教育曾被学者比作是“一根藤上的两条苦瓜”[①]，1965 年“9·30 事件”爆发后，不仅华文报刊被停，印尼所有的华文学校也遭到封闭，在苏哈托执政的三十余年里全面禁绝，印尼华文教育受到严重打击，几乎造成整整两代华人完全失去了华语能力。《印度尼西亚日报》作为华文“封闭期”唯一的华文报刊，在这个时期显得尤为珍贵和重要，尤其是其学汉语的板块，是这三十余年中延续印尼华文教育乃至整个华族文化的稀缺资源。

《印度尼西亚日报》在很早就开办了学习汉语的固定板块，此板块被命名为“印度尼西亚语文园地”。1988 年，该板块除了标题“印度尼西亚语文园地”这几个字是汉语繁体字外，其余内容全是印尼文。内容形式比较单一，所占版面篇幅不算很大，但每次都会刊登在报纸版面最显眼的地方，以此可见《印度尼西亚日报》的良苦用心及传承华文的殷切希望。

1998 年后，《印度尼西亚日报》的语文园地持续刊登，内容、形式上几乎没有变化。2005 年，学汉语板块的专题名已更改为“乐趣汉语”，由苏月蒂（Hudiyekti P.）学士编写。此处较大的变动是学汉语的板块内容不再是全印尼文，而是中文和印尼文双语对照编写，至此，《印度尼西亚日报》因在 1998 年已变为全中文的华文报刊，取消了印尼文的版面，于是《乐趣汉语》中的印尼文反而成为该报上仅存的印尼文的部分。整个版面比以前的版面篇幅要大，时常都以占据大半个报纸版面的篇幅刊登，达到了足以吸引人眼球的效果，从此处可见该报对华文教育的重视。新的版面时常配以卡通漫画图片做解析，令学汉语的板块生动有趣、易于理解，更吸引受众进行阅读、学习，从而有效达到传播海外华文的目的。内容多为常用的日常对话、简单的日常生活用品等词汇的教学，对于读者来说——无论读者是年幼的侨生或是印尼原住民中的华文爱好者，都非常实用且易于识记。

汉语教学板块的延续与更迭，是华文教育在该报的文化传承的表现，也反映出当时的印尼社会对华文教育的态度呈越来越开明和支持的趋势。只有在印尼政府允许的基础上和社会认同的前提下，《印度尼西亚日报》才能致力于将华文教学的板块继续办得有声有色。

---

① 沈伟真：《一根藤上的两条苦瓜——浅谈印尼华文教育和华文报业的情况》，中国新闻社、成都市人民政府：《第四届世界华文传媒论坛论文集》，中国新闻社、成都市人民政府，2007 年。

印度尼西亞日報

BAHASA KITA—BAHASA INDONESIA

PELAJARAN KE-978

PERANG GLOBAL TERHADAP AIDS (II)

1988 年 4 月 9 日　语文园地

印度尼西亞日報

BAHASA KITA – BAHASA INDONESIA

印度尼西亞語文園地

PELAJARAN KE - 1892

1998 年 5 月 9 日　语文园地

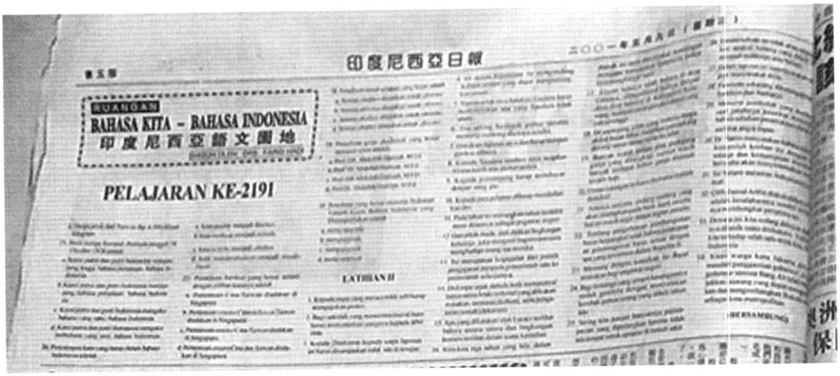
印度尼西亞日報

BAHASA KITA – BAHASA INDONESIA

印度尼西亞語文園地

PELAJARAN KE-2191

2001 年 5 月 9 日　语文园地

2005 年 7 月 9 日　乐趣汉语

图 6　不同时期的汉语教学板块

2. 广告

《印度尼西亚日报》常刊登的广告类型有房地产广告、旅游广告、药品广告、公司开业广告、电影海报宣传等，但最多的仍是讣告、婚讯等红白喜事。

印尼华人凡遇上红白喜事，都要刊登在华文报刊上广而告之，这些讣告和婚讯亦成为华文报刊广告经费的主要来源。《印度尼西亚日报》自然也是印尼华人延续这个传统的重要平台，1998 年前后，此类广告持续占据着《印度尼西亚日报》的版面。

表 2　讣告、婚讯的广告占比

年份	1988	1994	1998	2001	2005
讣告、婚讯数量（条）	74	33	27	51	15
广告总数（条）	169	117	46	107	42
占比	44%	28%	59%	48%	36%

此数据是将每年的样本日的报刊上的广告数相加而成，不包括报纸中缝的广告。从数据可以看出，讣告、婚讯在该报的广告数量占大多数，并未在苏哈托政权改变前后有所减少。1998 年，该报的广告总数大幅度减少，把大部分版面都用来刊登新闻及其他资讯，红白喜事的广告也随之减少，但在广告总数的所占百分比却无太大差别。例如 1998 年 4 月 9 日的《印度尼西亚日报》上一共只有 9 条广告，其中讣告就占了 7 条。

从报纸版面来看，红白喜事的广告总是刊登在报纸比较显眼的位置，并且篇幅较大，往往是其他广告篇幅的几倍甚至十几倍。因此，无论从占广告总数的篇幅，还是从所占版面的比重来看，红白喜事的主要地位未曾动摇。

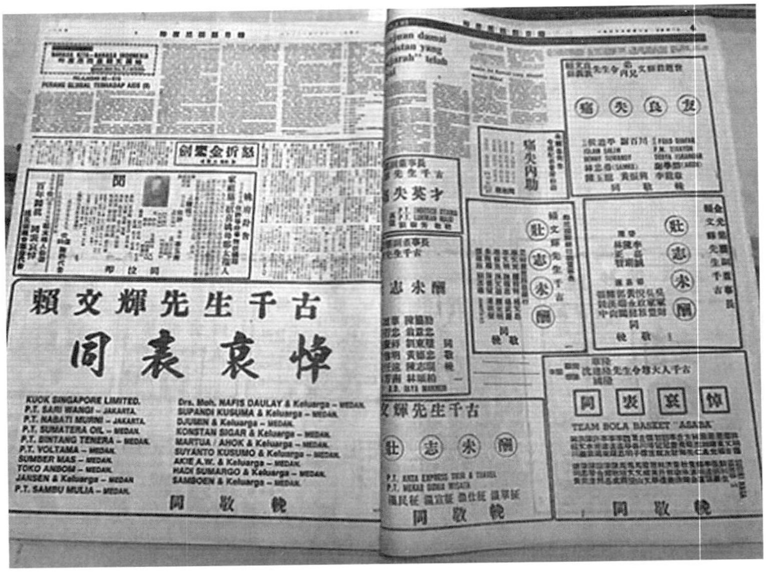

1988 年 4 月 9 日

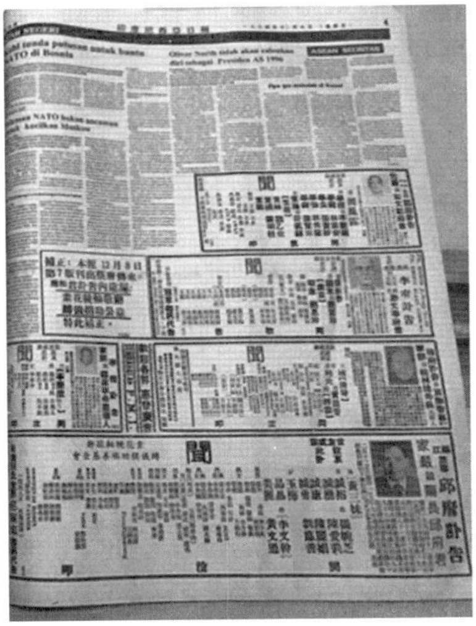

1994 年 12 月 9 日

2001 年 4 月 9 日

图 7　广告版面

四、小结

《印度尼西亚日报》为了增强其竞争力，持续保持该报在华人社会的影响力，1998年前后，逐步去除了印尼文部分，增加报纸版面，增加了大量有关中国的新闻，扩大了信息量，改变了版面风格。《印度尼西亚日报》为了更好地在印尼华文报刊中生存发展，向印尼华侨华人传播华文信息，所作出的努力和改变是值得肯定的。

同时，可以看到《印度尼西亚日报》重视刊登中国历史故事、中国武侠小说、汉语言文字的学习等内容，未曾因为印尼国内的政策变动而放弃，在传承中华文化、传播华文教育方面的初心和倾向一直未曾改变。

这些改变及传承，不仅仅是前身为《印度尼西亚日报》的《印尼星洲日报》引以为鉴，寻找更为行之有效的华文报刊在印尼生存、发展出路的宝贵的历史经验，于国内外其他华文媒体亦是有可鉴之处的。

另外，也不能不提经历了1998年印尼政局变化后，《印度尼西亚日报》依然存在的困境。首先，资金不足，与其他华文报刊一样，主要的广告经费来源还是依靠讣告、婚讯；其次，缺乏报社自己的新闻工作人员和高质量的新闻来源；再次，报社的工作人员，从新闻采编人员到印刷工人，华文水平都不高，不仅导致报刊难以出现高质量的深度好报道，而且在编辑、印刷方面也容易出现常识性的纰漏。

【参考文献】

1. 熊德龙：《秉承华文报业使命　促进和谐团结发展》，中国新闻社、成都市人民政府：《第四届世界华文传媒论坛论文集》，中国新闻社、成都市人民政府，2007年。

2. 黄昆章：《从〈龙阳日报〉的停刊看印尼华文报业的沧桑》，《国际新闻界》2002年第2期。

3. 熊德龙：《从创办〈国际日报〉印尼版看海外华文传媒》，中国新闻社、长沙市人民政府、湖南省外事侨务办公室：《第二届世界华文传媒论坛论文集》，中国新闻社、长沙市人民政府、湖南省外事侨务办公室，2003年。

4. 彭伟步：《东南亚华文传媒的媒介功能与前瞻》，《东南亚研究》2002年第3期。

5. 颜春龙：《媒介视点：东南亚华文传媒中的华人文化困境》，《兰州学刊》2007年第10期。

6. 黄兴中：《该出声时就出声——浅谈海外华文传媒的历史责任》，世界华文传媒论坛组委会：《国际话语体系中的海外华文媒体——第六届世界华文传媒论坛论文集》，世界华文传媒论坛组委会，2011年。

7. 吴潮：《我国对海外华文报刊的研究》，《浙江传媒学院学报》2006年第3期。

8. 赵永华：《印度尼西亚近百年来的新闻传播业》（1615年至21世纪初），《新闻界》2012年第18期。

9. 高红樱：《中文报纸海外版在印尼的市场前景》，《新闻记者》2007年第3期。

10. 陆然：《印尼早期的华人报业先驱及其影响》，《新闻爱好者》2010年第10期。

11. 钟添祥：《印尼华文媒体的使命》，中国新闻社、成都市人民政府：《第四届世界华文传媒论坛论文集》，中国新闻社、成都市人民政府，2007年。

12. 王志章、骆洋：《华侨华人与建设中国国家软实力的内在关系》，《郑州航空工业管理学院学报》2013年第4期。

13. 刘家凌：《印度尼西亚华文报业制度与变革——〈印度尼西亚日报〉与〈印尼星洲日报〉个案研究》，浙江大学硕士学位论文，2013年。

14. 陈明：《印尼华文传媒与复兴印尼华教的关系》，中国新闻社、成都市人民政府：《第四届世界华文传媒论坛论文集》，中国新闻社、成都市人民政府，2007年。

15. 涂雨秋：《印尼华文报刊对增强当地华人民族凝聚力的作用》，《新闻知识》2015年第12期。

16. 王亿本、罗宝勇：《印尼华文报刊的媒介生态危机及借鉴意义分析》，《东南传播》2012年第4期。

17. 李卓辉：《印尼华文报刊的机遇与挑战》，世界华文传媒论坛组委会：《国际话语体系中的海外华文媒体——第六届世界华文传媒论坛论文集》，世界华文传媒论坛组委会，2011年。

18. 吴妮：《东南亚华文报刊面对的挑战与机遇》，《海外传媒》2005年第5期。

19. 袁丁：《印尼华文报刊的复苏》，《八桂侨刊》2000年第4期。

20. 沈玲：《印尼华人家庭媒体使用现状分析——基于对雅加达500余名新生代华裔青少年的调查》，《东南亚纵横》2013年第12期。

21. 沈玲：《印尼华人家庭语言使用与文化认同分析——印尼雅加达500余名新生代华裔的调查研究》，《世界民族》2015年第5期。

22. 陈思：《印度尼西亚华文报所建构的中国国家形象之研究：以〈印尼星洲日报〉为例》，广西大学硕士学位论文，2012年。

23. 范文娟：《泗水华文教育的现状和前景》，厦门大学，2006年。

24. 王梦雪：《印尼〈国际日报〉对“一带一路”报道的分析》，《传播与版权》2015年第10期。

25. 李妍：《海外华文报纸的经营策略研究》，内蒙古大学硕士学位论文，2009年。

26. 邢永川：《传播学视野下的海外华文传媒与中华文化之传承——以新、马、泰、菲华文报纸为例》，《东南亚纵横》2010年第1期。

27. 刘康杰：《“全球本土化”与海外华文报纸——以〈星岛日报〉澳洲版和〈澳洲新报〉为例》，《新闻大学》2013年第6期。

28. 肖航：《论海外华文报纸的“软传播”理念与应用》，《东南传播》2013年第6期。

29. 章建民：《与华人华侨说什么，怎么说——国内主流媒体海外华文报纸合作版面的思考》,《中国记者》2010 年第 8 期。

30. 肖航:《论海外华文报纸的编排特点与传播策略》,《湖北第二师范学院学报》2013 年第 5 期。

31. 杜尚泽、刘慧:《中国印尼关系提升为全面战略伙伴关系》,《人民日报》,2013 年 10 月 3 日第 001 版。

32. 许利平:《战略伙伴关系框架下的中国—印尼合作:基础、现状与趋势》,《东南亚研究》2011 年第 3 期。

33. 刘志云:《全球化背景下自由主义国际关系理论的创新与国际法》,《江西社会科学》2010 年第 5 期。

34. 廖建裕:《印度尼西亚华人近况》,《华侨历史》1987 年第 1 期。

35. 苏长和:《自由主义与世界政治——自由主义国际关系理论的启示》,《世界经济与政治》2004 年第 7 期。

1993—2016年海外华文传媒研究的态势和演化
——基于科学知识图谱的文献计量分析

罗　敏

【摘　要】本文通过对1993—2016年知网收录的海外华文传媒研究的326篇期刊文献进行计量分析和内容分析，绘出了该领域研究的关键词、机构和作者关系的知识图谱，并对这些文献的期刊来源、研究的地理分布进行了统计。同时，本文通过抽样归纳汇总了有关海外华文媒体的热门研究议题和主要研究方法，最后对学界集中关注的海外传媒的发展态势、发展史、传播力和自身建设以及文化认同问题作出了观点综述和分析。

【关键词】海外华文传媒；文献计量；发展；文化

一、研究背景和研究方法

从被史学界公认的第一份华文报纸《察世俗每月统记传》创办至今，海外华文传媒已有200多年的历史，以报纸、电视、广播等为主要形态的媒体集中分布在东南亚、东亚、北美等地，其中东南亚是世界华人最多、华文媒体最早诞生的区域。海外华文媒体的研究兴起于二十世纪二三十年代，而我国到20世纪80年代末方出现一批研究该领域的学者和专著①，如方积根和胡文英的《海外华文报刊的历史与现状》（新华出版社，1989年），王士谷的《海外华文新闻史研究》（新华出版社，1998年），程曼丽的《海外华文传媒研究》（新华出版社，2001年），彭伟步的《海外华文传媒概论》（暨南大学出版社，2007年）等。

随着时代和技术的发展，在海外华文媒体方兴未艾的同时，学界关于该领域的研究也蔚然成风，本文将采用文献计量法对海外华文传媒领域的研究

① 方汉奇：《海外华文媒体研究的新思路——评〈海外华文网络媒体——跨文化语境〉一书》，《新闻与写作》2009年第10期，第32页。

演化进行分析和考察。根据我国著名学者邱均平的定义，文献计量是一种以文献体系和文献计量特征为研究对象的分析方法，研究文献的分布结构、数量关系、变化规律与定量管理，从而探讨某一学科和研究领域的结构、特征和规律。而科学知识图谱，则是将传统的文献计量法与现代的文本挖掘和复杂网络、数学、统计学、计算机科学方法亦即可视化技术等有机整合在一起，通过 2D 或 3D 图形对抽象数据的映射来揭示某一学科或领域的发展情况。①

据此，本文以 CNKI 为数据来源，以“华文媒体”“华文传媒”“海外华文”为关键词进行检索，并以文献的来源、标题、摘要和关键词为依据剔除掉会议论文、报纸文章以及其他无关的搜索结果，共获得自 1993 年至 2016 年（检索日期为 2017 年 2 月 25 日）的 326 份有效样本数据。通过统计和分析，从研究的发文量、地区分布、研究对象和研究方法等方面对 1993—2016 年（数据库检索中有相关文献记录的时间范围）海外华文传媒研究的整体态势作出了描述，并结合 CiteSpace 的共词分析绘制了关键词的知识图谱，同时对多年来学界的探讨热点议题进行了内容分析。

二、海外华文传媒研究的时间和地理分布

（一）研究的时间分布

通过对样本数据进行统计发现，这 326 篇文献在知网共被下载过 74 895 次，总被引频次为 892 次，表明该研究领域的知网文献虽下载次数多，但引用频次不高，从一个侧面反映了大多数文献的参考价值有限。同时，本文对 326 篇论文按照发表时间进行统计如下（见表 1）。

表 1　海外华文传媒研究的发文量一览

年份	发文量（篇）	年份	发文量（篇）	年份	发文量（篇）
1993	1	2001	10	2009	15
1994	1	2002	9	2010	21
1995	4	2003	7	2011	25
1996	1	2004	10	2012	30
1997	0	2005	14	2013	38

① 任红娟、张志强：《基于文献计量学的科学知识图谱发展研究》，《情报杂志》2009 年第 12 期，第 86 页。

（续上表）

年份	发文量（篇）	年份	发文量（篇）	年份	发文量（篇）
1998	0	2006	9	2014	34
1999	2	2007	15	2015	39
2000	4	2008	13	2016	24

表中的数据反映出，在发文数量上1993—2016年的海外华文传媒研究集中在2000年以后，若以8年的时间为界，每一阶段发文量都比前一阶段增加2～3倍。知网最早收录的一篇研究海外华文媒体传播的期刊文献出现在1993年，由曾任中新社社长的王士谷先生发表在《华侨华人历史研究》（1988年创刊，第一份面向国内外公开发行的研究华侨华人问题的学术期刊）上，文章将20世纪70—80年代作为美国华文传媒发展史上的转型期，讨论了这一时期美国华文传媒发展的三个阶段、十大变化①，为后继学者研究美国华文媒体传播史提供了参考。

从海外华文传媒研究的发文量趋势（见图1）来说，1993—2007年文献量呈现缓慢增长、平稳上升的倾向，2008年开始快速增长，一直到2015年达到峰值39篇，2016年稍微有所下降，不排除为知网数据库更新迟缓所致。总体而言，随着近年来信息技术的发展，经济全球化的深入，海外华文传媒研究也日新月异，越来越多的研究者投入对这一领域的探索和发现。

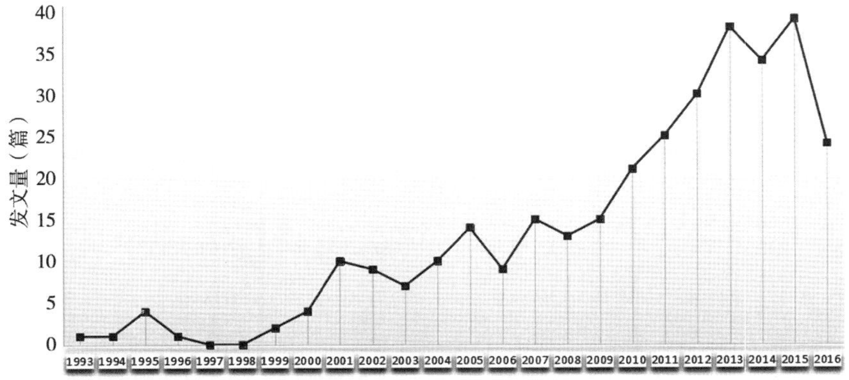

图1　海外华文传媒研究的发文量趋势图

① 王士谷：《美国华文传媒发展史上的转型期》，《华侨华人历史研究》1993年第3期，第6－18页。

（二）研究的地理分布

考虑到海外华文媒体分布的范围广泛，本文依据论文的研究内容对 326 篇文献研究涉及的国家和地区进行了归纳（见表 2）。由表中数据可知，这些研究海外华文传媒的文章有明确研究主体的共涉及 25 个国家和地区，总数达到 163 篇次。其中研究最热的前五位国家和地区分别是美国、东南亚、澳大利亚、新加坡和欧洲，而东欧、非洲等国家和地区研究相对较冷门，北欧、南美等地则缺失。

表 2　海外华文传媒研究地理分布情况

	研究国家和地区	频数		研究国家和地区	频数
1	美国	26	14	北美	3
2	东南亚	17	15	南非	3
3	澳大利亚	16	16	越南	3
4	新加坡	14	17	德国	3
5	欧洲	12	18	英国	2
6	泰国	11	19	新西兰	2
7	马来西亚	10	20	非洲	2
8	印度尼西亚	9	21	阿联酋	1
9	日本	7	22	荷兰	1
10	菲律宾	6	23	意大利	1
11	柬埔寨	5	24	法国	1
12	加拿大	4	25	匈牙利	1
13	俄罗斯	3	合计		163

之所以呈现上述情况，既和我国海外华文传媒研究起步较晚有关，也与各地华文媒体的数量多寡存在密切关系。据 2011 年《海外华文媒体现状调查报告》① 指出，海外华文媒体分布的重镇在北美和东南亚（当时作者调查收集到的数据显示约为 200 家），反映了华侨华人集中地的文化和市场需求；东

① 郑文标：《海外华文媒体现状调查报告》，北京：社会科学文献出版社 2011 年版，第 326 – 327 页。

欧、大洋洲、中欧和西欧是海外华文媒体新兴区域，各地都超过了 30 家，反映了二十世纪八九十年代以来华侨华人新移民的需求；而南美洲、东欧、南亚、非洲和北欧等地的华文媒体数量很少甚至没有，一定程度上反映出这些地方的华侨华人较稀疏。

三、海外华文传媒研究热点的知识图谱

（一）研究文献的关键词和来源共现图谱

笔者利用 CiteSpace 分析工具，对来源于知网的 326 份样本数据进行了关键词的聚类分析，导出“Timezone”图谱（见图 2）①，其中横轴代表时间，年环节点代表关键词聚类，颜色深浅代表关键词出现的时间聚类，节点的厚度与相应时间分区内关键词的数量成正比，年环节点越大，说明关键词在该研究领域出现的频率越高。

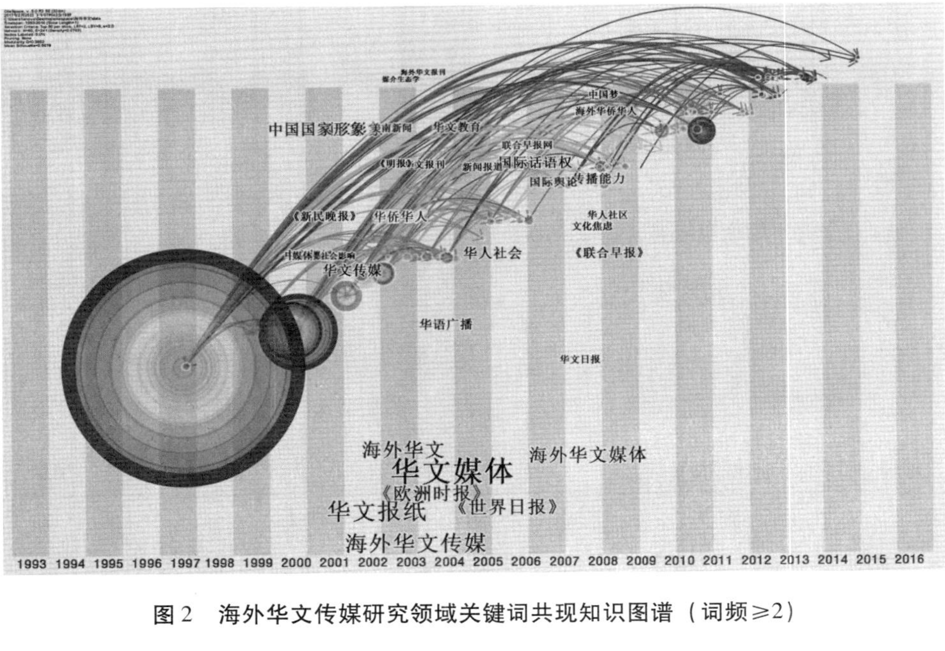

图 2　海外华文传媒研究领域关键词共现知识图谱（词频≥2）

图 2 所示关键词共现图谱共选出出现频次≥2 的 80 种关键词（字体大小

---

① CHEN C. CiteSpace Ⅱ: Detecting and visualizing emerging trends and transient patterns in scientific literature. Journal of the American society for information science and technology, 2006, 57 (3): pp. 359 – 377.

和节点大小成正比)，由关键词之间相互联系产生的连线共 241 条，节点较大、频次较高的有“华文媒体”“华文报纸”“海外华文传媒”等，具体如表3 所示。其中，中心性是测度节点在网络中的重要性的指标（最高为 1)，从表中数据可知“华文媒体”“华文报纸”“海外华文传媒”“海外华文媒体”“国家形象”5 个词的中心性均达到或超过了 0.1，反映其在多年的研究中占有突出的地位。

表 3　海外华文传媒研究词频≥5 的关键词一览

关键词	词频	中心性	关键词	词频	中心性
华文媒体	133	0.88	国际话语权	8	0.02
华文报纸	52	0.34	华文传媒	8	0.00
海外华文传媒	40	0.13	华侨华人	7	0.00
海外华文	23	0.07	《联合早报》	7	0.05
《世界日报》	19	0.09	传播能力	6	0.02
海外华文媒体	17	0.10	华语广播	6	0.02
《欧洲时报》	16	0.07	国际舆论	5	0.01
国家形象	11	0.13	中文报纸	5	0.00
中国国家形象	10	0.06	《新民晚报》	5	0.01
华人社会	9	0.06	华文教育	5	0.00

从作者和机构来源来看，通过对出现次数≥2 的机构及其与相关研究者之间的关系进行聚类分析发现，“暨南大学新闻与传播学院”在研究机构中出现次数最高（12 次)，其次是中国新闻社（7 次)，暨南大学华侨华人研究所和华侨大学文学院均为 4 次；而来自贵州民族大学传媒学院的颜春龙教授为该领域发文量最多的作者——共有 8 篇，反映了这些机构和作者多年来在海外华文传媒研究领域的贡献较大。

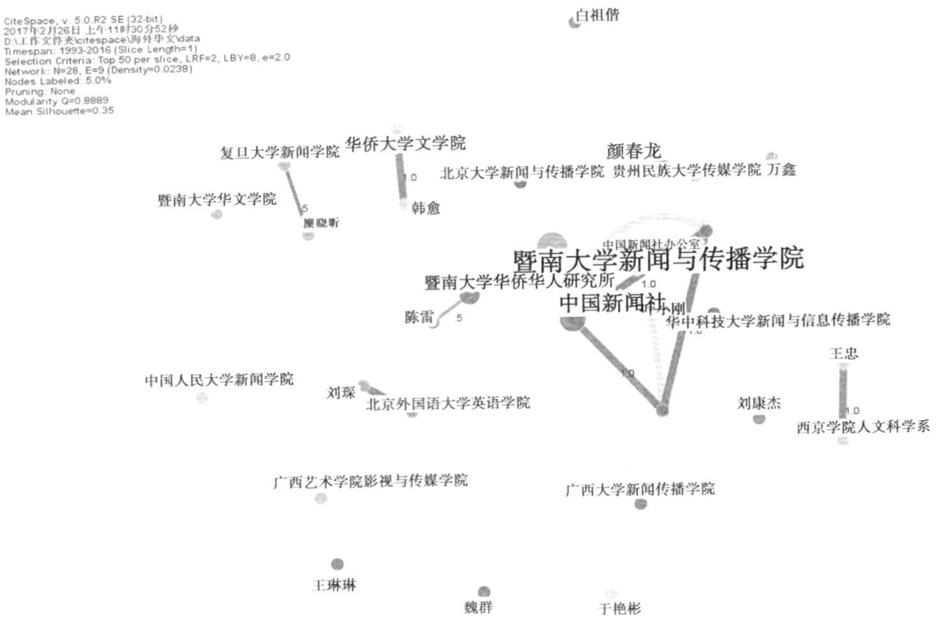

图 3　海外华文传媒研究的作者和机构关系共现图谱

再从文献的来源看（见表 4），文献来源≥4 次的期刊或学报共有 23 份。其中，发表海外华文传媒研究论文最多的四份学术刊物依次是《对外传播》《青年记者》《暨南大学学报》和《新闻爱好者》，体现了这些学术刊物对海外华文传媒研究的关注度高，该领域的学术研究成果也符合这些刊物的主题和定位。

表 4　文献来源≥4 次的期刊或学报统计

	期刊/学报名称	频次		期刊/学报名称	频次
1	《对外传播》	23	13	《中国报业》	5
2	《青年记者》	16	14	《新闻战线》	5
3	《暨南大学学报》	15	15	《军事记者》	5
4	《新闻爱好者》	10	16	《对外大传播》	5
5	《国际新闻界》	9	17	《新闻与写作》	4
6	《传媒》	9	18	《新闻与传播研究》	4
7	《新闻研究导刊》	8	19	《华文教学与研究》	4

（续上表）

	期刊/学报名称	频次		期刊/学报名称	频次
8	《东南亚纵横》	8	20	《广西大学学报》	4
9	《新闻知识》	7	21	《东南亚研究》	4
10	《新闻记者》	7	22	《东南传播》	4
11	《现代传播》	7	23	《东北师范大学学报》	4
12	《新闻界》	6			

（二）高频被引文献分析

此外，本文还对这 326 篇文献中被引频次靠前的 11 位作者的文献进行了统计（见表 5），其中被引频次最高的是北京大学新闻与传播学院教授程曼丽的一篇论文《关于海外华文传媒的战略性思考》，该文在总结海外华文媒体对外发挥文化传播功能、促进国内统一、增进国际了解方面的特性的基础上，指出未来华文媒体向集团化、多媒体、全球拓展、海内外融合的趋势，并提出了加强海外华文传媒研究力度的建议。①

表 5　被引频次≥12 次的文献一览

	作者	标题	出版物	年份	被引频次
1	程曼丽	关于海外华文传媒的战略性思考	《国际新闻界》	2001	40
2	周聿峨、陈雷	东南亚华文传媒的历史与现状	《东南亚纵横》	2004	21
3	周敏、蔡国萱	美国华文媒体的发展及其对华人社区的影响	《社会学研究》	2002	18
4	叶虎	海外华文传媒与中国国家形象塑造	《当代亚太》	2010	17
5	吴妮	东南亚华文报刊面对的挑战与机遇	《传媒》	2005	16
6	彭伟步	东南亚华文传媒的媒介功能与前瞻	《东南亚研究》	2002	15

① 程曼丽：《关于海外华文传媒的战略性思考》，《国际新闻界》2001 年第 3 期，第 28 页。

（续上表）

	作者	标题	出版物	年份	被引频次
7	程曼丽	海外华文传媒在危机中发展的契机与生机	《对外大传播》	2009	15
8	颜春龙	海外华文传媒与华人文化认同研究	四川大学	2006	14
9	白贵、王南	寻找文化归属的海外华文媒体——《联合早报》对中华传统文化传承与异变的个案研究	《当代传播》	2005	12
10	邓金花	泰国的中国新移民与华人文教	《东南亚纵横》	2007	12
11	刘虎	海外华文传媒与中国国家形象的提升	《宁波大学学报（人文科学版）》	2009	12

就研究内容来看，这些文献都是针对海外华文传媒的历史传承、文化和功能特性、发展现状与未来趋势作出的研究。值得注意的是，有关东南亚地区华文媒体的考察就占了一半以上；就研究角度来看，11 篇文献多从文化和历史的角度考量海外华文传媒对中国文化的传播、国家形象的塑造、族群文化的认同等方面，如颜春龙教授的博士学位论文就以新加坡《联合早报》为例系统地讨论了华文传媒在异国发展过程中，由于社会转型、经济发展、政治改革等因素面临着普遍的文化认同危机；[①] 就研究方向来看，这些文献大多论述了华文媒体在海外生存的现状，一方面海外华侨华人规模庞大以及网络技术的发展为华文媒体创造了市场和机遇；另一方面由于面临读者流失、多元文化的冲击、华文教育在国外难以普及等困境，华文媒体的海外市场正在不断萎缩，其发展遭遇诸多瓶颈。

四、海外华文传媒研究的热点议题分析

为了进一步探讨这些年来海外华文传媒研究者发表在学术刊物上的研究成果的侧重点及主要采用的研究方法，本文从已搜集的知网 326 篇文献中选出同时被 CSSCI 数据库收录的 55 篇论文作为深入研究的样本。通过内容分析法，可将 55 份样本数据从研究领域到研究方法的不同作出如下分类和归纳

① 颜春龙：《海外华文传媒与华人文化认同研究》，四川大学博士学位论文，2006 年。

（见表 6、表 7）。

就样本数据而言，从研究方法上看，使用频次超过 3 篇的文献共采用了 5 种研究方法，分别是思辨（40. 68%）、二手资料分析（20. 34%）、内容分析（6. 78%）、访谈法（6. 78%）和文本分析（5. 08%），说明海外传媒研究目前倾向于结合史料和社会热点进行思辨式的探究，也反映了一手资料获取的难度较大。按量质化研究分类结果显示，80. 0% 的研究为质化研究，仅有 20. 0% 的研究采用了量化分析的方式，表明了量质化分析方法在这一研究领域分布的失衡。

表 6　55 篇文献使用的研究方法归类

研究方法	频次	占比	研究方法	频次	占比
思辨	24	40. 68%	话语分析	2	3. 39%
二手资料分析	12	20. 34%	文献研究法	2	3. 39%
内容分析	4	6. 78%	参与式观察	2	3. 39%
访谈法	4	6. 78%	问卷调查	2	3. 39%
文本分析	3	5. 08%	跨学科研究法	1	1. 69%
个案研究	2	3. 39%	其他	1	1. 69%

注：其中有 4 篇文献交叉采用两种研究方法。

表 7　55 篇文献的研究领域和研究方法列联表

		研究领域						
		传媒发展态势	媒体传播力和自身建设	传媒的发展史	传媒的文化认同	传媒研究综述	传媒的族群影响	其他
研究方法	质化	14	10	9	4	4	2	1
	量化	2	4	0	4	0	1	0
总计		16	14	9	8	4	3	1

从研究方法和研究领域的交叉分析来看，量化的分析方法主要应用于对媒体传播力和自身建设、传媒的文化认同研究上，质化分析方法则在各大研究领域都有分布，集中在传媒发展态势、媒体传播力和自身建设以及传媒发展史的研究议题上。就海外华文传媒研究的热门领域来看，主要是四类：传媒发展态势、媒体传播力和自身建设、传媒的发展史和传媒的文化认同，下

面将分别进行综述。

(一) 海外华文传媒的发展态势

这部分的研究议题围绕华文媒体在海外扩张的规模、经营的状况、承担的使命、面临的挑战和危机等话题展开，经过归纳和梳理，可以概括为以下两点：

1. 媒体规模庞大，发展迅速

关于海外华文媒体的数量，由于在数据收集上存在一定的难度，学界一直无法得出精准的定论。程曼丽教授指出从1815年第一份华文报纸出现开始，一直到21世纪初，“海外共有52个国家和地区出现过华文、华文与其他文字合刊的报刊，累计总数约4 000种”①。2014年又有学者根据公开资料统计海外华文传媒的数量约有800家，以华文报纸居多。② 更有说法夸张而形象地总结道，凡是有海水的地方就有华人，有华人的地方就有华文媒体。③

21世纪以来，海外华文媒体经历了反“独”促“统”的过程，对祖国的合力加强，④ 在国际上不断发出对国家有利的声音，维护当地华人的利益，促进中华文化的向外传播。以东南亚为例，作为海外华侨华人聚集地之一，随着新移民特别是留学生和商务人士的不断加入，华文媒体也迎来了发展的繁荣期，如印度尼西亚在短时间内就诞生了11家华文报纸；⑤ 而且随着中国综合国力的不断增强、和世界各国联系越来越紧密，华文传媒的重要性日益受到主流社会的关注，当地政府和华商也越来越重视中国的变化。另外，随着网络新媒体时代的到来，海外华文媒体的网络化发展也迎来了无限机遇。⑥

2. 发展面临挑战，困境重重

由于海外华文媒体的规模庞大，同一地区的华文媒体市场竞争十分激烈，如发展繁荣的马来西亚报业市场就出现过近20份华文报纸相互竞争的局面。⑦ 此外海外华文媒体的经营方式主要停留在免费阅读/收听/收看、广告养报和有偿阅读/收听/收看两种运作方式，盈利途径十分被动，几乎完全取决于华人受众的数量。但随着时代的发展，华侨华人中的老年读者逐渐消失，年青

---

① 程曼丽：《海外华文传媒研究》，北京：新华出版社2001年版，第2页。

② 彭伟步：《当前海外华文传媒发展动态浅析》，《东南亚研究》2014年第2期，第89页。

③ 黄耀东：《东南亚华文媒体现状和出路》，《经济与社会发展》2006年第9期，第136页。

④ 程曼丽：《海外华文媒体的新变化》，《新闻战线》2004年第10期，第78页。

⑤ 黄耀东：《东南亚华文媒体现状和出路》，《经济与社会发展》2006年第9期，第137页。

⑥ 戴安娜·斯多佛·迪灵哈斯：《新媒体技术对美国华文媒体的影响》，《国际新闻界》1999年第3期，第37页。

⑦ 彭伟步：《当前海外华文传媒发展动态浅析》，《东南亚研究》2014年第2期，第89页。

一代对华语和传统纸媒的接受和理解程度有限，媒体市场正在不断萎缩，许多报刊纷纷停刊倒闭。

客观上来说，海外华文媒体经营面向的本就是一个多变的文化、经济和政策环境，如20世纪70年代到90年代末，由于摆脱殖民统治后的东南亚国家引入西方的经济和文化生活模式，华文媒体遭受巨大的冲击，从1 082家锐减到655家。[①] 而且西方自由资本主义经济导致的金融危机也在不断考验着华文媒体的生存，[②] 再加上新媒体到来的冲击，海外华文网站迅速增加，侵占了传统华文媒体的生存空间，令一些本就生存维艰的小报刊直接陷入绝境。

（二）海外华文媒体的传播力和自身建设

作为中华文化向海外传播的代言人，海外华文传媒承担了比过去更重要的使命和职责。学界也越来越关心华文媒体在塑造中国的国家形象和传播有利于祖国的舆论方面所发挥的作用，一般认为华文媒体在联系海内外华人、传播中华文化、平衡西方舆论、联系国内媒体“走出去”方面有着独特的作用。[③] 例如，有学者以“中国威胁论”的发源发展为切入点讨论了海外华文媒体在利用媒介议程设置功能形成“舆论场”来正面宣传中国形象，从而消弭或削弱“中国威胁论”方面的潜在影响；[④] 也有学者对海外华文媒体提升中国文化软实力方面的影响进行了研究，认为华文媒体能够改善西方对中华文化的成见，提高中国的文化影响力；[⑤] 但不可避免的是，华文媒体在海外的受众面窄，私人经营的媒体规模小，专业程度不够，缺乏引导，从而对当地主流媒体的影响始终有限。[⑥]

当然，为了加强自身的传播力，华文媒体也需要因势而变，加强自身的建设。如在定位上不单单面向华人受众，也兼顾本土的“非母语”受众；在内容上多关注华人社区的利益，以化解族群矛盾为己任，使用标准化的语言

---

① 黄耀东：《东南亚华文媒体现状和出路》，《经济与社会发展》2006年第9期，第138页。

② 查谦：《金融危机下世界华文传媒现状与机遇》，《现代传播（中国传媒大学学报）》2010年第4期，第154页。

③ 郭招金：《海外华文媒体在加强国际传播力建设中的作用》，《对外传播》2009年第11期，第15页。

④ 万鑫、陈宗博：《海外华文媒体：传播和平之声——浅谈海外华文媒体消除“中国威胁论”的作用》，《对外大传播》2006年第1期，第49页。

⑤ 彭伟步、焦彦晨：《海外华文传媒的文化影响力与中国文化软实力的建设》，《新闻界》2011年第5期，第124页。

⑥ 侯东阳：《在国际舆论中有效地传播中华的声音——对海外华文媒体访谈的思考》，《东南亚研究》2011年第3期，第81页。

进行报道；[①] 在形式上借力网络新平台进行多元化传播，不断融合转型；[②] 在规模上优化资源配置，杜绝恶性竞争，进行整合发展。

（三）海外华文传媒的发展史

学界对于海外华文媒体演进历史的整体性研究大多见于早期的研究著述，如前面提到的方积根和胡文英的《海外华文报刊的历史与现状》，王士谷的《海外华文新闻史研究》。从多数文献的表述来看，窃以为可以将海外华文媒体发展史概括为三个阶段：

一是19世纪早期，华文媒体在海外的创刊，如1815年《察世俗每月统记传》作为第一份华文报纸创刊，1854年《金山日新录》作为第一份近代化华文报纸在美国创刊，1881年《叻报》作为南洋第一份华人自己的华文日报在新加坡创刊；[③]

二是20世纪特别是“二战”结束后，海外出现华人办报的高潮，华文报纸呈现出空前繁荣的局面，进入20世纪80年代，电台、广播等多种形态的华文媒体出现，[④] 总数不断攀升；

三是21世纪以来，随着互联网技术的发展，华文网站开始涌现，新媒体不断冲击传统的华文媒体空间，华人受众渐趋老龄化、华语读者逐渐流失、多元文化冲突等危机也在不断考验着风雨飘摇中的诸多海外华文媒体，至此进入了第三个发展阶段。

此外，多数学者也在不断开辟海外华文传媒史的研究版图，如周聿峨、陈雷的《东南亚华文传媒的历史与现状》（《东南亚纵横》2004年第6期），罗红、高红樱的《印尼华文媒体的历史、现状及前景》（《新闻记者》2005年第8期），易文、赖荣生的《越南华文媒体：历史、现状与前景》（《东南亚纵横》2009年第12期），刘康杰的《澳洲华文报纸的发展历程研究》（《新闻与传播研究》2013年第9期），等等。

（四）海外华文传媒的文化认同

研究华文传媒在海外发展面临的文化认同问题，主要从三个子议题展开，分别是华语传播困境、身份认同困境以及文化归属困境。

---

① 程曼丽：《华文媒体：面对“中国热”的冷思考》，《新闻记者》2005年第11期，第43页。

② 刘康杰：《“全球本土化”与海外华文报纸——以〈星岛日报〉澳洲版和〈澳洲新报〉为例》，《新闻大学》2013年第6期，第15页。

③ 廖一：《文化冲突与融合中的海外华文媒体发展》，《社会科学战线》2008年第12期，第150页。

④ 廖一：《文化冲突与融合中的海外华文媒体发展》，《社会科学战线》2008年第12期，第150页。

造成华语传播困境的原因是多方面的，曾任中新社社长兼总编的郭招金先生指出，在一个全球93%的平台都使用英文传播的互联网环境中，中文媒体只有3%～4%的份额，再加上随着老一代华人移民的消失，新一代移民的被同化，华语读者群正在不断减少。[①] 另外，一些国家政策压制华文传播，如印度尼西亚曾有三十多年禁止人们在公开场合讲华语、禁中文书刊，造成年轻一辈的印度尼西亚华人甚至连华语都不会说。[②] 再者，新加坡虽在文化上推行儒学，但受西化影响形成了读英文报、看华语节目受众居多的话语环境，政府推行“新加坡化”“新加坡认同”，导致华文在媒体传播过程中产生了“变异”[③]——语病多、西化现象严重。诸如此类造成了华语传播的危机。

有学者指出，由于西方主流话语的渗透，华文媒体在跨国传播中存在着严重的“文化逆差”现象[④]，华文媒体在主流社会被边缘化，华人在重大社会事件中倾向于向主流媒体获取资讯，弱小的华文传媒在国际舞台上陷入失语和身份认同的双重困境。

与此同时，公众对华文媒体的角色期待与华文媒体实际扮演的角色之间存在不同程度的差距，这种“文化角色冲突”又反过来加深了华文传媒的身份认同危机。[⑤] 一方面在西方的文化霸权下，华文教育生存空间狭小，华文媒体只得不断向主流社会靠拢，从而丢失掉华语受众；另一方面自由经济市场下的华文传媒虽获得自由发展的权利，却由于文化的不同逐渐和主流社会脱节[⑥]，形成“文化孤岛”，华文传媒的文化认同陷入了进退维谷的困境。

五、结语

（一）海外华文传媒的研究演化

本文在对知网收录的海外华文传媒研究的期刊文献（1993—2016年）进行文献计量和内容分析之后有诸多发现。从量化的角度来说，近年来研究海外华文传媒的文献量不断增加，表明学术界越来越重视对这一领域的发掘，

---

① 颜春龙：《海外华文传媒与华人文化认同研究》，四川大学博士学位论文，2006年。

② 郭赫男、颜春龙：《论海外华文传媒文化焦虑意识的表征形态》，《现代传播（中国传媒大学学报）》2007年第3期，第30页。

③ 白贵、王南：《寻找文化归属的海外华文媒体——〈联合早报〉对中华传统文化传承与异变的个案研究》，《当代传播》2005年第1期，第35页。

④ 雷晓艳：《多维视野下海外华文传媒的文化身份危机》，《编辑之友》2013年第8期，第110页。

⑤ 雷晓艳：《多维视野下海外华文传媒的文化身份危机》，《编辑之友》2013年第8期，第111页。

⑥ 殷琦：《美国华文传媒：多元文化主义背景下的发展状况》，《厦门大学学报（哲学社会科学版）》2015年第6期，第42页。

关心和关注华文媒体在海外的生存状况；但是目前的研究主体仍扎堆在美国、东南亚、澳大利亚、新加坡等几个华文媒体发展较快的国家和地区，对一些发展较缓慢的地区缺乏足够的关注；关键词的聚类分析表明研究关注的大类集中在“华文媒体”“华文报纸”“海外华文传媒”上，在新媒体日益发达的今天，随着华文网站、华文新闻 App 等的出现，相信会增加更多的可研究空间；在文献来源上，以暨南大学新闻与传播学院为代表的机构和以《对外传播》为代表的学术期刊仍是这一领域创造或传播研究成果的主力军；从研究方法上而言，海外华文传媒的研究方法亟待多元化。

从质化的角度而言，通过对热门研究议题的分析，可以发现学界在海外华文媒体发展的历史、现状、前景方面都给出了细致的分析，其中无不透出对华文媒体传播中国声音的期许和对未来发展命运的担忧。从目前来看，海外华文传媒面临的主要是两大困境，一是华语受众群的流失带来的媒体关停危机，二是跨国文化逆差下的身份和文化认同危机。因此，不少研究者呼吁华文媒体的可持续发展一方面要通过改变受众定位、进行内容创新、整合媒体资源、转变生产方式、加强与中国境内媒体合作等方式革新自身，另一方面又希望中国政府和企业给予某种程度上的支持和关注，为华文媒体搭建交流互动的平台。

（二）海外华文传媒的研究趋势

有学者在 2013—2014 年通过对海外华文媒体发放问卷和深度访谈调查了 59 家报社，从受众、传播者、媒介和市场空间四个方面进行分析，结果显示新媒体对报纸的广告、内容和发行等冲击不大。[①]

但是，随着海外华文媒体的读者流失、利润下滑、发展遭遇瓶颈，新媒体时代的到来或许提供了另一种变通的途径。在 2015 年的“首届海外华文新媒体高峰论坛”上，西班牙《侨声报》的社长戴华东表示包括《侨声报》等大批海外中文报纸在内的华文纸媒已经开通了网站、电子报、微博、微信公众平台，意大利“微观世界”及“侨友中国”等网站更是积极开发先进的手机 App 新闻传播平台，以满足当地侨胞和住在国民众（读者）的不同需求；[②] 2016 年，《英中时报》等多家媒体已经开始“借力”新媒体平台聚集用户，

---

① 刘康杰、夏春平：《新媒体淘汰报纸?：五大洲 31 国 59 家海外华文报纸调查》，《新闻大学》2015 年第 1 期，第 25 页。

② 戴华东：《海外华文新媒体需形成合力》，http：//huaren. haiwainet. cn/n/2015/0521/c232657 - 28759564. html，海外网，2015 年 5 月 21 日。

线上线下同时发力，个别英国华媒微信公众号“粉丝”已经超过 30 万。①

种种迹象表明，海外华文媒体正在探索新媒体运营的新模式，并且已经出现一些成功的个例。窃以为接下来的海外华文传媒研究在方法上可以多借助一些技术手段进行数据的挖掘和量化，在内容上或许可以围绕以下几个方面展开：

一是从传播学理的角度，进行海外华文报纸“互联网 +”传媒的转型研究；

二是从媒介经营管理的角度，基于海外华文媒体的特殊性，探究海外华文新媒体的内容建设和线上运营模式；

三是从社会文化输出的角度，在“一带一路”的大背景之下，分析海外华文新媒体如何跨界整合资源，形成线上线下互动，合力发声，讲好中国故事。

由于样本数据选取有限，或许无法全面支撑分析结果，希望接下来的研究还能在计量方法上进一步优化。本文的结论是，21 世纪的到来，伴随着网络信息技术的蓬勃发展，海外华文传媒面临了诸多可预不可期的困境和挑战，虽是忧虑重重，却也大有可为。

【参考文献】

1. 任红娟、张志强：《基于文献计量学的科学知识图谱发展研究》，《情报杂志》2009 年第 12 期。

2. 王士谷：《美国华文传媒发展史上的转型期》，《华侨华人历史研究》1993 年第 3 期。

3. 郑文标：《海外华文媒体现状调查报告》，北京：社会科学文献出版社 2011 年版。

4. CHEN C. CiteSpace Ⅱ: Detecting and visualizing emerging trends and transient patterns in scientific literature. Journal of the American society for information science and technology, 2006, 57 (3).

5. 程曼丽：《关于海外华文传媒的战略性思考》，《国际新闻界》2001 年第 3 期。

6. 颜春龙：《海外华文传媒与华人文化认同研究》，四川大学博士学位论文，2006 年。

7. 程曼丽：《海外华文传媒研究》，北京：新华出版社 2001 年版。

8. 彭伟步：《当前海外华文传媒发展动态浅析》，《东南亚研究》2014 年第 2 期。

9. 黄耀东：《东南亚华文媒体现状和出路》，《经济与社会发展》2006 年第 9 期。

10. 程曼丽：《海外华文媒体的新变化》，《新闻战线》2004 年第 10 期。

11. 戴安娜·斯多佛·迪灵哈斯：《新媒体技术对美国华文媒体的影响》，《国际新闻

① 董博：《华媒发展遇瓶颈 “新媒体 +”或可破局》，《人民日报·海外版》，2016 年 4 月 25 日第 11 版。

界》1999 年第 3 期。

12. 查谦：《金融危机下世界华文传媒现状与机遇》，《现代传播（中国传媒大学学报）》2010 年第 4 期。

13. 郭招金：《海外华文媒体在加强国际传播力建设中的作用》，《对外传播》2009 年第 11 期。

14. 彭伟步、焦彦晨：《海外华文传媒的文化影响力与中国文化软实力的建设》，《新闻界》2011 年第 5 期。

15. 侯东阳：《在国际舆论中有效地传播中华的声音——对海外华文媒体访谈的思考》，《东南亚研究》2011 年第 3 期。

16. 程曼丽：《华文媒体：面对“中国热”的冷思考》，《新闻记者》2005 年第 11 期。

17. 刘康杰：《“全球本土化”与海外华文报纸——以〈星岛日报〉澳洲版和〈澳洲新报〉为例》，《新闻大学》2013 年第 6 期。

18. 廖一：《文化冲突与融合中的海外华文媒体发展》，《社会科学战线》2008 年第 12 期。

19. 郭赫男、颜春龙：《论海外华文传媒文化焦虑意识的表征形态》，《现代传播（中国传媒大学学报）》2007 年第 3 期。

20. 白贵、王南：《寻找文化归属的海外华文媒体——〈联合早报〉对中华传统文化传承与异变的个案研究》，《当代传播》2005 年第 1 期。

21. 雷晓艳：《多维视野下海外华文传媒的文化身份危机》，《编辑之友》2013 年第 8 期。

22. 殷琦：《美国华文传媒：多元文化主义背景下的发展状况》，《厦门大学学报（哲学社会科学版）》2015 年第 6 期。

23. 刘康杰、夏春平：《新媒体淘汰报纸?：五大洲 31 国 59 家海外华文报纸调查》，《新闻大学》2015 年第 1 期。

华文新媒体之客户端的创新之道
——以“华舆”客户端为例

苏　琦

【摘　要】 随着新媒体技术的日益发展成熟，新闻客户端成为大众获知信息的重要工具。如何把真实可信、高质实用的信息精准有效地传递给目标受众，如何向关注海内外华侨华人信息的用户传递真实全面的海外生活和国内发展状况，是值得华文传媒认真思考并探索的课题。本文通过分析一款新兴华文客户端“华舆”，探究华文媒体究竟如何更好地运用各类新媒体手段，发布权威资讯，满足海内外华侨华人的信息需求。

【关键词】 海外华文；客户端；“华舆”；创新

从1854年第一份具备现代报纸特征的华文报刊《金山日新录》在美国旧金山诞生，1856年首份中英文双语报纸《唐人新闻纸》在澳大利亚墨尔本面世到现在，华文媒体已经经历了160余个风雨春秋。[①] 随着互联网的不断发展和普及，信息的大众化、即时化和全天候化成为当今信息化时代最明显的趋势，移动媒体新闻客户端随着新媒体技术的进步而产生，各种形式的新媒体与传统媒体在竞争中形成新的传播局面。面对互联网带来的机遇和挑战，华文媒体进行了许多有益的探索和实践，积极探索融合发展之路。据不完全统计，全球范围内华文新媒体主要以Facebook、Twitter、网站、微信公众号和客户端为发展平台，Facebook达296个、Twitter 96个、网站1 780个、微信公众号362个、客户端193个。其中，海外华文客户端的地区分布数量以亚洲和北美洲居多（见图1），客户端以已有的海外华文报纸为母体，兼有网站与其他社交平台的开拓。伴随着国际政治形势的变化，海外华文传媒在立足当地的基础上，加强与中国及其他国家华文媒体的互动和合作，从而为海外

① 媒介守望者：《华文媒体闯世界：多语种标配撒开影响力》，http：//mp. weixin. qq. com/s/Fs-LpmzilhkqByiYtclzS8Q。

6 000 多万华人提供了获取信息的快捷渠道。[①]

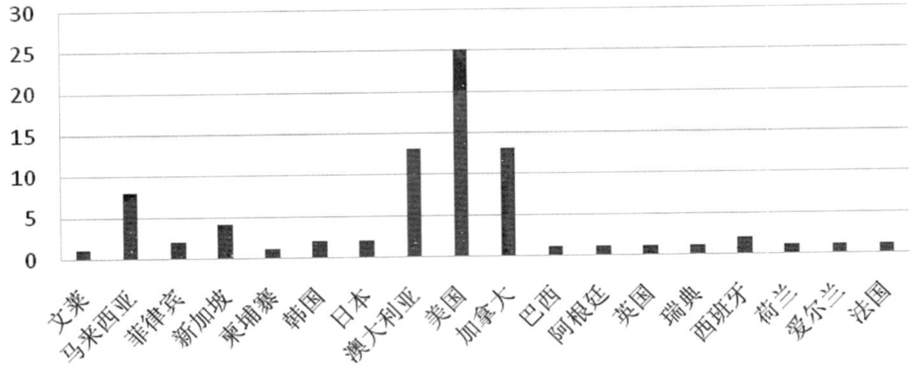

图 1　海外华文客户端分布数量

由中新社打造的新媒体平台——全球编辑室暨“华舆”客户端于 2016 年 2 月 22 日上线，这正是华文媒体在竞争中寻求新闻生产方式转变的体现。不同于传统定义上的华文媒体，“华舆”利用中新社自身技术与人才的优势，借助海外华文媒体的优质内容，打造全新的综合信息平台。

一、“华舆”客户端发展概况

（一）“华舆”客户端设计特色

“华舆”是一款为海外华侨华人打造的咨询服务社交类移动客户端，致力于让目标用户更快地了解当地社会，更好地享受海外生活。“华舆”并不同于海外华文新媒体，它实际上是由中新社主推，联合世界主流华文媒体进行新闻资讯的推送，提供新闻报道和侨务指南。客户端以介绍“海外中国，华文舆情”为宗旨，与南非《华侨新闻报》、意大利《欧洲华人报》《新华时报》、西班牙《欧华报》、毛里求斯《华声报》、韩国《世界侨报》、俄罗斯《龙报》、尼日利亚《西非华声报》、匈牙利《新导报》、美国芝加哥华语论坛和《亚省时报》、埃及《中国周报》等海外华文媒体签署“全球编辑室＋华舆战略合作伙伴框架协议”。“华舆”LOGO 巧妙结合海浪与鱼的线条，蓝白相间，突出“海外”特色，既有“海外华人”的代表性，又增加了品牌识别度。

① 彭伟步：《当前海外华文传媒发展动态浅析》，《东南亚研究》2014 年第 2 期。

1. “最简化”与“最多元”相结合

“华舆”客户端主界面分为两个模块——“华媒精选”与“招牌栏目”。其中，“华媒精选”以新闻标题加配图的形式按时间先后顺序显示，并明确告知受众新闻来源。“招牌栏目”根据不同话题进行主题安排。用户可通过“城市精选”“推荐栏目”“我的订阅”“消息中心”等自主选择。对“华舆”客户端2016年2月22日开始运行至2017年3月25日发布的华文信息进行统计发现，客户端共推送“华媒精选”资讯5 410篇，2017年1月至3月发布消息较之前数量明显增加，平均每月推送422篇新闻。这显示出“华舆”对用户资讯需求的反应意识增强，以内容为基石，是做好综合新闻资讯平台的重要标准。

“华舆”客户端既采用自身记者采访所得新闻，兼有其他媒体和权威纸媒等机构的新闻。对“华舆”中“华媒精选”报道的新闻内容的来源所作统计显示，新闻来源统计数量排名前十位的依次是侨报网、欧洲时报网、南美侨报网、澳洲网、龙报网、旅日、意烩、东方新报、欧洲时报内参以及微悉尼（见下表）。其中有681篇来源为侨报网，经由编辑进行新闻内容筛选和加工，占所统计新闻总数的12.6%。侨报网的新闻内容依托美国综合性华文日报《侨报》，凝聚海内外侨胞人脉，具有强大的信息来源优势。据全球中文排行榜（cwank.com）2017年3月20日统计，侨报网在全球海外中文网站中排名69位，月访问量达6.5万人次，超过半数来自美国。此外，来源于欧洲时报网与南美侨报网的新闻数量分别占总体的10.8%和6.1%。网络民意是记者判断新闻价值的重要参考标准，在对众多华文媒体资讯来源进行选取的过程中，首当考虑华侨华人占比大的区域。

“华舆”主要新闻来源排名前十位华文媒体

新闻来源媒体	篇数	新闻来源媒体	篇数
侨报网	681	旅日	195
欧洲时报网	586	意烩	193
南美侨报网	330	东方新报	161
澳洲网	312	欧洲时报内参	143
龙报网	230	微悉尼	140

传统媒体和新闻网站是移动客户端新闻的主要来源，当部分官方华文媒体无法及时获取其他主流华文媒体的新闻消息时，在转载新闻、提炼精准消

息上，移动新闻客户端具有明显的时效性优势。既有数量庞大的受众又能及时捕捉信息传送，华文新媒体的客户端具有不可忽视的影响力。

2. 广泛聚合全球优质资讯

总体来看，新闻来源的多样化使得每日的新闻信息覆盖范围基本囊括了全球各大洲。从对客户端新闻来源与内容的统计可以看出，亚洲尤其是中国所发生与华人相关的新闻是媒体重点报道目标（见图2）。另外，“华舆”也将新闻触角深入华文媒体较缺乏的非洲地区。2005年，南非仅有三家华文报纸，随着新侨人数的增加，在非华侨华人对新闻的诉求也日益增多。由此可见，“华舆”客户端将每个国家或地区相对重要的信息精选后推送给用户，它的能量不仅限于所在国，更为全球华侨华人发声，避免让不发达地区由于资金、技术、人员等因素成为华文媒体发展的掣肘，为华侨华人提供实用性资讯，才能有助于他们融入当地社会。

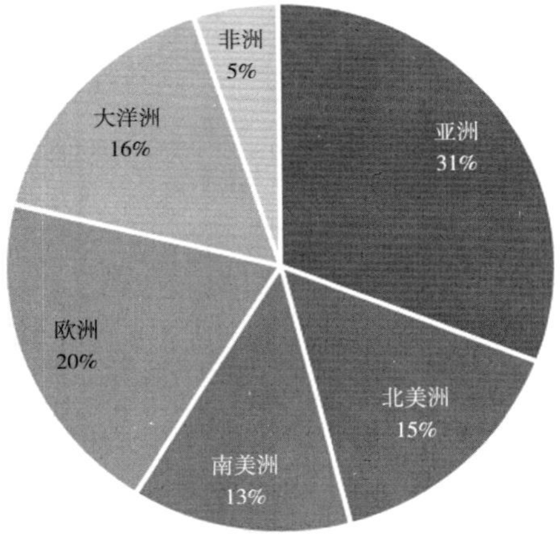

图2　“华舆”客户端新闻内容分布地区比例图

通过“华舆”客户端新闻内容关键词词云分析可以看出，“华舆”以华人为主要报道对象，联系中国与海外华侨华人有关的侨务资讯，其中“留学生”“移民”“房产”“旅游”等关键信息高频率出现（见图3），显示出用户对所在国学习、工作与生活信息的极大渴求。

图 3 “华舆”客户端新闻内容关键词词云分析图

在“招牌栏目”中，“华舆”共推出四个主题：华舆辞典、侨乡风物志、HOW TO、谈资。如“侨乡风物志”，通过介绍侨乡的风土人情、历史典故等，使用户产生对祖国的情感共鸣。侨乡与华侨华人就像硬币的两面，合起来是一个“侨文化”的整体，相互联系而不可分割，它们又各自都是主体，互为对方发展的背景、条件。① 华侨华人作为侨居国重大历史进程的积极参与者和直接推动者，将优秀的中华文化传播到五大洲，逐渐发展成为当地多元文化的重要组成部分，在中国与世界之间架起了文化交流的桥梁。侨乡深受海外文化与国际环境变化的影响，带有鲜明的地域性，是中国历史文化的一部分。“华舆”通过主题模式向外宣传作为中国区域文化重要组成部分的侨乡文化，具有深远意义。另外，“华舆”还向用户提供“城市精选”，可以查看海外城市的最新资讯。华侨华人群体不容忽视，他们在全球发展以及中国政治经济推进方面贡献颇多。从“华舆”选取城市所在地区来看（见图 4），华侨华人几乎遍布了全球各大洲，可见华侨华人群体在海外数量多，分布地区广。“华舆”新闻客户端的设计始终服务于华侨华人群体。

① 张国熊：《侨乡文化与侨乡文化研究》，《五邑大学学报（社会科学版）》2015 年第 4 期。

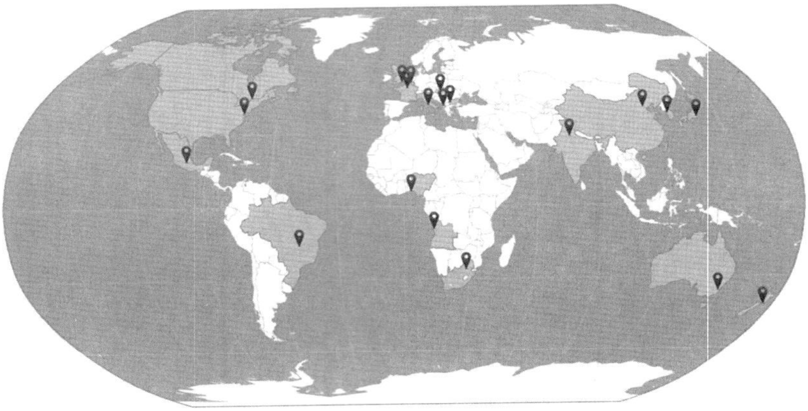

图4　“华舆”客户端“城市精选”栏目地区分布图

（二）“华舆”客户端的传播优势

1. 拥有三大海外数据中心和“全球编辑室”

中新社对华侨、华人、华社活动的报道协同其他海外媒体，日常报道和新媒体新闻广受欢迎，符合海外华人关注兴趣和阅读习惯。海外数据中心服务能力直接关系到当地用户体验，拥有全球上百家华文媒体资源库，利用“全球编辑室”多方挖掘网络信息，扩大了稿件覆盖面。事实上，在全国各地，有许多新闻媒体组织也在努力创新变革，他们也试图通过创新方式来向受众传递信息。《卫报》的内部数据分析平台 Ophan 就是一个很好的例子，这个平台很容易让新闻编辑部获得流量指标，也容易让所有的员工理解这些流量指标。[①]《纽约时报》的数据分析创新总监詹姆斯·罗宾森指出，新闻组织对流量的关注主要是为了吸引受众和理解受众，而不仅仅是获取流量的数量。通过数据中心和“全球编辑室”的技术运用，“华舆”以海外本土化华文新闻资讯为支点，辐射所在国家和周边地区，扩大海外传播力和影响力。

2. 精选优质新闻，做有态度的华文客户端

新闻客户端的公信力是通过把控客户端新闻源、筛选新闻事实、判断新闻价值，从而树立权威品牌形象。“华舆”在新闻内容的选取和编写上没有过多地按类别推送新闻，只是精选 10 余条重要资讯。海外华文媒体数量已突破四位数，在不同的华文媒体中对重要事件进行抓取，需要编辑人员具备新闻专业主义精神。在“华舆”推送文章中，不仅有时事新闻，也有众多民生消息，如元旦当日选自龙报网的“回望 2016：华侨华人活跃世界舞台，讲好中

① 张建中：《全球新闻编辑室的发展趋势》，《光明日报》，2015 年 10 月 10 日第 6 版。

国故事”，总结了过去一年华助中心在全球铺开、“中国绿卡”申请门槛降低、多项华侨权益保护条例出台等各种利好消息，使海外华侨华人欢欣鼓舞。“华舆”还为即将出国留学的学生提供选择专业与学校的优质信息。“华舆”在中新社众多资源的基础上充分发挥优势，在移动互联网领域实现华文客户端的新发展。

二、“华舆”客户端现存问题

1. 聚合新闻资讯单一

据猎豹全球智库提供的观察报告，在中国、美国、日本、印度、德国、法国、英国等互联网发展领先的国家，新闻 App 活跃渗透率榜单第一的全部为聚合类新闻 App。可见，聚合新闻加以有效分发是目前新闻资讯类 App 的主流形态，用户对内容个性化的需求越来越多，造成单一媒体的信息量根本无法满足用户的需求，只有用聚合的方法才能将足量的新闻资讯有效地传播给用户。如《欧洲时报》移动客户端，虽依托欧洲最大的华文日报，但并没有将其传统版面中细化地区的新闻消息板块呈现在客户端上，而是局限在欧洲地区。同样，“华舆”客户端虽然进行了不同栏目的设定，但每个栏目特别是“城市精选”中的资讯内容雷同，且更新时间远远跟不上新闻发生的速度，这种滞后且单一化的表征不利于“华舆”客户端的长久发展。海外华文客户端往往依托传统媒体为母体发展而来，但新闻资讯范围无法多面涉及，丧失了移动客户端的优势。

2. 世界性主流华文媒体缺少合力

华侨华人在海外的政治经济地位不断提升，权利意识显著增强，因此受到所在国家和媒体的充分关注。而与世界主流媒体合作问题一直阻碍着华文媒体的对外传播。“只有与主流媒体合作，海外华文媒体才能把握市场，才能找到有效的发行渠道，这才是传播中国文化的捷径。”① 当前海外华人社会正在发生变化，促使不同背景的华人有效交流是新闻媒体的重要责任，不仅要提供获取中国信息的平台，更应该提供获取国际资讯的优质渠道。据统计，世界各国主流媒体共 89 个，其中设立华文媒体的仅有 18 个，且融合趋势并不明显。

3. 缺少融合社交的元素

移动伴随性大众媒介综合各种媒介的优势，并依附接收终端的移动性，

---

① 何亚非：《海外华文媒体与中国梦》，《求是》2015 年第 1 期。

产生了“伴随性”的特征，使得信息的生产、传播和接收过程都出现了新的变化，它扩大了传媒生态的空间范围。① 如今，手机用户更倾向于从社交平台获取新闻资讯，通过看身边朋友的信息和动态了解新闻，社交媒体无疑分流了大量新闻用户群。华文新闻客户端如何夺回被社交平台吸引的受众注意力，提高用户使用 App 的频率，维持用户对客户端的黏性，才是需要重点思考的问题。自“华舆”客户端上线后，其总体下载量为 5 776（见图 5），截至 2018 年 8 月 20 日，“华舆”客户端上线排名居新闻类（免费）第 1 285 名，自 2016 年 2 月 22 日上线以来，排名上升 85 位。相比国内主流媒体和海外华文媒体，用户关注程度并不高，市场推广与客户端升级还有待发展。“华舆”客户端上线以来，下载用户排名前五的国家和地区分别是中国内地、美国、澳大利亚、加拿大以及中国香港。中国下载总量最高，美国仅次于中国，可见北美洲地区的用户对海外华文媒体的支持应该得到重视。

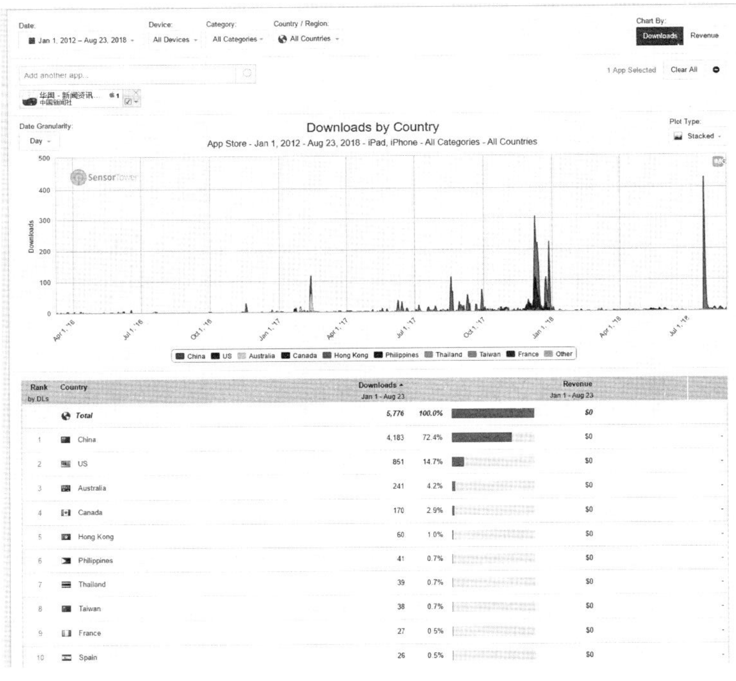

图 5 “华舆”客户端 AppAnnie 数据分析图

资料来源：https：//aso114. com/app - description. html？ appid = 1662526。

① 张红伟：《媒介生态学视野下的手机新闻客户端研究》，中央民族大学硕士学位论文，2013 年，第 16 页。

三、海外华文新媒体客户端的创新之路

1. 增强客户意识，优化用户体验

新媒体产品的成功很大程度由其用户决定，便捷、易操作、美观、互动性强等更多个性化的体验可吸引更多用户，使得用户的阅读体验更加舒适和愉快，有助于提高客户端用户的忠诚度和数量。海外华文客户端在用户体验方面需要考虑以下几个方面：

一是通过技术手段，全面分析用户偏好，生产用户更喜欢分享的内容。对于海外华文媒体来说，用户群体主要是海外华侨华人，他们真正关注的内容即所在地的社会民生问题，这不仅要从主流媒体筛选优质内容，也需要借助自媒体、社交平台等传送实时消息。

二是个性化定制与全面信息推送共同开展。客户端个性化推荐信息并不能做到完全直观，无法带来更高的 PGC 内容体验，从某种程度上来说也使得用户的信息面越来越窄。“华舆”的主界面中两个主要栏目以信息推送为主，个性化定制内容并不突出，技术团队还应更进一步细化用户分类，增强互动体验。

2. 支持海外华文媒体与国内媒体、智库、企业等多方面合作

海外华媒与西方主流媒体在技术、资金、人才等方面差距日益突出，建立融通中外、公正平衡的国际话语体系，保障华侨华人在当地更和谐地生活与发展，急需各国华文媒体的共同努力。在新媒体发展的历程中，纽约时报、华尔街日报、BuzzFeed、路透社、今日美国、华盛顿邮报、ABC、CBS、CNN等各大媒体都有自己的客户端。一些大的集团，除了主客户端外，还推出若干个细分的客户端。这就需要华文媒体在传统媒体占据优势的基础上继续扩大影响力，与国内媒体、智库、企业等多方面合作，打造自主可控、传播力强的新型传播平台，在互联网的内容竞争中掌握主导权，争取更多用户。

3. 移动新闻客户端需不断强调自身“社交性”

《认知盈余》作者克莱・舍基分享过自己对于媒体移动化和社交化的心得，他说过去媒体的环境具有更强的确定性，但是现在却被不确定性所取代，因为今天的移动设备把所有的个体、不同的行为都整合在了一起。今天的信息传播不再是单向的传播，而是双向的。用户开始在移动媒体上反向输出自己的观点、想法并且分享给更多的其他用户。中国传统媒体在转型期间，面临不同社交平台抢夺用户注意力的尴尬处境，现今海外华文媒体在立足自身内容优势的基础上，需不断强化移动端的社交功能，并依附于拥有大用户流

量的社交平台，树立自己的品牌形象，依靠优质新闻内容吸附社交平台用户。成立专业社交媒体组，推广海外华侨华人重点关注的原创新闻资讯，在利用“社交媒体”进行二次传播之余，专门为社交平台定制内容。

四、结语

“华舆”作为一款新兴华文新媒体正在为海外华文媒体客户端的发展探索新的道路，科技日新月异，既要保持传统纸媒的权威，也要充分发挥新媒体优势。现今，新闻客户端拥有广阔的市场空间，必须以更开放的思想和视野，以用户为中心，开展媒体间多方面合作，创新合作方式，丰富合作内容，实现互利共赢，共同讲好中国故事。海外华文媒体是华语世界与外部世界交流对话、展示中华文化的一支独特的舆论力量，是所有身在海外的中华儿女与故乡间的桥梁。海外华文媒体有望逐渐形成矩阵格局，构建规模化的新媒体传播平台，用户、内容生产者、传播者、广告主等多个主体可持续发展，更好地服务海内外华侨华人。

【参考文献】

1. 杨宁、王世雅：《用华文搭建沟通桥梁》，《人民日报·海外版》，2016 年 11 月 11 日第 10 版。

2. 黄琪旺：《论“互联网＋”下的华文媒体》，见《华文媒体 200 年——薪火传承与时代担当（第八届世界华文传媒论坛论文集）》，2015 年。

3. 和曼、白树亮：《从“全球编辑网络数据新闻奖”看数据新闻思维创新》，《采写编》2016 年第 2 期。

4. 王海欢：《全媒体内容共享平台的建设》，《广播与电视技术》2015 年第 20 期。

5. 石丹：《加拿大中文媒体的生存现状与发展策略》，《中国记者》2012 年第 4 期。

6. 李大玖：《海外华文网络媒体——跨文化语境》，北京：清华大学出版社 2009 年版。

7. 张一鸣：《机器人与客户端的个性化追求》，《中国记者》2015 年第 4 期。

8. 王静超、储靖农：《“今日头条”的创新对传统媒体的启示》，《青年记者》2014 年第 16 期。

社区与服务：柬埔寨华文新媒体的开拓与探索
——以《吴哥时报》为中心的探讨

吴梦雁

【摘　要】《吴哥时报》是柬埔寨首份纯电子版的中文报纸，创刊至今已三年有余。在柬埔寨的传媒生态版图中，它是“弃纸从网”的华文媒体新秀，也是互联网时代借助微信、微博、网站进行传播的新媒体平台。它是柬埔寨华文新媒体进行开拓和探索的一面“镜像”。本文结合数据和内容分析，阐述了《吴哥时报》呈现的“社区”与“服务”特色，这也是其吸引华人用户关注，赢得生存空间的开拓与探索之道。

【关键词】 海外华文；《吴哥时报》；新媒体；社区；服务

一、《吴哥时报》的创刊

2015 年 3 月 27 日，柬埔寨首份纯电子版中文报纸《吴哥时报》正式创刊。在《吴哥时报》加入柬埔寨华文媒体大家族前，柬埔寨的华文媒体版图正处于转型期。

20 世纪 70 年代，柬埔寨发生了红色高棉运动，文化事业至 90 年代才开始复苏。红色高棉又叫波尔布特集团，它对柬埔寨全国进行了为期四年的残酷统治。“波尔布特集团占领金边后，利用政权的力量，在‘革命’和‘共产主义’的名义下，剥夺不论大小的个人财产，驱赶包括妇孺老弱在内的全城居民下乡强制苦役，废除商品货币，取缔一切原有文化，其中最令人发指的是进行‘肃反’和‘内部清洗’的大屠杀。波尔布特集团剥夺了大约 200 万柬埔寨人的生命。”①

直到持续十多年的内战结束和红色高棉灭亡，20 世纪 90 年代，柬埔寨迎来了和平年代，并加入东盟，经济社会才得以复兴，随后越来越多的外商到

---

① 周中坚：《红色高棉的灭亡和柬埔寨的复兴》，《东南亚纵横》2002 年第 2 期，第 35 页。

此投资经商、生活。作为东南亚华侨华人的主要分布国之一，柬埔寨目前有90多万华侨华人，约占全国总人口的6%。①

在这样的社会经济背景下，华侨华人在柬埔寨的工作、生活、交往日益频繁，相互间的交流也日渐紧密，同时也对身份认同、社区化建构、信息服务有着日益强烈的需求。1993年12月17日，柬埔寨经历多年战乱后的第一家华文报纸《华商日报》应运而生。进入21世纪，又相继诞生了《柬华日报》《柬埔寨星洲日报》《金边晚报》和《高棉日报》，这5家报纸构成了柬埔寨华文媒体之格局。②

随着经济全球化以及中国经济实力不断壮大，两国间的合作日益紧密。2006年4月7日至8日，在中国国务院总理温家宝正式访问柬埔寨期间，两国签署了多项双边协议和“全面合作伙伴”协议，柬埔寨和中国建立了多边合作伙伴关系。2010年，柬埔寨首相洪森访问中国，柬埔寨与中国同意建立多边战略合作伙伴关系。2010年，中国—东盟自由贸易区如期建成。柬埔寨处在区域经济日益一体化和大湄公河次区域合作的连接点中，与中国这个世界第二大经济强国、世界上最大的市场接近，其农业剩余对于私营部门的发展和投资、包容性增长、社会经济发展和减少贫困是一个主要资产。③

在此形势下，在柬华侨华人的活动日益频繁、活跃，其经商、生活、工作也需要获取更多的资讯，华文媒体迎来了一定的发展空间。跻身于原有的5家报纸为主导的华文媒体格局中，为顺应新媒体潮流，开拓市场抢占份额，2015年3月27日，《吴哥时报》以“纯电子版中文报纸”的身份亮相，开通了微信公众号“吴哥时报”、新浪微博“吴哥时报记者”，与《华商日报》合作共同在“吴哥新闻网”发布新闻信息、即时资讯，并提出其宗旨为“贴近民生，搭建沟通的平台”。《吴哥时报》的创办人沈凯东在创刊之初接受采访表示，刊物虽然名为“时报”，但并没有纸质载体，作为柬埔寨首份纯电子版中文报纸，希望为读者提供一种全新的媒体享受，做到不出门便知柬埔寨的大小事，知悉各方声音。④

为此，《吴哥时报》经过一个月的试运营，依托微信公众号“angkortime”这一传播主阵地，以《〈吴哥时报〉今（27）日正式创刊》为开篇之作发布

---

① 《柬埔寨华人九成从商　历经凤凰涅槃经济贡献大》，中国侨网，http：//www.chinaqw.com/sqfg/2016/12－01/115692.shtml，2016年12月1日。

② 黄慧玲：《柬埔寨华文媒体的微信试验》，《新闻战线》2014年第10期，第193页。

③ Sum Chhum Bun、梁薇：《在东盟背景下的柬埔寨—中国合作：共同建设中国—东盟自由贸易区升级版》，《东南亚纵横》2014年第10期，第62页。

④ 《柬埔寨首份纯电子版中文报纸创刊》，新华网，http：//news.xinhuanet.com/world/2015－03/30/c_127636310.htm。

信息，首篇推文阅读量为1 326人次，点赞数为10个。文中提及办报理念和初衷："名为报纸，却并没有纸质出版物，节省了大量成本，更具活力。除了翻译柬文媒体的新闻外，更倚重由生活在柬埔寨各地的华人提供新闻线索，为读者提供一个全新的交流平台。在这里，华人同胞们可以倾诉、可以爆料、可以交流商讯，还可以寻求帮助。"①

正如创刊声明所言，《吴哥时报》关注在柬埔寨华侨华人的生活和故事，提供新闻信息、广告资讯，并介绍柬埔寨的风土人情和习俗礼教，加强对外传播。在创刊后的第二天，即推出《在柬埔寨出家（连载1）》，以创刊人"吴哥仔"的亲身经历撰写系列报告，介绍柬埔寨寺庙的组成、作息、起居、礼仪等情况。阅读量为1 075人次，点赞数11个。公众号每日发布推文，内容涉及时政消息、突发事件、社会新闻、文化宣传、广告营销等。

创刊不久，《吴哥时报》就受到读者的广泛关注，粉丝人数不断攀升。截至2015年11月1日，其已有1万名粉丝；截至2016年3月2日，有2万名粉丝；2016年7月16日，第3万名粉丝诞生。②截至2017年3月27日，《吴哥时报》创办两周年，731天，共诞生40 462名粉丝，平均阅读量5 300人次，月均发稿91篇，日均增长粉丝55名。

二、社区建构，加强文化认同

肖航等在《软传播：华文媒体海外传播研究》中指出："任何媒体的产生都源于社会的需要。社会是一个有机体，需要媒体从政治、经济、文化等方面为这个有机体的平衡与发展发挥作用。"他们还认为，"海外华人移民群体尽管庞大，但居住往往分散而复杂，在当地国很难有实际的'华文化'接触"，"华文媒体作为海外的少数族裔媒体，一方面可以发挥'老遗产培养新忠诚'的社会功能，帮助当地国华侨华人尽快融入主流文化，了解在当地国生存与发展的各方面信息。另一方面，华文媒体可以满足初入异国他乡的华侨华人对本族裔文化的'饥渴'现象，有效缓解'文化休克'引起的身体和心理的不适感"。③

在柬埔寨，作为华文媒体的"新秀"，《吴哥时报》深知华人作为移民，希望建构双重文化身份，获得心理满足和身份认同的需要，因此扮演了一个

---

① 《〈吴哥时报〉今（27）日正式创刊》，《吴哥时报》，2015年3月27日。

② 《〈吴哥时报〉第三万名粉丝将于今晚诞生》，《吴哥时报》，2016年7月16日。

③ 肖航、纪秀生、韩愈：《软传播：华文媒体海外传播研究》，北京：中国传媒大学出版社2013年版，第31页。

“社区”的角色，吸引柬埔寨华侨华人关注，加强用户黏度，加强民族文化的交流，发挥华文媒体的纽带作用和优势。登录《吴哥时报》微信公众平台，可见其设置了三个菜单栏：“新闻”“百事通”“部落”。其中“新闻”一栏又分为“吴哥时报”“星洲日报”“柬华日报”“金边晚报”“高棉日报”，可以链接以上报刊的每日新闻，为读者增加获取资讯的选择；“百事通”一栏主要提供一些便民利民信息；“部落”是微社区论坛，用以互相沟通交流，咨询问题。在“部落”微社区论坛中，华人用户从“受众”转变为“传播者”，根据分类，可以发布“结伴同行”“招聘求职”“求助咨询”“众议院”“租售转让”“找老乡”等信息。表1为“部落”帖子示例。

表1 《吴哥时报》微信公众号“部落”帖子（2017年3月31日页面显示顺序栏目名前三位）

栏目名	帖子标题
结伴同行	《我6月8号、9号、10号，到吴哥窟玩》 《明天出发吴哥窟》 《求同行》
招聘求职	《本厂招聘身体健康、工作诚恳、吃苦耐劳的国内职工一名》 《急聘中柬翻译：限女性》 《招聘工厂管理一名》
求助咨询	《急！急！人在柬埔寨失踪2天了！不是骗人的》 《哪里有三七卖》 《在金边》
众议院	《柬埔寨》 《太没良心啦》 《我们还有很多贫困县哪》
租售转让	《本农场生产香茅精油》 《二手摩托车、冰箱出售　有意者请联系微信》 《求商务车及包私机》
找老乡	《我是宁明的》 《有四川隆昌老乡没》 《大家好》

“部落”及其分类的设置，不同于大众传播的模式，而是遵循了新媒体传播的特性。这一平台的社交化、社区化特性，有益于让用户针对自身实际需

求传播信息。表1的帖子浏览数量从41到900不等，评论数从个位数到24不等，以这18条帖子为例，从评论中得到有效回应、互动的有《我6月8号、9号、10号，到吴哥窟玩》《本厂招聘身体健康、工作诚恳、吃苦耐劳的国内职工一名》《招聘工厂管理一名》《哪里有三七卖》《本农场生产香茅精油》《二手摩托车、冰箱出售　有意者请联系微信》《求商务车及包私机》《我是宁明的》《有四川隆昌老乡没》《大家好》共10条。

由此可见，“部落”中由用户发布的帖子虽然并不能完全解决问题，但一定程度上能得到华人同胞的呼应、支着和帮助。“部落”建构了一个虚拟的社区，让用户倾诉“家长里短”，方便用户进行社交、求助。并且《吴哥时报》记者在“部落”中，以“首席酋长”“酋长”等身份对一些信息进行核实和扩散，与社区居委会异曲同工。如在《急！急！人在柬埔寨失踪2天了！不是骗人的》帖子中，《吴哥时报》记者联系了失踪华人的家属，证实确有其事，并发布了失踪华人的照片和亲友的联系方式，确保了信息的真实性，也为信息的扩散发挥了一定作用。

《吴哥时报》的社区构建不限于线上的虚拟环境，也从线上转移到线下，发挥其社交、互动的功能。尤其在文化认同强烈的传统节日里，《吴哥时报》策划了形态各异的活动，以线下活动为主，结合线上征集活动，发挥“社区化”的特色，加强与用户的互动。通过搜狗微信搜索可见，《吴哥时报》自创办以来，在中国传统新春佳节、中秋节，以及柬埔寨宋干节等节日中，都策划了相应的活动（见表2）。

表2　《吴哥时报》于春节、中秋节、柬埔寨宋干节举办活动的文章

春节	《春节没年味？来吴哥时报一起吃饺子吧!》(2016-02-02) 《柬埔寨春节如何过？“我的年味儿”活动征稿啦》(2016-02-05) 《春节你也在柬埔寨？我们一起过年吧!》(2016-02-06) 《年味征集丨在柬埔寨过年的你，记录美好的片刻》(2017-01-26)
中秋节	《在柬埔寨，我们这样过中秋》(2015-09-27) 《这个中秋，〈吴哥时报〉陪你一起过》(2016-09-11) 《中秋在暹粒？今晚6点来跟我们一起过节吧~》(2016-09-15)
宋干节	《【柬新年】晒美图、拿大奖!》(2015-04-01) 《柬新年晒美图活动今日重启》(2015-04-11) 《〈吴哥时报〉请您吃芒果　报社客房免费住》(2016-04-09)

从以上活动看来，在“每逢佳节倍思亲”的传统节日里，《吴哥时报》

发挥了社区化功能，把报社打造成逢年过节团聚、狂欢、谈心的场所，与用户零距离接触。如2016年春节前夕，在2月2日发表文章《春节没年味？来吴哥时报一起吃饺子吧!》推出活动：“在柬打拼，过年不能回家的朋友怎么办呢？一个人窝在家多孤独寂寞冷，不如来吴哥时报社一起吃饺子吧！这个除夕夜，《吴哥时报》准备了最有年味的饺子宴，饺子要什么形状、什么馅儿，通通由你决定!”2月6日再次推出《春节你也在柬埔寨？我们一起过年吧!》：“小编已将报社布置一新，还准备了水饺、汤圆、火锅、红烧肉及酒水。欢迎你来《吴哥时报》，和众多春节同样不能回家的朋友们一起吃饺子、品汤圆、看春晚、聊乡情。我们还增设了乒乓球擂台赛和现场抽奖环节。”

从以上活动可见，“吃饺子”“品汤圆”“看春晚”“乒乓球擂台赛”等内容无一不具有中国特色，既体现了传统新春佳节的习俗，也有备受华人欢迎的体育运动，具有浓浓的人情味，加强了华人的身份认同。

在柬埔寨新年前夕，报刊又推出《〈吴哥时报〉请您吃芒果　报社客房免费住》等活动，邀请读者参观报社、体验亲手摘芒果的乐趣，还有免费入住的福利。召集活动的文章阅读人次2 377，精选留言25条，其中大多数留言表示要参与活动。

在这样的活动中，《吴哥时报》打通了线上与线下两个阵地，打造了一个社区平台，建构了一个聚集柬埔寨华侨华人的场所，让用户对报社更为熟悉，对记者和工作人员增加了了解与互动。从用户反馈留言可见，活动不仅加强了《吴哥时报》的关注度，还加强了用户的活跃度，对用户日后提供有新闻价值的线索具有促进作用。

三、信息服务，便捷华人生活

学者李大玖在其编著的《海外华文网络媒体——跨文化语境》中提出，“根据美国 Compete，Inc. 等网络评估公司的不完全统计，海外华文网络媒体的网友人数远远超过平面媒体，是海外华人新移民最主要的信息传播与交流、表达意见的平台，是海外华人最重要的舆论集散地和整合地，无论是影响力还是覆盖范围，都已经远远超过了海外华文报业”。并且他认为，“海外华人是全球范围内传播中华文化、消除误会、增进中华民族与世界各民族的了解与融合的和平使者，海外华文媒体是联系海外华人—祖国—居住国之间的桥梁和纽带。海外华文媒体在增进中国与世界交流中有着独特的无可取代的重要作用”。①

同样，在柬埔寨，华人的生活、娱乐、工作都需要融入一个新的环境，尤其是对初来乍到的华人来说，相关信息的搜集、获取尤为重要。《吴哥时报》利用新媒体便捷、成本低的优势，把微信公众平台打造成一个信息聚合平台，内容包括时政、局势新闻，对当地的政务动态、社会信息进行了即时的提醒和推送，让来柬埔寨投资、旅游生活、工作的华侨华人获得动态的信息服务。为了给在柬华侨华人提供重要的商务信息，《吴哥时报》对柬埔寨、中国两地的经贸合作动态也保持了密切的关注；同时还提供衣食住行等方面的“小贴士”，让华侨华人在经商、工作、生活、游乐中互通有无。

从表3可看出，《吴哥时报》微信公众号头条可大致分为时政、社会、商贸、攻略、其他共五大类。

表3　《吴哥时报》2017年3月微信公众号头条

时政	《忙于大选？柬取消与澳大利亚军演》（2017-03-01）
	《救国党四巨头新鲜出炉　两人是华裔》（2017-03-02）
	《美国，请不要侵犯我们的主权》（2017-03-04）
	《柬埔寨官二代：拼爹拼颜值还能拼才华》（2017-03-05）
	《中国两会直击　侨乡市长如是说》（2017-03-07）
	《前天才“逝世”，现在成亲王》（2017-03-14）
	《外交部长：我预见到南海地区可能有新变化》（2017-03-15）
	《华人副总理宋安逝世　柬埔寨将举行隆重葬礼》（2017-03-16）
	《各界吊唁宋安　75万安葬费受质疑》（2017-03-17）
	《宋安遗体上午火化　多国政要出席》（2017-03-19）
	《洪森谈“柬埔寨梦”：2050年要成为高收入国家》（2017-03-20）
	《政府警告：越南爆发疫病　勿吃进口猪肉》（2017-03-21）
	《副总理：为什么你们看不见政府的努力》（2017-03-22）
	《金速卡：当主席才半月　竟被指非法》（2017-03-25）

① 李大玖：《海外华文网络媒体——跨文化语境》，北京：清华大学出版社2009年版，第2-3页。

（续上表）

社会	《暹粒热气球落地时被刮破　幸无人伤亡》（2017-03-03）
	《赌博惹祸　4 中国人涉绑架被捕》（2017-03-06）
	《妓女也是人，请不要歧视我们》（2017-03-08）
	《突发！吴哥景区车祸一死多伤　一中国同胞垂危》（2017-03-11）
	《三名车祸中国大学生无生命危险　感谢好心人相助》（2017-03-12）
	《毕业七年，这些中国留学生还在柬埔寨吗》（2017-03-13）
	《工人又晕倒了　我们如何应付》（2017-03-18）
	《2017 世界幸福排名公布：中国 79，柬埔寨 129》（2017-03-24）
	《机场拒付消费遭刁难　中国姑娘据理力争终过关》（2017-03-30）
商贸	《中国客撑起柬埔寨航空半边天》（2017-03-09）
	《新开通金边至上海、深圳直航　低至 9 元》（2017-03-10）
	《她的大唐饭庄，让〈远方的家〉摄制组连吃三天都不够》（2017-03-23）
	《美团饿了么“外卖争夺战”即将在柬重演》（2017-03-26）
	《国足都崛起了，你要不要也为自己搏一把》（2017-03-31）
攻略	《在柬埔寨如何做一名地道的中国吃货》（2017-03-28）
	《柬新年要完了又要省钱？这个攻略帮您一步到位》（2017-03-29）
其他	《这个你看着成长的孩子，今天两岁了》（2017-03-27）

从表 3 可知，《吴哥时报》2017 年 3 月的微信头条文章中，“时政”类新闻报道是其重点内容，此类头条文章共 14 篇，涉及军事演习、国际会议、外交事务、食品安全等内容，时政类新闻多以消息为报道形式，体现“时报”的特色，提供严肃、即时的新闻资讯。如《洪森谈“柬埔寨梦”：2050 年要成为高收入国家》，介绍了在暹粒举行的第五届世界贸易组织圆桌会议，柬埔寨国民生产总值、2016 年国民人均年收入及未来发展目标，以及中方柬方未来合作的侧重方向，使华人用户通过报道能更好地了解柬埔寨国情；又如《政府警告：越南爆发疫病　勿吃进口猪肉》新闻警告用户：“柬越边境的越南猪场发现感染沙门氏菌的严重疫病，不要吃来自越南的猪肉。”并介绍了农业部目前采取的做法，作为人人关心的健康议题，这一信息引起了广泛的关注，阅读量有 6 936 人次。

而“社会”类新闻，既有突发情况的报道，如《暹粒热气球落地时被刮破　幸无人伤亡》《突发！吴哥景区车祸一死多伤　一中国同胞垂危》等，也有对社会现象、社会问题的探讨，如《妓女也是人，请不要歧视我们》《工人又晕倒了　我们如何应付》。“商贸”类涉及航班、广告等，其中《新开通金边至上海、深圳直航　低至9元》一文，不仅介绍了各航线机票价格，还提醒道“春秋廉航机票只能免费携带15kg的行李。要避免超重部分的高额行李费，可以通过官网或人工客服购买行李票，价钱以机票价格为准”。对于常年往返于中国和柬埔寨的华侨华人来说，这是非常有效的交通信息，阅读量有8 346人次。“攻略”类的资讯，以广告结合“小贴士”的形式，介绍了美食、App等信息，其中《在柬埔寨如何做一名地道的中国吃货》一文介绍了一家餐饮店的中华美食，有川菜、鲁菜、面点、烧烤等，为吃不惯柬餐的华人提供了选择和参考。

除了2017年3月的头条，《吴哥时报》在两年多的微信文章中，还发布了招租、求职、物流、民宿等方面的广告，在提升媒体经济效益的同时，也提供了直接的信息服务。为了让这种信息服务更为多元和便捷，赢得关注度和阅读量，并提高用户忠诚度，《吴哥时报》在2015年8月8日还推出了语音播报形式，利用新媒体丰富的元素，提供多样化的服务。

四、余论

跻身于柬埔寨华文媒体格局中，《吴哥时报》以新锐、年轻的新媒体姿态亮相。分析其内容和样本可见，“社区”和“信息服务”是其在柬埔寨华文媒体版图中开拓与探索的重要途径。利用“社区”特色，《吴哥时报》加强了与用户的互动和联系，并吸引了关注度，增强了用户黏度，同时搭建了一座桥梁，让华人用户增加了文化认同、身份认同和归属感，发挥华文媒体的功能与价值；利用“信息服务”特色，《吴哥时报》为用户提供了即时讯息，整合了生活小贴士，还进行了一手资料信息的搜集和提醒，成为居家、旅行、工作必备的“小能手”。这是在互联网时代中，传统媒体走向式微之时，华文媒体进行开拓和探索的新方向。

由于篇幅、掌握数据及能力有限，笔者未能结合《吴哥时报》的广告经营、利润、人员结构进行论说，《吴哥时报》的未来运营与盈利空间也不在本文讨论的范畴之内。本文更偏重对其内容进行分析，对其呈现出的传播特色进行阐述。综上所述，在如今“信息爆炸”的时代里，作为柬埔寨海外华文新媒体，《吴哥时报》在“社区”和“信息服务”中呈现了新媒体特色，可以帮助柬埔寨华侨华人更好地融入当地，增强在异国他乡的归属感和认同感，这是其亮点和成功之处，也是柬埔寨华文媒体的生存之道。

辛亥革命前孙中山对海外华文报业的贡献

彭伟步

【摘　要】本文论述了孙中山在辛亥革命前的海外办报活动和新闻思想，指出虽然孙中山直接或间接创办海外华文报刊的目的重在革命宣传，推翻清政府，但是促成了海外华文报刊的快速发展，推动了华人的思想变革，促进了中华文化在海外的传播，帮助华人在海外向殖民政府和当地政府争取各种权利。文章也指出孙中山在海外创办报纸存在渲染民族主义等问题。

【关键词】孙中山；海外华文报刊；海外华人；舆论宣传

众所周知，报纸是孙中山宣传革命，反驳保皇言论，推翻清朝政府的重要舆论工具。在辛亥革命成功前，孙中山就意识到报纸的舆论与教育功能的强大作用，通过印刷各种传单、直接或间接创办报刊，宣传革命思想，唤醒华人沉睡多年的革命觉悟，培养华人维护权益的意识，推动了中华文化在海外的繁荣与传播，为辛亥革命的成功，以及推动海外华人社会的发展作出了极为重要的贡献。

一、推动了海外华文报刊的大发展

早期的华文报刊主要报道当地华人的新闻，介绍侨居国的有关政策、法令，刊登火车和船排班期及商业广告等，一方面帮助华人了解侨居地的情况，了解当地的政策、法令，另一方面通过阅读华文报刊，排解在异国他乡由于语言不通、饱受欺凌、生活单调等造成的孤独及思乡之情，寄托对故国故乡的思念。随着华人移民的增多，华文教育在当地得到迅速发展，华人已不满足于简单地把华文报刊当作了解当地新闻、慰藉离乡之苦的工具，而是作为华人吸取新知识、新文化，关心祖国发展变化的信息载体。因此，积极传播中华文化，报道华人事迹，反映华人生活，维护华人利益，鼓励华人热爱祖国、关心祖国的命运与前途，是19世纪末至辛亥革命前海外华文报业大发展的重要原因。出于对祖国富强的希望，华文报刊在孙中山直接参与下，“渐入革命书报全盛时期”。

“进入‘全盛时期’的革命宣传事业，不仅报纸、期刊、书籍等各种文字宣传形式全面开花，数量众多，其影响力也从东京、新加坡、马来亚、香港、上海等舆论中心梯式扩散，遍及内地，成为国内趋新群体特别是青年学生汲取新知、启发智识的主要来源。1905 年同盟会成立后，革命派在继续加大舆论宣传力度的同时，更借助于与改良派的思想论争，使民主革命的思想深入人心，为辛亥革命的成功与中华民国的建立奠定了重要的思想基础。据相关统计，1895—1911 年间，海内外各地各种革命书报‘约千百种’。如此规模的革命书报在近代出版业刚刚兴起的中国，对于主要借助新媒体获取智识的新知识群体而言，其重要性不言而喻。”①

在兴中会成立初期，孙中山就意识到利用报刊宣传革命的重要性。他认为，“欲唤醒国民及不为康梁所惑，首须创立宣传机关”。1895 年，孙中山主持颁布的《兴中会宣言》，把“设报馆以开风气”列为“本会拟办之事”之首。孙中山充分利用在檀香山华侨华人中的影响，于 1903 年把 1881 年创办的《隆记报》改组为《檀山新报》，并使之成为兴中会的言论阵地。同盟会成立后，他又立即在日本东京创办了同盟会的机关报《民报》（1905 年）。之后，孙中山在世界各地组织推翻清政府的活动，直接或间接创办了一批华文报纸，或者说服原来亲清政府或保皇派的华文报刊转向支持革命党。大量的华文报刊因此不断涌现，华文报业呈现出繁荣景象，如新马的《图南日报》（1904 年）、《警东新报》（1905 年）、《自由新报》（1908 年）、《华暹日报》（1908 年）、《泗滨日报》（1908 年）、《中兴日报》（1907 年）、《星洲晨报》（1909 年）、《进化报》（1910 年）、《光华日报》（1910 年）、《民醒报》（1911 年）、《少年中国晨报》（1910 年）等，这些报刊均是在辛亥革命前创刊，为孙中山推翻清朝政府以及在广东举行的一系列起义活动做了舆论准备，并在黄花岗起义和之后的辛亥革命中发挥了重要的宣传作用。

孙中山除了直接参与办报外，还对其他从事革命的华文报刊给予大力支持，如郑贯公在日本横滨创办《开智录》半月刊时，因为经费有限，不得不采用油印，印刷效果不佳。孙中山知悉后，尽管经费十分紧张，仍然给予资助，帮其改用铅字排印，从而提升了《开智录》的印刷效果，使之字体清晰，版面清新，降低读者的阅读难度。他认识到对留学生的思想启蒙有助于团结众多留学生和形成反清阵线，对留学生的革命报刊给予大量资助。如他在经济上为支援留日学生中具有初步革命思想的刊物《国民报》，曾捐助一千元印

---

① 谷小水：《辛亥革命与早期共产党人的思想启蒙》，《广州日报·理论版》，2011 年 7 月 19 日 AII 8 版。

刷费，使之成为发动和启蒙留日学生并吹响反清活动的号角。为了扩大留日学生的革命宣传阵地，孙中山在1906年初组织同盟会人员召开了专门会议，“号召各省留日学生筹办地方刊物”①，揭露清政府及地方官吏的黑暗腐败和帝国主义的侵略野心。在他的支持下，留日学生“鼓起省办杂志的浪潮”②。这些刊物积极宣传革命思想，为辛亥革命的爆发做了舆论准备。此外，孙中山也认识到减少保皇派报刊对革命活动和舆论宣传的重要性，通过各种努力说服亲保皇派报刊转向支持革命活动。在孙中山的影响和感召下，许多华文报刊从保皇转向革命，如美国旧金山《大同日报》（1902年）等，扭转了早期革命活动在海外不受欢迎、舆论相对被动的局面，推动了华文报业的快速发展。

快速发展的华文报业为革命思想的传播提供了重要的舆论阵地，也在某种程度上成为革命活动的中心。海外具有革命思想的华文报刊大部分是所在地区同盟会分会的机关报，与在香港及内地出版的革命派报刊紧密配合，积极在海外进行革命宣传，不仅是资产阶级革命派在世界各地的重要宣传阵地，而且是发动广大华人募集革命经费支持国内革命，展开与保皇派论战的重要堡垒，极大地影响了国内政治变革的走向。因此，孙中山在清政府被推翻后总结革命取胜的原因时便说“此次革命事业，数十年间屡仆屡起，而卒观成于今日者，实报纸鼓吹之力”，高度评价了华文报刊在推翻清政府的革命活动中的舆论准备作用。

在早期的报刊活动中，孙中山把报刊作为开启民智，破除清政府言论禁制，阐发新思想，培育新人才的重要阵地。孙中山间接或直接的办报活动，不仅催生了一大批新生华文报刊，而且为以后的海外华文报业提供了办报蓝本，培养了大量的新闻人才。虽然绝大部分的革命报刊因为时代的变迁而停刊，却为后人的办报提供了许多有益的经验，也推动了海外华文报业的新闻业务改革，如新闻评论的写作框架、形式、修辞表达等都有了新的突破，特别是在新闻思想的改革方面，赋予了华文报刊新的使命，使之蜕变成为维护华人权益，传播中华文化，增强华人族群认同感，促进中华文化与当地主流文化交流的桥头堡。

二、唤醒海外华人的革命思想

孙中山认为，革命成功最可靠的因素是“人民心力”，欲得民心，则需宣

---

① 铁铮：《试论孙中山的报刊活动》，《北京林业大学学报（社会科学版）》1988年增刊，第82页。

② 铁铮：《试论孙中山的报刊活动》，《北京林业大学学报（社会科学版）》1988年增刊，第82页。

传，“振兴中华”应该“由民众发之，亦由民众成立”。要实行民治，就得培养人民的自治力。方法之一是进行书面和口头的宣传，把自治知识传播到人民中间去，“国犹人也，人之初生，不能一日而举步”，因此“必有保姆教之”，使民权思想“遍传之国人，使成为一普通之常识”。在这种思想的指导下，海外许多革命报刊以开启民智、唤醒华人革命思想为己任，推动了华人的思想变革。

在革命报刊的宣传下，华人革命热情不断高涨，意识到中国只有民主才能走向富强，才能改善华人在海外的处境和命运，于是纷纷自觉或不自觉地抛弃了对清政府的幻想。海外革命报刊唤醒了华人的革命觉悟，赢得了华人的信任和拥护，增强了广大华人对祖国的认同感，并催生了反对清政府的强大动力。如出生于新加坡的陈楚楠，被誉为“南洋革命党第一人”，连续创办了《图南日报》和《中兴日报》，宣传反清革命，与保皇派展开论战，这些报刊是南洋华侨最早宣传革命的报刊，而陈楚楠也成为新加坡宣传革命的报人先驱。

一些华文报刊阐明暴力推翻清政府的必要性与重要性，并提出了革命思想。1905 年 11 月 26 日，同盟会机关刊物《民报》在东京创刊，孙中山在发刊词中首次提出“民族”“民权”“民生”三大主义，对中国革命产生了深远影响。从 1905 年到 1910 年共出 26 期，系统地宣传了民主革命派的革命纲领，提出了“颠覆现今之恶劣政府”“建立共和政体”“土地国有”“维持世界真正之平和”“主张中日两国之国民的联合”“要求世界列国赞成中国之革新事业”的“民报之六大主义”，并且刊出了孙中山亲自撰写的发刊词，第一次比较具体地提出了民族、民权、民生的革命主张，教育了华人，改变了他们对清政府的认识。1906 年 4 月 28 日，《民报》第 3 期号外发表《〈民报〉与〈新民丛报〉辩驳之纲领》一文，拉开了革命派与改良派之间论战的序幕。孙中山利用《民报》这个阵地，自撰或口授大意，由别人执笔成稿发表文章，对以康有为、梁启超为代表的改良派实行君主立宪的主张进行了有力的驳斥和斗争。1906 年 12 月 2 日，孙中山在东京举行的《民报》创刊周年纪念会上的演说，概括地表述了他的革命主张，即“因不愿少数满洲人专利，故要民族革命；不愿君主一人专利，故要政治革命；不愿少数富人专利，故要社会革命”。这场论战划清了革命与改良的界限，进一步阐述了三民主义的革命理论，提高了同盟会会员的革命觉悟和信心，巩固和扩大了资产阶级民主革命派的阵地，为广州黄花岗起义和辛亥革命做了重要的思想和舆论准备。

在宣传革命思想的过程中，许多广东籍的海外华人创办华文报纸，唤醒华人的革命思想，并且出钱出力积极支持孙中山推翻帝制的活动。如“祖籍台山四九镇的伍盘照，在同乡伍于衍、伍时雨等友人的支持和协助下，1898年5月在洛杉矶创办《华美新报》。1900年2月，伍盘照将报社迁往旧金山，重新集股，与伍于衍等人改办《中西日报》，并自任总编。该报以改良社会、教育侨民、宣传革命救国思想、维护华侨权益、传播中华文化为宗旨，是美国第一家标准型华侨报纸。……台山籍进步青年黄伯耀、李是男、温雄飞、黄超五、黄芸苏、黄杰亭、许炯黎等，1908年在旧金山组织‘少年学社’，出版油印周刊《美洲少年》，其宗旨是：‘以民主立宪为志愿，以美国政体为主义’，宣传反对封建帝制，走民主共和道路。1910年8月，《美洲少年》改为《少年中国晨报》，作为同盟会的机关报，大力宣传革命。黄伯耀任总经理，黄超五任总编辑，黄芸苏任主笔，李是男负责副刊和新闻的编辑工作。……《少年中国晨报》是美洲同盟会的重要喉舌，当时，美洲各报多在午间出版，唯该报每天清晨面世，且版面新颖，编辑力量强，成为美洲宣传三民主义的重要阵地。……中华民国成立后不久，临时大总统孙中山颁给该报的旌义状中写道：‘《少年中国（晨）报》于中华民国开国之始，宣扬大义，不遗余力，特给予优等旌义状，奕代后民，永多厥义。此旌。’当时孙中山颁发的众多旌义状中，颁给国内外报刊是很少的，《少年中国晨报》能享此殊荣，足见其在辛亥革命中的作用。……祖籍恩平君堂镇的唐琼昌，与朱三进等人一起于1902年在旧金山创办《大同日报》，并任总司理，康有为门人欧榘甲主笔政。欧反对与孙中山合作并著文攻击之，唐力劝不从，遂辞退欧，此为华文报刊史上有名的‘《大同日报》易帜事件’；从此该报面貌为之一新，积极支持孙中山进行民主革命宣传，并积极传播中华文化，报道华人创业事迹，反映华侨生活，鼓励华侨热爱祖国。祖籍恩平的梁菊东，辛亥革命前应聘任《大同日报》总编辑。……祖籍鹤山的马来亚著名华侨实业家和慈善家陆佑，资助革命党人在新加坡开办《星洲晨报》”①。大量革命报刊的创办与宣传，帮助海外华人辨别是非，阐明了推翻清政府的必要性。

辛亥革命前，不同政治立场的海外华文报刊分别呈现出激进、中立、保守的政治风格。然而，在当时华社的舆论界，中立的报刊未能形成较大的影响力，反而是宣传革命的报刊在华社当中引起的反响较大。通过阅读革命报刊，许多华侨华人认识到腐朽的清政府是改变中国贫困的阻碍，从而放弃了对清政府的幻想，转而支持革命派，这也是革命派能够在海外募集到大量活动经费的重要原因。

华文革命报刊的宣传、教育，使华人作为一股独立的政治力量悄然崛起，

---

① 郭晶：《五邑华侨与华文报业》，《五邑大学学报（社会科学版）》2000年第2期，第67页。

培育了华人的革命思想，使华人的思想中第一次具备了现代性，并对华人进行思想启蒙，鼓励他们追求个人解放、实现民主自由的理想。也正是在海外革命报刊的影响下，海外华人始终对孙中山的革命理想与活动给予充分的信任与支持，也才使辛亥革命最终得以成功。孙中山为此高度评价了海外华人的支持："披坚执锐血战千里者，内地同志之责也；合力筹款以济革命者，海外同志之任也。"又说，"同盟会之成，多赖华侨之力，军饷胥出焉"。辛亥革命前，海外华文报刊虽然受经费影响，发行时断时续，却开启了民智，为孙中山推翻清政府发挥了舆论宣传的作用。

三、鼓励华人在海外争取各种权利

在早期，海外华文报刊基本上由传教士创办，虽然有一些传播西方民主、现代科学技术的内容，但是报刊的主要内容是向华人传教，很少去启蒙华人的维权意识。孙中山所领导的革命派在世界各地创办报纸后，不仅向华人传播革命思想，而且非常重视维护华人在当地的权益。他们意识到如果华人在当地的权益受到损害，也会影响到革命经费的筹集，关系到国内革命活动的成败，因此通过报刊培育华人的维权意识，并对如何保护海外侨胞的合法利益作了积极有效的探索。

孙中山所领导的革命报刊立场坚定，标题鲜明，勇于揭露、抨击殖民主义的侵略行为，批评殖民当局和西方国家对华人的不公平政策。孙中山主张报刊宣传的内容要新、要高，要传播世人所不知道的新理论、新知识，提倡朴实的报刊文风，反对浮华的论调、空洞的说教，主张密切联系实际，有的放矢，不作无病之呻吟，要推动华人的思想变革，维护华人在海外的权益。例如，马来西亚《光华日报》创办后在反英国殖民统治，以及为当地民众争取更多的政治、经济和文化权利方面作出了积极贡献，特别是当华人遇到英国殖民政府的无理、不公平对待时，该报敢站出来，积极发动华人为维护族群利益而与殖民政府进行抗争。在美国，政府出台了《排华法案》，向华人征收人头税，歧视华人。孙中山利用《少年中国晨报》发表文章，批评当地政府对华人的不公平政策，鼓励华人争取合法政治权利。

孙中山认为，报刊应为民说话，要为国家建设事业提供智力支持和舆论支持。不仅如此，他还从其民生史观出发将新闻出版事业视为人民实现民生主义的手段。在 1921 年 10 月完成的《实业计划》中，他对辛亥革命前的办报活动进行总结，将新闻出版事业列为开启民智，实现民生幸福，争取各项权益所必需之一环而与衣食住行居于同等重要的地位。他认为："此项工业，以知识供给人民，是为近世社会之一种需要，人类非此无由进步。一切人类大事皆以报纸记述之；一切人类知识皆以报纸蓄积之；故此为文明之一大因子。世界诸民族文明之进步，每以其每年之出版物之多少衡量之……吾所定国际发展计划，亦须兼及新闻事业，若中国依予实业计划发展，则四万万人所需出版物必甚多。需于一切大城乡中设大印刷厂，出版一切，自报纸至百科全书。各国所出新书，以中文翻译，廉价出售，以应社会公众之所需，一切书市，由一公设机关管理，结果乃廉。"① 由此可见，"孙中山先生认为新闻出版事业对于国家建设事业和人民生活幸福有十分切要的影响和作用，国家不仅要设大量印刷厂、报馆、书局，而且要有益于民生，鼓励人们争取各种权利。这种关于报刊有益于国家建设和民生幸福的思想与美国传播学家威尔伯·斯拉姆的发展传播理论不谋而合，但比后者的理论提出要早数十年，对于我们今天的新闻传播事业仍有重大的借鉴价值"②。事实上，在孙中山指导的革命海外华文报刊中，不少报刊立足华社，报道华社新闻，并维护华人权益，从而成为华社重要的舆论喉舌。这种为华人鼓与呼的办报宗旨在海外特定的办报背景下一直被传承至今。

除了鼓励华人争取各种民生权利外，革命报刊也注重与当地政府抗争，争取华人的受教育权和文化传播权。报刊与华人团体合作，创办各种性质的华文教育机构如私塾等，以推动华文教育在当地的发展，从而提升华人的教育水平，增强他们的族群感，培养他们对中国的认同感。如在马来西亚，华文报刊在办报办刊的同时，也创办文化补习机构，但是时常受到西方殖民政府的阻挠和排斥，华文报刊多次发表评论，与殖民政府交涉，并号召华人团结起来向殖民政府抗争，以争取华人的文化传播和受教育权利，从而在海外开辟了华文教育的空间，成为传播和传承中华文化的重要阵地，丰富和发展了中国的新闻传播业。

四、总结

辛亥革命前的海外华人思想纷呈、态度各异。许多华人看到中国腐败、落后，被西方列强肆意侵略、羞辱，国土分裂，人民日益困苦的社会现实，既不满清政府的腐败无能，又对暴力革命持怀疑态度，把希望寄托在清政府实行自上而下的宪政改革上，以实现国富民强的愿望，因此内心充满了矛盾。

---

① 孙文：《建国方略》，见《孙中山全集》（第二卷），北京：中华书局 1986 年版，330 页。

② 王颖吉：《孙中山先生报刊宣传思想的形成及其传统文化特色》，《贵州文史丛刊》2003 年第 3 期，第 54 页。

孙中山鉴于当时海外华人的矛盾思想，以及保皇派利用华文报刊宣传保皇思想对海外华人社会的毒害，认识到革命宣传活动的重要性，办起了各种革命报刊，并支持一批具有进步思想的报刊，宣传革命，反驳保皇派的政治主张，启蒙了一大批华人，使他们抛弃了对清政府不切实际的幻想，转变为支持革命活动的坚定人物，为孙中山的革命活动提供了大量财力、物力和人力支援。客观来说，海外华人如此尽力资助革命活动，固然与其爱国爱乡爱民的传统思想有密切关系，但是如果没有革命报刊的宣传与感召，革命活动就很难在海外得到传播，也无法促进华人思想的变革。

孙中山的办报活动极大地推动了海外华文报业的发展。辛亥革命前海外华文报业一片欣欣向荣。无论是数量，还是办报的质量，华文报刊均比过去有了极大的提升，真正发挥了少数族群传媒的作用，不仅承担起传播新思想，传承中华文化的任务，而且直接推动了当地华文教育的开展，促进了华人思想的变革。海外华人在华文报刊的感召下，认识到华人凝聚族群感的必要性与重要性，从而在海外形成强烈的族群自觉意识。

然而，孙中山创办各种革命报刊最主要的是为革命活动做舆论宣传，虽然推动了海外华文报业的发展，提升了华文报业的办报层级，但是也不可避免地存在一些局限性。

一是孙中山过多重视报纸的舆论宣传功能。孙中山把报纸变成推翻清政府的重要舆论工具，这在当时特定的历史背景下固然有其进步的一面，却拔高了报纸的政治宣传功能，使革命报刊无一例外地成为党报，不利于海外华文报刊对新闻和现实的客观报道与评论。二是孙中山过多传播海外华人的民族主义。华文报刊在海外作为少数族群传媒，具有凝聚族群认同感、传播思想的作用，然而，孙中山利用华文报刊为革命制造舆论，把华人称为“革命之母”，狭隘地传播民族主义，激发华人民族主义情绪，而忽视了海外华人的生存环境，缺乏对华人在当地生存与发展的长远考虑，不利于华人融入当地社会，争取更多的政治、经济和文化权利，促进中华文化与当地文化的交流，从而导致华人受到殖民政府和当地原住民政府敌视，产生了旷日持久的“海外华人问题”。

孙中山办报，宣传革命思想，是在特定的历史背景下发生的，有其合理的一面，也确实对华文报业的发展与繁荣起到了积极的推动作用，特别是对华人的思想革新和人才培养作出了巨大贡献，但是我们也应客观地看到孙中山办报的时代局限性，认识到华文报刊舆论宣传的两面性和海外华人生存环境的复杂性，既要从中获得经验，也要吸取教训，以促进海外华文报业的健康发展。

【参考文献】

1. 孙文：《孙中山全集》（第二卷），北京：中华书局 1986 年版。

2. 郭晶：《五邑华侨与华文报业》，《五邑大学学报（社会科学版）》2000 年第 2 期。

3. 王丁、刘三平：《试论孙中山的新闻思想及来源》，《东南传播》2008 年第 4 期。

4. 唐晓童：《孙中山传播思想管窥》，《成都大学学报（社会科学版）》2005 年第 3 期。

5. 罗建军、黄若俊：《孙中山报刊宣传思想论略》，《绵阳师范高等专科学校学报》2002 年第 4 期。

华文媒体在“一带一路”中的角色和作用
——以《联合早报》全媒体为例

陈婉玲

【摘　要】2013 年 9 月，“一带一路”倡议提出后，引起了海外媒体的广泛关注和不同角度的解读。本文以《联合早报》全媒体为例，探讨了其在新加坡“一带一路”参与中的作用，并总结出海外华文媒体作为“一带一路”的见证者和监督者，在信息联动、诉求表达、智库交流、舆论引导等方面所承担的角色。

【关键词】“一带一路”；海外华文媒体；新加坡；角色

2013 年 9 月和 10 月，习近平主席访问哈萨克斯坦和印度尼西亚期间分别提出建设“新丝绸之路经济带”和“21 世纪海上丝绸之路”的倡议，简称“一带一路”。“一带一路”东面连接活跃的东亚经济圈，西面进入发达的欧洲经济圈，麦金德在 1904 年发表的《历史的地理枢纽》中曾预言，该区域是欧亚大陆上的一片具有天然保护屏障的内陆地区，具有发展成为重工业大国的巨大潜力。[①]“丝路经济带”的复兴，对加快亚欧大陆区域经济的发展、构建人类利益共同体和命运共同体等都具有深远意义。

“一带一路”如火如荼地进行，吸引了国际舆论的广泛关注和境外媒体的大量报道，这其中不乏海外华文媒体的身影。迥异于国内媒体对“一带一路”话语体系的建构，也不同于西方媒体对“一带一路”的抗拒猜疑，海外华文媒体更多地从当地受众的利益出发，扮演着“海丝”“陆丝”的见证者和监督人角色，成为影响“一带一路”向前推进的一股独特力量。本文以新加坡《联合早报》全媒体作为案例，对其中有关“一带一路”的新闻进行分析，探究华文媒体在“一带一路”中发挥的主客观作用。

---

① 哈·麦金德著，林尔蔚等译：《历史的地理枢纽》，北京：商务印书馆 2015 年版，第 70－71 页。

一、新加坡对“一带一路”的热切期盼

新加坡地处马六甲海峡，拥有闻名于世的天然良港，是著名的国际大洋航线枢纽、东南亚航运中心，其作为古代海上丝绸之路重要的中转站和补给基地，历史可以追溯到18世纪。如今，作为亚洲四小龙之一，新加坡不仅是东南亚经济发展的龙头，也是与中国贸易总额最大的东盟成员国。仅凭其地理和经济上的优势，新加坡成为“一带一路”重要节点的地位便不言而喻。

新加坡对参与“一带一路”建设的发展前景，同样寄予了厚望。据《联合早报》报道，早在2015年首届“新加坡论坛”上，新加坡总理李显龙就对“一带一路”给出了积极的评价，认为它能促进东南亚、东亚、中亚与欧洲之间的国际合作，并表示中国在推动“一带一路”过程中，已为区域带来积极影响。[①] 而新加坡财政部兼交通部高级政务部长杨莉明在首届新加坡区域商业论坛“21世纪海上丝绸之路”会上发言称，希望新加坡能利用“一带一路”的机会，继续成为21世纪海上丝绸之路的主要交接点，并在实现“一带一路”合作愿景方面作出贡献。[②] 新加坡国立大学东亚研究所所长郑永年也对“一带一路”表示看好：“‘一带一路’沿线都是发展中国家，因此客观上拥有巨大的经济发展需求。”[③] 从新加坡政界、商界和学界的总体态度和行动来看，新加坡不仅是“一带一路”倡议的支持者，也渴望成为其参与者和受益者。

新加坡如此热切地响应“一带一路”的倡议，并非毫无缘故。纵观其50多年的发展史，经济全球化正是新加坡生存乃至繁荣之道。作为国土面积只有714平方公里的弹丸之国，新加坡面临的资源匮乏和市场约束，使其不得不采取外向型的经济发展战略。经济全球化是外向型经济发展的良好驱动力，而新加坡及时地抓住了这一机遇。根据Moon，Rugman和Verbeke的综合双钻石模型，国家竞争力既可能来自于国内企业，也可能源于出口、对外投资等跨国活动[④]，在融入全球经济的过程中，新加坡贸易立国的战略抉择使新加坡不仅跃升为令人瞩目的东南亚经济增长极，在全球化进程中也担当了越来越

---

① 《纪赟：“一带一路”给新加坡的挑战与机遇》，联合早报网，2015年5月11日。

② 《新加坡财政部长杨莉明：参与一带一路 我国可在“三大通”方面扮演积极角色》，《联合早报》，2015年7月28日。

③ 《郑永年：“一带一路”面临大国竞争与区域挑战》，联合早报网，2016年8月14日。

④ 详见：MOON H C，ALAN M R，ALAIN V. A generalized double diamond approach to the global competitiveness of korea and singaore. International business review，1998（7）：pp. 135－150.

重要的角色：全球化有赖于完备的交通网络、信息技术和跨国公司的发展，而新加坡不但建设了世界转口港和联系亚、欧、非、大洋洲的航空中心，还是跨国公司的理想集聚地，目前驻扎在新加坡的大大小小的跨国公司超过25 000个，其中10 000个以上来自北美、欧盟和日本。[①] 应该说，全球化成就了新加坡的辉煌，而新加坡的崛起又提升了经济全球化水平。

不过，在李光耀时代，新加坡“全球化”的主要目标是在西方世界，与东南亚、日本以外的亚洲国家经济往来较少。近年来，受全球经济萎缩的影响，新加坡的服务业、制造业及国际贸易都受到一定的冲击，GDP增速明显放缓。面对与发达国家贸易受限而东亚经济日益活跃的新形势，参与“丝路经济带”建设无疑成为新加坡扩展经济腹地、打入亚洲市场的重要契机。以中国为例，作为“一带一路”的发起国，中国自2013年以来就是新加坡的最大贸易伙伴，2015年双边贸易额达795.7亿美元，两国间不但有苏州工业园区、天津生态城和中新（重庆）战略性互联互通示范项目三大政府间合作项目，还有广州知识城、吉林食品区、川新创新科技园等地方合作项目。从这一层面来看，“一带一路”覆盖的44亿人口，意味着一个巨大的潜在市场有待开发。

从传统的地缘政治角度看，新加坡坐落于马来西亚和印度尼西亚两个回教大国之间，与邻国有着不同的种族、宗教和经济发展模式，但同时自然资源和生活必需品都长期依赖邻国供给。地缘政治的复杂性和生存条件的脆弱性，给新加坡带来了巨大的生存压力，也衍生了新加坡外交的平衡意识。而在当今世界格局，主导世界新秩序的地缘政治已经逐步退居于地缘经济背后，因此新加坡积极主导着东盟的建设，视东亚经济一体化为其“第二只翅膀”，力图通过经济外交，将东盟打造为实施大国平衡战略、确保周边安全的战略平台，而“一带一路”建设的推进，无形之中改善了新加坡在东盟地区的投资环境和政治氛围。

一方面，东盟国家大多分布在“丝路经济带”区域且资源潜力巨大，如马来西亚橡胶出口位居世界前列，石油资源仍可供开采20年左右；越南矿产资源丰厚，且有储量未公开的稀土资源等。“一带一路”建设开启后，为沿线国家提供了多领域基础设施的建设与改造升级，推动“丝路经济带”物流贸易便利化，有利于新加坡在东盟地区进行直接投资和产业经济合作，形成规模经济和集聚效应。另一方面，地区的政治动荡和相互敌视，长期困扰着新加坡与东盟国家之间的合作，“一带一路”倡议则通过地缘经济的发展和“丝

---

① 张军：《李光耀的实用主义》，凤凰财经，http://finance.ifeng.com/news/special/lgysyzy/index.shtml。

路”文化的交流认同，旨在形成亚洲利益共同体和命运共同体，营造稳定的地缘政治关系，从而促进东盟经济更好地发展。

新加坡经济学家林崇椰在阐释其“3C 理论”① 时曾指出：“每个经济业绩好的东亚国家都靠三个动力运转：内部动力、地区动力和国际动力。”对于越开放的经济，其经济发展水平与增长速度越受区域引擎和国际引擎两个因素决定。而无论是从全球经济还是区域发展角度来看，“一带一路”都会是新加坡拓展生存空间、扭转经济困局的巨大推动力。

二、华文媒体对“一带一路”的介入拓展了新加坡参与的深度与广度

作为新加坡重要的华文媒体，联合早报网在介入“一带一路”过程中拓展了新加坡参与的深度与广度，发挥了重要的桥梁与纽带作用。笔者随机选取了 2016 年 6 月和 12 月《联合早报》和联合早报网有关“一带一路”的报道进行统计，总体数据见表 1。

表 1　《联合早报》和联合早报网整体新闻报道统计

	总计	大国政治	经济合作	发展建设	财经资讯	文化交流	其他
报道数量（篇）	119	28	13	21	27	8	22
占比	100%	23.5%	10.9%	17.6%	22.7%	6.7%	18.5%

从表 1 可以看出，《联合早报》全媒体围绕“一带一路”更多关注的是大国政治类话题（占 23.5%），其次是财经资讯类（占 22.7%），聚焦最少的则为文化交流类（只占 6.7%），其次为经济合作类（占 10.9%）。《联合早报》全媒体对大国政治类议题的报道热度，一方面和《联合早报》侧重政治新闻报道的风格定位有关；另一方面也反映了新加坡人对“一带一路”是否涉及政治利益的顾虑和不安。

事实上，新加坡多年来坚持的大国制衡原则，使其对“一带一路”充满兴趣的同时也保持着克制。诚如新加坡总理李显龙所说，新加坡希望与中国合作，但同时也希望与世界其他大国有密切关系。言外之意，区域合作上新

---

① “三 C 理论”是循环、累积和因果理论的简称，为新加坡著名教授林崇椰多年来研究的学术成果，详见：LIM CHONG YAH，Southeast Asia：The long road ahead，Singapore：World Scientific，2009：pp. 378 –382.

加坡不愿意错过“丝路”带来的更多影响力和施展平衡力的空间，国际事务上新加坡则仍然会坚持自己的“中立”立场。

李显龙这番话，正是新加坡实用主义的真实写照。对新加坡政府而言，新加坡首要的问题仍是生存，而经济发展是生存的首要条件，因此政府所有的目的和意图，都要优先为经营“新加坡有限公司”着想。结合表1可见，虽然新加坡对“一带一路”的政治沟通十分谨慎，对相关文化等其他方面的交流不太感兴趣，但对“一带一路”的财经资讯反应却十分敏感。

值得注意的是，其他类报道也占了“一带一路”相关新闻的近五分之一。其中，地方政治和社会新闻两类共占了“其他类”报道的一半，紧接着是商界讯息（占20%），且大部分都是有关中国的新闻，这从侧面体现了《联合早报》获取中国各方面新闻信息源的便利和优势。另外，《联合早报》还将报道视角延伸到教育交流、人才资讯等各个领域，进一步把“一带一路”融入与当地居民息息相关的话题。

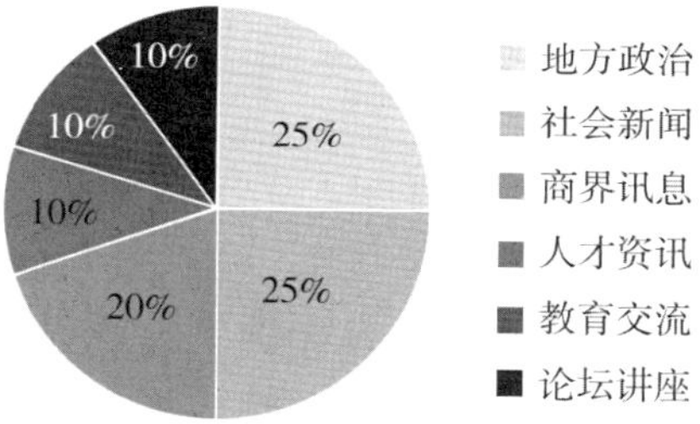

《联合早报》全媒体“其他类”报道统计图

从主题编码的关键词分类来看，《联合早报》较关注的大国政治类新闻包括中美关系、亚太再平衡、大小国相处等问题。由于新加坡向来奉行大国制衡原则，在对“中美关系”的报道中，新加坡不时隐含着对中国借助“一带一路”建设遏制美国势力的担忧，如在《联合早报》早前的一篇报道中，杨荣文认为“一带一路”可能会使新加坡过度依赖中国，因此必须与美国为友，“才可以更加安心地与中国建立更密切的关系”①。而在大小国相处问题上，新加坡又极力否认“选边论”，认为新加坡一向积极重视和中、美两国的外交关系。

经济合作类报道方面，《联合早报》主要聚焦在中国的人才、港口和电子商务等领域，因为利用新加坡自身优势在“一带一路”中谋求利益最大化，

① 《杨荣文谈中国“一带一路”战略的影响力》，联合早报网，2015年7月20日。

是新加坡的重要考量。此外，邻国马来西亚的发展也是《联合早报》一直关心的热点，尤其是中马合资430亿元在马六甲建设的新码头"皇京港"。《联合早报》围绕其是否会取代新加坡的港口优势，曾进行过多番报道和讨论。乐观方认为："以其与新加坡多年来的紧密关系来看（包括新加坡是中国最大的外方投资国，还有多项园区合作项目等），再加上新加坡有其除了地理位置以外的优越性，刻意地要把货运'绕道'以规避新加坡的可能性不大，主要应是要更大程度地在一带一路倡议下参与马国的基础建设。"① 悲观者则表示，新港口皇京港可能会弱化新加坡未来在马六甲海峡的战略位置，让新加坡在经济上一蹶不振。② 但毋庸置疑的是，二者都把马来西亚积极发展皇京港视为其想要超越新加坡的野心之举。应该说，新加坡国民对邻国发展的紧张，反映了新加坡文化中与生俱来的危机感，即便已经成为世界最富裕的国家之一，新加坡作为人口不足两百万的岛国，如何在该区域长久保持自己的比较优势和竞争力，仍是国民永恒的话题。

表2　《联合早报》全媒体主题编码统计表

分类	内容	数量	百分比
大国政治类	中美关系，大小国相处，美日，南中国海，中菲，地缘政治，亚太局势，中俄，战略伙伴，亚洲安全，再平衡，欧盟，软实力，朋友圈，巴基斯坦反恐，中东欧访问，朝核	28	23.5%
经济合作类	配送中心，港口，人才，金融，产能，工作园区，产融结合，皇京港，上市，中俄合作，上合峰会，中欧班列，中日高铁	13	10.9%
发展建设类	全球经济，港铁，中国商务部，跨境公路大桥，澳门，新南向政策，明年经济工作，马来西亚，东南亚经济，冲击，中国角色，多变，巴基斯坦，忧虑，香港，英国脱欧，香港旅游业，电子商务，基础建设，硬着陆	21	17.6%
财经资讯类	劳动力，电子商务，信托业，企业并购，中企对外投资，基建融资合作，中国资金流向，深股通，深港通，英镑贬值，亚投行	27	22.7%
文化交流类	电影，华文，母语	8	6.7%

① 《胡逸山：近日区域紧张氛围非为必然》，联合早报网，2016年12月16日。

② 《韩咏梅：新加坡的舆论方位》，联合早报网，2016年12月18日。

此外，从“一带一路”相关新闻的栏目分布来看，《联合早报》也秉承了其一贯的报道风格。

表 3　《联合早报》“一带一路”相关新闻栏目分布统计表

	新加坡新闻	中国新闻	中国经济	早报邮件导读	新加坡财经	中国财经	新闻专辑	全球文萃	即时报道	早报现在	评论	观众大声说	艺术	名采文评	万象	活动看板
报道数量（篇）	4	10	1	3	4	17	6	18	26	2	21	2	2	1	1	1
占比（%）	3.4	8.4	0.8	2.5	3.4	14.3	5.0	15.1	21.8	1.7	17.6	1.7	1.7	0.8	0.8	0.8

从表 3 不难发现，来自《联合早报》全媒体的“即时报道”占据了有关“一带一路”报道的最大比例，显示出《联合早报》对“一带一路”新闻时效性的重视。“评论”栏目所占比例次之，“全球文萃”专栏呈现了全球华文媒体对“一带一路”各自不同的看法，它与“评论”栏目共同构成了“一带一路”的新加坡舆论场。综上来看，新加坡对“一带一路”的参与涉及各方各面，但主要集中在经济领域，并且深入金融、物流、人才、产业园等方面的交流合作，对于“一带一路”可能引发的地缘政治和其他关系的亲近，新加坡则刻意保持了距离。

三、对更好地发挥华文媒体在“一带一路”中的作用的思考

通过《联合早报》全媒体的报道分析，我们窥探到了新加坡国民对“一带一路”包含的复杂情绪，新加坡社会反映出的矛盾心理某种程度上也是“一带一路”沿线国家的缩影。总体上，他们期待并肯定中国的扩大开放，因为“一带一路”不仅使这些国家得到中国更多的资金、技术和无偿援助等，也有助于将本国的产品出口到中国庞大的消费市场。但同时，这些国家又畏惧本国的进一步开放会造成对中国更大的依赖。我国经济总量位居全球第二，体量之庞大，资源消耗之巨大，发展速度之快，让周边国家在亲近中又掺杂着疑虑。

而这些质疑声，无疑会增加“一带一路”落地的难度。如何达成贸易国双方的良好沟通，是“一带一路”面临的现实难题。华文媒体作为传播中华文明、连接海内外侨胞的重要纽带，应及时发挥其地理和文化优势，为增进

两国的相互理解合作伸出橄榄枝。

1．华文媒体构成“一带一路”信息联动的一环

在“互联网+”时代，信息成为社会拥有的首要资源，“丝路”企业在海外的各项经营、投资活动都离不开信息。但由于中外交流曾长期中断，改革开放后中国向“一带一路”沿线国家开放程度不足，目前我国与合作国家的彼此了解仍停留在基本政策信息、具体项目一事一议的层面，对他国的法律、土地、税收、环保等方面的具体政策缺乏了解，长期制约了双方企业“走出去”的步伐。而“一带一路”沿线语种多、分布复杂，相互之间语言不通，更使情况雪上加霜。

而海外华文媒体可以“作为助力，以补对外传播起点到落点（目标受众）衔接之不足”①。近年来，海外华文媒体都陆续开通了新媒体业务，它们借助海外的语言优势和国内的媒体资源，往往能第一时间捕捉到该国的经济讯息和“一带一路”的最新动态，并在移动端、网站、纸媒三大平台同步发布，实现“一带一路”密集、不间断的连续报道。如笔者上文调查的《联合早报》，在2016年6月和12月的报道样本中，有超过五分之一的“一带一路”资讯来自联合早报网的“即时报道”。此外，《联合早报》还和新加坡工商联合总会联手推出“一带一路”专网，设立了新闻与分析、视角、文化旅游、相关商机、活动看板等栏目，为参与“一带一路”系列活动的用户提供信息服务。

不过，笔者注意到，目前由华文媒体衍生的新媒体，大部分只是照搬传统纸媒上的语言风格和传播方式，而类似于新加坡的“一带一路”专网的网站，也更多的是从宏观叙事的角度谈“一带一路”的好处和进展。对此，应根据新媒体的传播特点及其受众的阅读习惯，改变文风，突出重点，加快信息的传递速度。内容上适当增加关于两地法律、环保、劳动力、基础设施等方面的信息，并提供中文和当地官方语言等多语种服务，协助异国企业实现互通互联，打通“一带一路”信息带的最后一公里。

2．华文媒体为“一带一路”双向互动搭台

习近平总书记在论述丝路经济带合作“五通”模式时，曾将“在政策和法律上为区域经济融合开绿灯”的政策沟通列在首位，认为它是道路联通、贸易畅通、货币流通、民心相通的基础和保障。然而，部分伙伴国在发展本国轻工业或制造业时，由于与进驻中企存在产业重合和竞争，当地政府将中国视为外来竞争对手而不是合作伙伴，不但针对中企设置严格的投资限制和

① 程曼丽、王维佳：《对外传播及其效果研究》，北京：北京大学出版社2011年版，第224页。

贸易壁垒，在开放程度和合作深度上也有所保留。而当遭遇海外不公政策时，中企又往往缺乏足够的渠道与对方决策者进行沟通，这就进一步加剧了企业投资成本的损耗和双方合作热情的消减。

事实上，要实现真正有效的政策沟通，不仅需要双方政府的相互协商，更需要有影响力的非政府组织为两国群众架设“上下沟通”的桥梁，让“一带一路”项目在海外落地中出现的问题和声音及时传递到双方决策层，而华文媒体无疑是实现这一互动的理想媒介。一方面，华文媒体可以发挥自身优势，结合当下流行的新媒体形式，利用社交媒体互动、网络社区问答、视频直播等方式，邀请伙伴国的相关决策者或研究人员与当地群众进行主题互动，在“自上而下”的主动寻求沟通过程中，化解当地群众对利益不平等、机会不平等的担忧，在充分了解彼此利益需求的基础上，开发具备双赢价值的合作项目，让当地群众切实感受到对外开放、国际合作为他们带来的红利。另一方面，华文媒体可以利用其在华人社区的号召力，搭建华商互动论坛，为当地华商分享海外投资经验、开展信息交换提供平台，并定期对论坛中反映的政策或规则框架问题进行梳理和报道，通过扩大事件的社会关注度，形成“自下而上”的传播流向，推动两国决策者对问题的重视和解决。更重要的是，在良好的互动氛围中，实现双方对话常态化，促进“丝路经济带”长效沟通机制的形成。

3. 华文媒体汇聚“一带一路”智库的思想结晶

丝绸之路经济带提出后，国内企业都希望抓住先机，抢占资源，争先踏入“一带一路”的大潮。然而丝路经济带涉及国家众多，不同宗教信仰、不同意识形态、不同利益需求决定了此次境外合作的复杂性和综合性。大到宏观政策框架、规划设计，小到投融资模式、项目建设，都需要来自智库的意见建议。笔者发现，西方国家许多智库都拥有社交媒体账号，如布鲁金斯学会、经济学人智库、美国战略与国际研究中心等都有 Twitter 账户，不少欧美智库的研究员也注册了 Twitter 账号并积极发声，主动将自己写的关于“一带一路”的研究作品发布在社交网络，积极扮演着“意见领袖”的角色。而在国内，“一带一路”智库建设则相对滞后，许多“丝路”项目缺乏足够的智力支持，同一领域的专家学者研究也较为分散，彼此之间缺少互动，影响力十分有限。

对此，海外华文媒体应有导向性地聚焦“丝路”智库研究，汇集不同专家学者研究“一带一路”的思想成果，实现知识和资源共享，避免重复建设，在共享的基础上引导不同观点间的互动，为凝聚“一带一路”科学共识提供学术争鸣的平台。为智库发挥解读公共政策、判断投资形势等功能提供手段，增进民众对境外投资环境和国际规则的认知。同时，还应引导多“上路”，开展动态性的科学评估，在“路上”寻找解决方案，智库成果要接地气，为企业决策提供切实可行的发展建议和策略，提高“丝路”企业的成功率。

此外，“一带一路”智库建设不仅需要本国各方面的专家，还需要了解对方国家政治、经济、文化等具体情况的人才。海外华文媒体可通过与境外媒体合作，发挥不同国家的信息资源优势，实现国际人才的充分共享、智库知识的充分整合、国际理念的充分交流，并以智库交流推动人文交流，推动沿线国家群众间的相互了解和认知。

4. 华文媒体营造“一带一路”良好舆论氛围

当前，国际上对“一带一路”存在不同的声音，部分占据较大话语权的西方媒体，将“一带一路”冠以“中国版马歇尔计划”“能源掠夺”等标签加以炒作，势必会造成沿线国家对“中国威胁论”的恐慌，影响“一带一路”的合作进展。特别是在美日等国的暗中挑衅下，南海争议不时发酵，加剧“丝路经济带”沿线地区的紧张局势，成为掣肘“一带一路”向前推进的一大短板。

基于这种语境，华文媒体在报道“一带一路”时应尽可能弱化政治分歧，强化共享的理念。具体而言，就是从议程设置的角度出发，在报道内容上，适当增加两国在“一带一路”经济合作方面的报道比例，强化双方的共同利益，重点关注合作项目的工作进展和成果细节。同时淡化“丝路经济带”的政治色彩，“一带一路”首先是对外经济贸易的概念，然后才是伴随深度合作而来的文化交往和政治互信，因此应当减少对“一带一路”相关新闻的政治解读，尽可能少用“桥头堡”“崛起”“战略”等带有入侵性、博弈性的政治词汇，多使用“倡议”“和平共赢”“友好交流”等软性词汇，避免引发受众对“一带一路”的质疑或抗拒情绪。当与伙伴国发生政治分歧时，应从大局出发，全面呈现不同观点，控制观点双方的报道篇幅，引导舆论走向。通过合理的议程设置，让受众知道共同参与“丝路经济带”建设，对各国的长远发展是有利的。

四、总结

由于海外华文媒体在传播体制和受众方面的差异，海外华文媒体对“一带一路”的传播有着与国内媒体完全不同的思路和角色。一方面，海外华文媒体与国内政治、政党已经渐渐有了距离；另一方面，海外华文媒体积极维护着海外华侨华人的利益和权益。因此，若海外华文媒体能充分利用自身在语言沟通、地理区位和消息信源方面的优势，第一时间发布有关“一带一路”的政策、经济信息，以满足海内外企业、公民的信息需求，并主动为参与“一带一路”的海外企业发声，促进当地政府与企业的有效沟通，或与当地媒体合作，为两国实现“一带一路”的最大公约数出谋划策，营造共同参与“一带一路”建设的海外氛围，那么，海外华媒在“一带一路”对接世界中产生的号召力将是无可比拟的。

【参考文献】

1. 彭伟步：《东南亚文化报纸研究》，北京：社会科学文献出版社 2005 年版。

2. 郭建军：《独立以来新加坡外向型经济的发展：全球化与区域化视角》，云南大学硕士学位论文，2012 年。

3. 邱凌：《辩证解析海外华文媒体在我国对外传播中的作用》，《对外传播》2015 年第 10 期。

亚洲安全观下海外华文媒体的政治互信建构初探
——以巴基斯坦《华商报》为例

张译尹

【摘　要】随着国际形势的变化，建立在冷战时期两大军事集团对抗之上的旧安全观已经不适应亚洲的发展形势。尤其是“一带一路”倡议提出后，亚洲的政治经济联系逐渐加强，正慢慢形成一个共同体。习近平主席在旧安全观的基础上提出了倡导共同、综合、合作、可持续的亚洲安全观用于在新的合作框架下指导亚洲的安全建设。而随着“一带一路”大展拳脚的海外华文媒体在区域安全合作中可以很好地承担促进民间交流和文化互信的功能，从而为政治互信的构建打下基础。

【关键词】“一带一路”；亚洲安全观；海外华文媒体；政治互信

近年来，亚洲的安全局势受到各种因素的影响，地区冲突和恐怖活动时有发生。朝鲜半岛核危机和政权更迭，南海局势依旧不明朗，中亚恐怖袭击频发。与此同时，亚洲各国各区域间的合作正逐渐加深，“一带一路”倡议的推进和亚洲投资银行等机构的成立使亚洲各国的命运联系更加紧密。因此，国家之间的政治互信至关重要，只有在互相信任的基础上，亚洲各国才能展开安全和经济合作，使各项工程顺利推进，共建亚洲强大的版图。本文试图从当前的时代背景出发，对巴基斯坦第一家华文媒体进行分析，探讨如何利用海外华文媒体增强国家间的政治互信。

一、亚洲安全观的概述

冷战后的国际安全形势发生了深刻的变化，虽然国际形势总体趋向缓和，但是由资源、宗教、领土等因素引发的争端和热点问题仍然突出。全球化在拉近世界各国距离、便利经济贸易发展的同时也给国际秩序带来不小的挑战。就国际环境来说，传统安全与非传统安全带来的挑战与威胁相互交织，国际社会迫切需要一种新型的安全观来指导世界各国的安全合作。就中国而言，在面对国际安全形势变化的同时，其自身经济的快速发展，给邻国带来了很大的不安。因此，中国也需要一种平等协商的新型安全观与各国增进信任，合力促进国际安全。

因此，中国领导人于20世纪90年代提出了以互信、互利、平等与协作为核心的新安全观，主张各国应遵守公认的国际法和国际关系基本准则，通过对话、协商和谈判解决冲突与争端，在平等互利、相互信任的基础上，扩大交流，加强合作，共同应对各种安全挑战和全球性问题，以实现共同安全。此后，新安全观逐步成为中国解决国际安全问题的根本指导思想和核心价值理念。

近年来，随着中国经济的崛起以及“一带一路”倡议的提出，中国与周边国家的合作日益紧密，但同时也存在一些争端和矛盾，导致亚洲面临的发展风险和挑战日益增多。中国是世界第二大经济体，又是亚洲战略格局的核心，理应对亚洲集体安全机制的建设作出贡献。为此，在2014年5月召开的第四次亚信峰会上，中国国家主席习近平就提出了倡导共同、综合、合作、可持续的亚洲安全观。与20世纪的新安全观相比，亚洲安全观更加凸显亚洲的特点，更强调命运共同体意识下的共同特征、发展议题的普遍性及其对亚洲安全的深刻影响和重大意义。

朝鲜核危机一波三折，巴以冲突和阿富汗安全局势恶化，南海争端虽有所缓和但仍未解决，亚洲安全局势复杂多变，美国非但不发挥大国作用缓和矛盾，反而一再强调“重返亚太”战略制约亚洲各国展开安全合作。亚洲地区内的次区域组织众多，却缺乏能代表整个亚洲的安全政治对话平台。因此，亚洲安全观的提出可以填补理论指导的空白，代表中国正主动积极地参与到地区安全机制建设和安全合作中，是将自身安全与地区安全相结合的重大实践，符合时代发展的需要。

二、海外华文媒体政治文化功能分析

1. 海外华文新媒体概况

凭借着亚洲安全观的指导与“一带一路”倡议的实施，亚洲的经济合作和安全合作正逐步打开局面。值得一提的是，在2016年3月召开的博鳌亚洲论坛“媒体领袖圆桌会议”上，中外媒体组成的13家机构共同发起“亚洲媒体合作组织”，吸引了来自12个国家的18家媒体机构的参与。其目的在于整合亚洲媒体资源，拓展合作领域，为亚洲媒体间及区域外媒体间的合作搭建良好的国际平台，向世界提供客观、准确、全面、积极的亚洲图像。

在这样的时代版图下，海外华文媒体蓄势待发，通过各种转型和升级以期在积极的媒介环境下占领一席之地。媒体在语言和文化的保留及传播上有着重要的意义，海外华文媒体用中文传播，不仅向海外华人传递富含中华文化和民族精神的信息，也在目标国家为中国相关议题进行中立客观的说明和报道，是联结海外华人与国内环境的天然桥梁。当今的海外华文媒体正逐渐突破传统的运营模式，积极寻求媒介融合和转型，以马来西亚和泰国等东南亚国家华文媒体为首的众多海外华文媒体都在各大社交平台开设了账号或者创办了电子报和移动客户端。这些华文新媒体的出现，能够助推传统华文媒体的改革，提高信息资源的利用效率，在亚洲媒体合作组织的成立框架下配合亚洲安全观促进各国消除疑虑、展开合作。

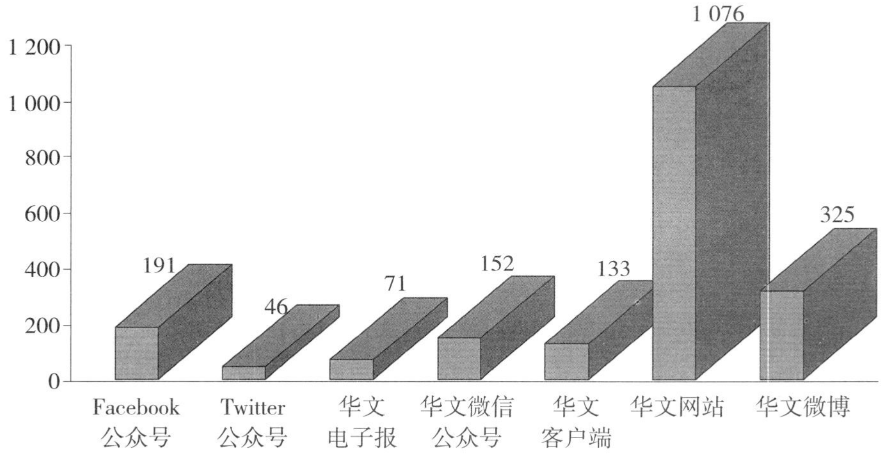

华文新媒体数量一览（截至 2016 年 7 月 1 日）

华文新媒体的蓬勃发展使其在国际传播中承担的功能愈发重要，海外华文新媒体与早期的华文媒体相比承载的信息更为丰富。以往的华文媒体可能更多地扮演的是信息收集者的角色，主要向当地华人提供各种生活信息，政治文化功能较弱。但随着“一带一路”的推动，由于海外华文媒体身处海外，背靠中国，中国在与各国展开合作的时候免不了要借助华文媒体的力量增信释疑。例如，加拿大广东在线网除了报道加拿大和中国的新闻外，还开辟了“一带一路”专题进行全媒体报道，邀请政界、学界、业界等权威人士进行在线访谈，共同讨论双方合作的美好未来。

2. 海外华文媒体文化政治功能表现

“一带一路”倡议的提出给沿线国家的华文媒体带来了机遇，给华文媒体提供了海量的新闻素材和新闻话题。它们不仅可以通过对中国发展议题的报道提高自身的话语公信力和传播影响力，也担负起传播新时期中华文明的历史使命。

以凤凰卫视美洲台为例，其自2001年开播以来，全天24小时用中文播放节目。美洲台与美国的主流媒体有合作，订购它们的新闻产品，能在重大事件发生后的第一时间获得独家新闻。而且美洲台已开办16年，熟悉美国媒体的政策和运作规则，能从符合美国受众的角度去传播中华文化、减少西方媒体和受众对中国的偏见，从而取得较好的传播效果。目前美洲台也在积极地进行转型，在多个社交平台上开设了公众号，每天不间断推送中美新闻。该公众号消息推送及时，软硬新闻兼发，并且利用抽奖转发等方式与粉丝进行互动，消除了一般海外媒体在国内社交平台上的陌生感。美洲台立场平衡，时有报道美国政府对中国的立场和态度，包括特朗普对中国新年发出的贺信以及坚持“一个中国”的原则的表述，中国电影在北美上映时美洲台也会发布相关消息。因此，凤凰卫视美洲台这样的海外华文媒体在政治和文化传播上都起到了增信释疑、促进交流的效果。

目前还有很多海外华文媒体开辟了“一带一路”专栏，在亚洲媒体合作会议上，很多海外华文媒体都对接下来的区域媒体合作表示期待。《日本新华侨报》总编蒋丰发现一部分日本媒体在“一带一路”的相关报道中有失偏颇，海外华文媒体应该找好传播的切入点讲述真实客观的“一带一路”故事，这有助于倡议真正落到实处。

三、巴基斯坦《华商报》概况

1. 巴基斯坦媒介生态

巴基斯坦的媒体活跃度居南亚之最。自2002年以来，电视业经历了繁荣发展，从2000年的3家国家电视台增长到2012年的89家。广播业虽然不如电视业繁荣，但在农村地区仍然是人们获取信息的重要渠道。传播语言主要为乌尔都语和英语两个语种，英文媒体主要服务于精英阶层，乌尔都语媒体主要面向农村和社会底层人士。巴基斯坦的新闻自由限于不批判政府、军队或相关的安全部门，也不能涉及宗教这一敏感问题，否则政府会以限制广告投放以及限定牌照来打压媒体。巴基斯坦是南亚第一个实施电子媒体管制的国家。自2002年起，巴基斯坦电子媒体管理局就负责促进和管理所有广播媒体的成立。由于管理部门征收高昂的经营执照费用，反而导致了传媒所有权的集中化。目前，独立传媒集团、Waqt 传媒集团、先驱出版集团和世纪出版集团这四大传媒集团掌握着巴基斯坦主流媒体商业运作的各个方面。

在这样的媒体环境下，尽管中巴一向交好，巴基斯坦在 2016 年《华商报》出现之前却没有一家正式的华文媒体。

2.《华商报》的创办及发展

《华商报》作为第一份由中国公司在巴基斯坦创办的中英双语报纸于 2016 年正式通过巴基斯坦政府部门注册成功。它由上海简享电子商务有限公司主办，巴基斯坦华商协会主管，中文版面向所有在巴华侨、华人、华商和华企全面发行，英文版面向巴基斯坦所有政府部门、企业单位、研发机构全面覆盖。

《华商报》中文版共分为要闻天下、访谈天地、生活百态、社会观察、市场分析、旅游文化、乐活杂谈和广告天地 8 个栏目，英文版分为中巴新闻、访谈记录、社会文化、市场分析、旅游、中国观察和乐活生活 7 个板块。可以看到，英文版的内容设置比中文版多了对中国的介绍和中国问题的讨论，2016 年第一期第一版的《华商报》电子版的标题就是“热烈祝贺中巴建交 65 周年”，对两国交往交流十分关注。除了纸质报和电子报之外，《华商报》还创办了微信公众号，设置了客服在后台随时答疑并且对每一条消息下的留言都及时给予回复，集服务号和订阅号的功能于一体。公众号于 2016 年 9 月 7 日推送了第一条英文消息，标题为“华商访谈录：哈拉和林天路重建”。截至 2017 年 3 月 7 日，该公众号已经推送了 66 条消息，50% 的消息是原创，平均每篇阅读量达到 200 次，其中关于在巴女企业家和中巴驾照转换的推文阅读量超过了 1 000 次，说明这个公众号的目标读者是在巴华侨华人或者有意向在巴投资的中国商人。

《华商报》微信公众号内容分布比例表

内容分类	华商信息	巴国访谈	中巴关系	旅游信息	刊物介绍	杂文
比例	23%	15%	23%	15%	9%	15%

值得一提的是，在两会期间，《华商报》公众号还推送了四篇关于中国经济政策、移动支付、生态保护和冬奥会的消息，对中国的热点事件热切关注，解读也很详细，这有利于在巴华侨华人及华商及时了解中国政策的动向。

综合来看，《华商报》从形式上而言是具备成熟华文新媒体的实力和水准的，该报不仅在信息推送和平台构建上做得完善，更是对中巴两方政策动向十分熟悉，心系在巴华侨华人的权益和中方在巴投资的便利，确实搭起了两国民间交往的友好桥梁。

四、中巴政治互信建立探究

1. 中巴关系概况

中国和巴基斯坦自1951年确立外交关系后，至今已建交长达66年之久。目前双方互称对方为“全天候战略合作伙伴”，这是中国伙伴关系的最高定位。中巴关系经历了许多曲折才发展到今天的程度，从历史的维度看可分为四个部分：新中国成立初期到20世纪60年代后期的缓慢期、20世纪70年代至90年代的稳定期、21世纪前十年的考验期以及21世纪前十年后的全面发展时期。新中国成立初期，由于意识形态的差异以及美巴同盟的制约，中巴关系一直进展缓慢，双方虽然建交，但在重大核心问题上实际互不信任。直到中国在第三次印巴战争中坚持为巴基斯坦提供经济及军事援助，两国关系才逐渐稳定下来。20世纪70年代后，由于双方政治互访频繁且借由巴方促成了中美建交，两国的经贸合作也逐渐走上正轨，两国贸易总额最高在1979年时达到1.9亿美元，中巴关系渐渐趋向稳定。21世纪的前十年，随着国际秩序的深刻变化，在中巴建立全面合作伙伴关系的同时，巴基斯坦与印度的冲突不断，中方在此问题上选择中立引发巴方不满，两国关系受到考验。

21世纪以来，国际格局发生了深刻变革，中巴关系也进入全面发展时期，巴国领导人五次访华并签署了一系列友好协议和联合宣言。两国的进出口额从2000年的11.6亿美元增加到2014年的160.06亿美元，随着中巴经济走廊的建立和“4+1”经济合作布局的提出，中巴两方的合作继续加深。双方签署了51项协议，其中大部分是能源项目，真纳太阳能工业园里的中兴能源99兆瓦光伏项目是世界上最大的单体光伏发电项目之一，总投资额逾15亿美元。中巴的交通网络也正逐渐被打通，一系列道路改造工程和空中通道的建立极大便利了中巴的交通往来。

2. 中巴存在的问题

虽然中巴历来交好，各方面的合作也正在加深，但仍然存在着很多因素影响中巴的合作伙伴关系。从外部环境来看，美国早已将南亚纳入了其称霸全球的战略体系，2011年希拉里在印度演讲时提出的“新丝绸之路”战略构想与“一带一路”倡议有重叠部分，另外亚投行等新机制的建立可能影响美元的中心货币地位。在这种情况下，中巴的合作以及“一带一路”在南亚的推进势必要受到美国的影响。印度方面也是不稳定因素之一，因为中巴的合作不仅会提高巴基斯坦的综合实力，也囊括了克什米尔这样的争议地区。印度为了防止被边缘化的危险，于2014年提出了“季风计划”，试图与“海上丝绸之路”竞争，印度的一系列活动也会对中巴合作形成制约。再加上巴基斯坦周边地区恐怖主义势力壮大，时常潜入巴基斯坦境内活动，随着中巴合作的扩大，这些恐怖分子势必会为了自己的目的进行破坏。各种情况严重影响两国的经济安全和社会稳定。

从巴基斯坦内部环境来看，首先是巴国内部的政治斗争和执行力阻碍了很多项目的进展。反对派在多个项目的实际执行中百般阻挠，中央与各省及地方部落的利益之争十分激烈，很多地方首脑对当地的发展不是很热心，因为害怕经济发展和人民开化后会危及自己的统治。除此之外，巴方很多相关人员缺乏管理才能，公务员体系腐败严重，对很多计划只停留在构想阶段，在实际执行方面效率非常低。其次就是巴政府和社会各界都对中巴经济走廊期待非常高，希望两国的合作能够改变巴国格局，这当中包含着很多对中方的不实期待。一方面如果中方未能在项目执行中完全达到对方的期待，将会损害中巴友谊；另一方面巴方很多相关人员会借此机会谋取私利。而巴国的精英阶层对中国的态度也有很大分歧，有人因为中印关系的发展对中国心有隔阂，也有人因为某些中企在巴的做派对中国人很反感，对中国感情很深厚的老一辈人对中巴友谊的影响力越来越小。

3. 通过华文媒体构筑政治互信

《华商报》作为巴基斯坦的第一家华文媒体，又创办在中巴合作深化这一特殊的时期，自然是要承担起时代任务的。海外华文媒体借助地理位置这一天然优势，既了解中国国情又深知目标国的方方面面，现在的海外华文媒体不再像过去一样只是由华人办的报纸，越来越多专业的传媒人才加入这个队伍中并且积极地在实践中探索媒介融合和转型。因此，海外华文媒体在国际传播领域正在成为不可忽视的资源和力量。海外华文媒体虽然不能从政治层面触动两国关系积弊的根源，却正因为其政治色彩较淡而能轻松取信于受众，是促进国家间民间交流和文化互信的天然桥梁。

虽然《华商报》是由一家在巴中企创办的，但从《华商报》的内容设置来看，即使是招商引资类的商业信息也包含着对祖国的情感以及对巴国的深厚情谊，其行文风格和稿件质量也符合新闻专业主义的要求，立场中立，文风严谨。除了报道中巴两国的消息之外，《华商报》还负责承办一些中巴投资合作项目会议。2017年1月，其公众号推送了一篇名为“2017年巴基斯坦商机谁先知？赶紧来参加第二届国际商业研讨峰会吧！”的文章。文章内容是关于在巴基斯坦旁遮普省召开的第二届国际商业研讨峰会，详细介绍了会议议程和主题，也提到了政府会提供交通和参观工业园等协助，并附上了确认参加会议的回执，简洁明了。文章附上的联系方式皆为中巴经济走廊相关机构和巴基斯坦驻中国大使馆的邮箱和电话，说明这家媒体与中巴两方政府的互动和合作都很频密与积极，宣传方式集线上分析与线下合作为一体，真正使中巴经济走廊的建设落到了实处。

而在华商信息的引介上，《华商报》文章善于通过翔实的数据和事实细节表现在巴华人的优良品质和不易之处。例如在采访中铁一局巴基斯坦分公司总经理鲜正军时，不仅用数据罗列了公司规模及在巴工程的体量，还通过他童年时与父亲一起在铁路工作的经历展现出中国铁路工人的传承精神。这些细节和事实如果不是通过采访和报道是无法被一般人感知和理解的，对这些事件的挖掘和传播可以很好地消解中国企业和工人在巴基斯坦的负面形象。而在巴基斯坦电商平台总裁赞布汗的采访中，不光让他讲述了在中国生活的二十年中看到的变化，还将他的公司与天猫对比，让他谈谈对巴基斯坦电商的看法。这种方式不仅体现了两国人民的互相了解，也站在更前沿的角度，在中国电商迅猛发展的背景下解读了巴基斯坦的电商发展状况及潜力，给中巴两方都带来启发。《华商报》还对中国的经济政策以及中巴合作的版图进行了详细又客观的分析，这在一定程度上也可以降低巴方的不实期待，促进双方在更平等的基础上开展合作事宜。

除此之外，《华商报》还在积极地利用 H5 外链承接营销业务，点开每篇公众号文章的“阅读原文”链接都会跳转到办报公司简享电商的网站。网站上不仅有巴基斯坦投资项目的介绍，还有各个行业的发展分析报告，甚至还有巴基斯坦产品的售卖，购买即可直接邮寄到国内。产品从宝石到芒果，种类丰富。一个公众号就整合了线上线下三个平台的资源，媒体资源利用效率非常高。

《华商报》创办还不足一年，如果按照目前的供稿质量继续进行下去的话，中巴双方基于历史友谊也好，基于新时代发展也好，都还有海量的素材值得报道，并将逐渐对两国关系发展和合作产生积极的效果。从公众号我们也可以看出这家报纸不仅与政府部门合作密切，也服务于两国人民，方便他们的经贸往来，消解彼此的怀疑和误解，真正做到了从文化到政治互信的构建。而且，随着媒介环境的成熟，该报也会逐渐与巴国媒体展开合作，获得更大的影响力，在搭建两国政治互信方面贡献更大的力量。

五、总结

海外华文媒体目前承担着一种双向的外交责任，从《华商报》的例子中我们可以看到华文媒体是如何与巴基斯坦和中国的政府合作的。它从政策解读出发，以经贸往来的平台为衔接，以推进中巴经济走廊建设为结果。巴基斯坦华文媒体空白被2016年刚创办的《华商报》填补，中方应该注意到这一点并给予适当的经济或政策扶持以保证它在巴基斯坦传媒所有权集中化的媒介环境下占据一席之地。目前，《华商报》的各个平台搭建完善，内容质量较高，可说是开了个好头。它通过加强两国商业、政治和旅游等信息的交换，在促进中方来巴投资的同时加强了巴基斯坦人民对中国的了解和信任，是中国消息的代言人。在文化互信逐渐增强的过程中，民间态度的理性化也会逐渐加强双方的政治互信。

【参考文献】

1. 郑先武：《“亚洲安全观”制度建构与“中国经验”》，《当代亚太》2016年第2期。

2. 薛福岐：《从亚信峰会看习近平亚洲安全观》，《人民论坛》2014年第16期。

3. 赵广成：《以“互信、互利、平等、合作”为基础确立新型安全观——“东亚与东南亚合作安全：回顾经验　迎接挑战”国际研讨会综述》，《外交评论（外交学院学报）》2009年第3期。

4. 何时有、肖欣：《“中巴经济走廊”能源电力项目的投资风险》，《国际经济合作》2015年第2期。

5. 姚芸：《中巴经济走廊面临的风险分析》，《南亚研究》2015年第2期。

6. 胡伟、赵永宏：《中巴友好与相互援助的历史回顾》，《国际援助》2015年第5期。

7. 杜幼康：《中巴战略合作伙伴关系：相互认知、特点及发展前景》，《南亚研究季刊》2011年第2期。

正确看待海外华文传媒传播中国梦的角色

彭伟步

【摘　要】实现中国梦是中国人和海外大多数华人的百年梦想。在海外面向华人传播的华文传媒具有一定的特殊性，能够增强华人对中国梦的认知，但也存在许多复杂的影响因素，需要我们客观看待其传播中国梦的作用。

【关键词】海外华文传媒；中国梦；角色；作用

中国梦为海外华人描绘了中华民族复兴画卷，在海外引起了强烈反响。海外六千多万华人对此既寄予厚望，又充满了矛盾。要设身处地地站在海外华人的视角解读和传播中国梦，除了要让国内对外传播部门采取技巧性手段外，还要充分利用海外华文传媒这一特殊的渠道，以拓展中国梦在海外传播的空间。海外华文传媒拥有国内传媒不可替代的特点，但背景非常复杂。我国对外传播部门在努力向世界传播中国梦的时候，既要充分发挥海外华文媒体的独特作用，也要理性看待其构成的复杂性，以动态和实事求是的态度制定对策，实现中国梦在海外的有效传播。

一、独特的传媒角色

海外华文传媒独特的传媒角色，一是它们在海外运作，主要面向海外华人和部分主流人士；二是它们是当地的少数族群传媒，在特定时期能够形成特殊的政治话语语境。从民族学的角度来说，传媒、社团、教育是华人维系族群认同的重要工具和手段，其中传媒起着尤其关键的作用。它们不仅传播族群信息，也传播当地主流社会信息，促进不同族群的文化交流，是华人融入主流社会的重要渠道。由于把华文作为传播中介，在创造华人的共同想象与丰富历史记忆方面，海外华文传媒起着当地主流传媒、跨国传媒不可替代的作用。

当前，各种华文传媒加在一起有500多家。一些传媒历史悠久，生存能力强。如马来西亚《光华日报》，创办于1910年，早期致力推翻清政府的革命宣传，现在转变成为华人服务的主要刊物，迄今已有一百多年历史。华文传媒之所以能够长期存在，主要是因为其是华族认同的文化承载媒介，是维系华族共同想象的重要工具。当前，华文传媒在海外发展迅速，除了得益于每年大量中国移民在海外定居外，还得益于大量华人经常使用华文媒体。如在美国，“有40%英文流利的或英文不大流利的移民经常或者间接使用华文媒体”①。定居海外的新移民发现自己处于文化转型的阵痛期，需要一些适合的媒体帮助自己了解所在国的文化、政治、经济与法律，但是由于语言和文化上的隔阂被锁定在华人窄隘的社交圈子里，因此需要“一些有效的制度机制帮助他们解决现实的、由于语言文化隔阂所带来的困难，尽快适应新家园的生活，而主流社会又缺少这类制度机制，因而华文媒体应运而生。作为一种新的、具有华人特点的制度机制，它向新移民提供了一个重要的帮助工具，使他们能在陌生的土地上尽快开始新生活，进而立足生根”②。

除了在文化上缓解华人的思乡愁绪外，华文传媒还因为特殊的“民族聚集区经济”而承担着主流媒体所无法发挥的商业功能。如华人企业在海外的发展越来越快，以及中资企业不断进军世界各国，迫切需要华文传媒帮助他们打开华人市场，增强民族企业的凝聚力与认同度。面向华人传播、与华人密切关联的华文传媒因此在特殊的族群经济环境中拥有主流媒体无法具备的优势。比如说，华人餐旅业、运输业、超市百货等均在华文传媒上刊登广告，而华人往往更倾向于在华文传媒中寻找相关信息。华人企业的本土化、国际化和全球化，以及华人稳定和强大的购买力，也吸引许多著名的跨国公司在华文传媒刊登广告。在华文传媒的广告中，华人很容易获得自己需要的信息，解决日常生活中所遇到的问题，华文传媒的生存与发展因此得到了财力支持。

海外华文传媒拥有国内传媒无法企及的独特作用。它们对所在国的语言与文化更加熟悉，更懂得用当地语言、当地主流社会能够接受的方式去传播中华文化。长期以来，我国传媒被打上“官方媒体”的标签，在海外的公信力受到极大的影响。而海外华文传媒作为在当地注册和运作的传媒，却因更贴近海外华人而受到主流社会的关注，所以更能推动海外华人对中国梦的认知与理解，更能有效地在海外传播中国梦，反映主流社会对华人以及中国的观感。

---

① 周敏、蔡国萱：《美国华文媒体的发展及其对华人社区的影响》，《社会学研究》2002年第5期。

② 周敏、蔡国萱：《美国华文媒体的发展及其对华人社区的影响》，《社会学研究》2002年第5期。

二、发挥少数族群传媒影响社会舆论的独特作用

作为反映华人诉求、传承中华文化的主要载体，华文传媒从早期缓解华人对故国家园的思念，发展到现在积极参与政治选举，成为当地社会一股不可忽视的力量，在政坛产生愈来愈大的影响，从而在复杂的国际政治关系和全球化的背景下，重构了华人与当地人之间的敏感和复杂的种族关系，也促进了中国与华人所在国的政治关系的发展。

对于少数族群传媒究竟对所在国产生何种作用，美国著名社会学家罗伯特·帕克（Robert Ezra Park）通过对移民报刊的研究，认为“移民报刊的角色有助于维护种族文化，并使读者通过族群语言而接触到都会生活，了解当地主流社会，缓解新移民的思乡情绪，淡化边缘人的色彩，从而顺利地融入美国社会中”①。“即便是最冷僻的外语报纸如意第绪语、波兰语等报刊，其作用主要是帮助新近来的移民懂得如何在北美生存下来，很少有报刊鼓励对于原先祖国的忠诚，美国的移民通过传播确立美国的文化标准、价值观念和习俗帮助它们的移民读者同化于美国文化，从而加速了移民与主流社会的融合。”② 帕克还认为，移民报刊将移民过去的经历与美国城市生活联系起来。“外语（外来移民语言）新闻保存了过去的记忆，同时它成为新经历的通路”，而且正因如此“外来移民语言的报刊不自觉地成为美国化中最经常的因素”③。

就华文传媒来说，我们认为，其在帮助新移民融入主流社会时，确实有助于华人逐渐走出“边缘人”的身份认同困境，逐步融入主流社会。为了生存，华文媒体立足本地化，重视制作本土节目，不断增加对当地新闻的报道，关注当地社区的发展，“作为移民社区的重要信息媒介的功能越来越明显，既保留了移民不同文化背景的特点，又有效并及时地向移民传送美国主流社会的有关信息，进而有效地帮助华人移民在陌生的、多元化的社会环境中生存和发展”④。华文传媒已经成为族群制度机制中的重要环节，能够有效地把华人和主流社会连接起来。“移民即使不通英文，亦可从中知道发生在他们周围

---

① PARKER R. The significance of social research in social service. Journal of applied sociology，1924，65（3）：pp. 264－265.

② 胡锦山：《罗伯特·帕克与美国城市移民同化问题研究》，《求是学刊》2008 年第 1 期。

③ PARK R. The immigrant press and its control. New York：Harper & Brother Publishers，1922：p. 449.

④ 周敏、蔡国萱：《美国华文媒体的发展及其对华人社区的影响》，《社会学研究》2002 年第 5 期。

的事情，大至国家大事，小至社会名流花边新闻。”①

华文传媒向华人新移民提供了一条进入所在国主流社会的捷径，使他们很快能够自由地生活于这个文化背景迥异的土地上。它们的存在，在某种程度上承担了政府、主流社会与华人之间沟通的任务，在帮助华人融入主流社会、接受所在国的价值观等方面，降低了政府的行政成本、教育成本，由此引起政府和主流社会的重视，在日常的政治、文化和经济生活中日益呈现出它们的影响力和社会参与力，并对所在国与中国的关系产生了重大影响。比如，2009 年 7 月 8 日，寻求第三次连任的纽约市长彭博主动访问《侨报》和美国中文电视，并接受两家媒体记者的联合采访。彭博担任纽约市长八年以来，鲜少亲自走访任何媒体或公司，访问华文媒体总部更是首次。这也显示彭博为取得竞选成功，获得华裔选票，表现出对华裔及纽约华文传媒的重视。从美国纽约市长亲自访问华文传媒的例子中，我们看到，在全球化的趋势下，少数族群传媒的影响和话语权在复杂的政治、经济、文化、全球化传播等多种因素的综合作用下，有时反而得到增强。如果善用这些因素，少数族群传媒有时可能产生比当地主流传媒和西方传媒更大的舆论影响力，从而达到维护族群权益的目的，有效传播族群文化。

由于站在海外的视角看中国问题，以及站在华人的立场分析所在国涉华问题，海外华文传媒的新闻报道与评论，往往具有独特的观点而为世人所关注，在世界引起反响，能够维护华人形象，有效传播中国梦，强化华人对中国梦的认知，促进主流社会对中国梦的理解。

三、能够在海外有效传播中国梦

也许在主流社会和主流媒体，甚至我国国内传媒看来，海外华文传媒只关注华人内部事务，不具有高度影响力，然而，传播的全球化，“不仅能够重构由非领土扩张所形成的文化意义和认同感，而且能够重构全球文化政治的相关形式”②。迅速而又频繁的信息传播已经深刻地影响和改变了当地的政治。在政治、经济、文化的全球化趋势下，虽然处于被边缘化、非主流化状态的少数族群传媒，面对日益被主流媒体和跨国媒体压挤的现实，但是政治选举的民主制度以及多元主义的盛行，使海外华文传媒在特定的空间与时间中，成为一种牵动社会神经的族群文化传承的信息传播载体。它们有实力传播中

① 周敏、蔡国萱：《美国华文媒体的发展及其对华人社区的影响》，《社会学研究》2002 年第 5 期。

② 约翰·汤姆林森著，郭英剑译：《全球化与文化》，南京：南京大学出版社 2002 年版，第 41 页。

国梦，也能影响华人和主流社会对中国梦的看法。

2013 年 3 月第十二届全国人民代表大会期间，华文报纸、网站和移动媒体铺天盖地地传播大会的消息。2013 年 3 月 17 日，《欧洲华人报》开辟了两个正版的“中国两会专版”，刊登旅意华人的呼声和感受，表达他们的愿望与诉求。在东南亚，马来西亚《星洲日报》开辟了三个版面、新加坡《联合早报》开辟了五个版面持续地报道第十二届全国人民代表大会。《联合早报》还刊登了一版关于中国梦的新闻与评论。海外华人的舆情动态，使我们看到中国梦不仅在中国具有活力，在海外也让华人充满期待。

海外华文传媒是历史见证者，是记载历史的重要载体。自 1815 年《察世俗每月统记传》创刊以来，海外华文传媒在两百年的历史中，既目睹了中国落后挨打的悲惨历史，也见证了当前中国的崛起；既看到中国的强大，也看到它当前在国内外所面临的严峻挑战和危机，因此感同身受，对中国梦充满希望和期待，自发地努力传播中国梦，希望早日促成中华民族的繁荣兴盛。对于中国梦的传播，绝大多数海外华文传媒进行了大量报道，倾向也是比较正面的。

海外华文传媒能够反映华社动态，贴近普通华人，能比国内传媒更好地把握海外华人的脉搏。它们在传播中国梦所呈现的角色与作用，有着浓郁的海外华人色彩，因此能够更加准确地反映华人的心声。它们不仅是各所在国华人与主流社会的沟通渠道，也是中国与世界各国政治、经济与文化交流的桥梁，从过去它们对中国梦的传播情况来看，它们确实有能力在海外解读和传播中国梦。

四、积极推动中国梦在海外华人中的认知与传播

中国梦是中国领导人对中国发展方向的新定位，不仅为中国描绘了美好的发展蓝图，而且符合人类文明的发展方向，因此在海内外反响强烈。中国的发展离不开海外华人，而华人在海外的生存与发展也有赖于中国日益提高的国际地位。中国梦为中国未来的发展描绘蓝图，使中国经济、社会的发展模式更科学、更健康，这将对全球经济、政治产生重大影响，也会给海外华人带来新的机遇。海外华人对此都寄予很大希望，受到很大鼓舞，以多种方式参与中国的现代化建设，关心中国的改革开放，支持文化母国发展壮大。在实现中国梦的过程中，海外华人积极、主动承担人类可持续发展的义务，也充分积极地在所在国为华人谋取合法权利、发展民生，提高华人地位，塑造良好形象。在实现中国梦的过程中，海外华人与中国的利益已经绑在一起。

为了解海外华人对实现中国梦的期盼，多家海外华文传媒对此进行了调查。如联合早报网与中国中央电视台国际频道共同开展两会期间读者联合调查，提出“中国‘两会’召开，将产生新一届政府。中国民众对未来会有什么样的期待？会有什么样的‘中国梦’”等问题。调查发现，华人对“中国能早日实现全面复兴，建立经济发达、政治民主、文化繁荣、社会和谐、生态良好的现代化国家”这个议题最为期待（见下图）。

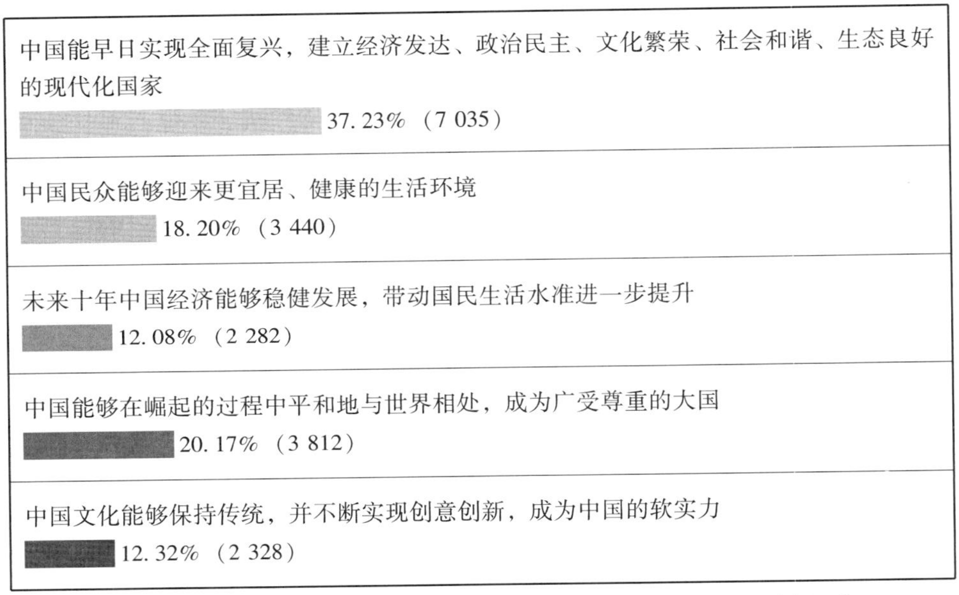

联合早报网与中国中央电视台国际频道共同开展两会期间读者联合调查

投票总数：18 897，截至2013年3月5日。

从上图的统计数据来看，我们不难发现，海外华人对实现中国梦寄予了厚望。这种调查，唯有海外华文传媒才能成功实施，才能很好地把握海外华人的心跳与脉搏。他们在实践中国梦中的角色与作用，有着浓郁的海外华人色彩，他们能更加准确地反映华人的心声。瑞典华人总会会长叶克清在接受华文报《北欧时报》记者采访时说：“希望两会期间代表们能够真正履行自己职责，探讨人们关心的问题并找到多方满意的解决办法。”瑞京华人协会柳少惠认为：“瑞典模式、浙江模式是完全可以相互借鉴、相互学习的，我们作为华侨，有责任把北欧优势产业带到中国，也把中国优秀产业和文化带进瑞典。”在中国贫穷落后的沧桑岁月中，海外华人心系故国家园，对中国作出了巨大贡献，如今在中国迅速崛起的辉煌时代中，海外华人仍然心系祖国，想方设法为之服务，在中外之间搭起政治、经济与文化交流的桥梁，充分显示了他们的拳拳赤子之心。

五、客观传播中国梦

我国现已处于世界舆论的中心，在实现中国梦的初始阶段，便遇到严峻的国际形势。中国梦的提出，进一步使西方国家和中国周边国家，特别是与中国有领土争端的国家产生强烈的危机感甚至恐惧感，再加上美国实施遏制中国的战略，使一些国家不自觉地对中国产生矛盾和抵制心理。在此情况下，如何在国内外更准确地传播中国梦的思想，阐述中国和平发展的理念，消除其他国家的疑虑和敌意，避免受到舆论围攻就显得尤为重要。

当前，海外华文传媒在报道中国梦时存在一定程度的偏差，例如一些华文传媒把中国梦解读成宪政梦、人权梦、民主梦，这显然狭隘地理解了中国梦的积极意义和内涵。中国梦不仅要法制治国，而且要实现国家富强，人民幸福。宪政是实现中国梦的必要条件，但不是充分条件。

很显然，造成华文传媒片面解读中国梦内涵的主要原因，是华文传媒对中国梦的认识程度不够，国际化视野不够开阔。鉴于华文传媒对中国梦的片面解读与传播，笔者认为，国内相关机构要允许华文传媒对中国梦的内涵展开讨论，要正确传播中国梦的核心思想，扩大视野，避免煽动极端的民族主义，要改变把实现中国梦狭隘地说成中华民族复兴梦的传播方式。华文传媒要致力于培养现代文明意识等，在力促实现中国梦的同时，把眼光转向世界，形成更宽广的胸怀，推动人类的共同进步。

当前，中国的崛起已经引起世界上一些国家的担心、忧虑，乃至恐惧，为了营造良好国际舆论环境，中国梦的对外传播需要加入“世界性”的内容，需要传播“中国在追求本国利益时兼顾他国合理关切，在谋求本国发展中促进各国共同发展”的内容，要强调“中国梦”和“美国梦”的相通之处，展示中国梦不仅属于中国，也属于世界，要让中国梦为世界发展提供机遇，让中国梦的世界性为中国和世界各国人民所清楚认识。华文传媒在报道中国梦时，要以人类的共同发展观解读中国梦，解释和说明其既是中国人民的梦想，也是世界各国人民的梦想，消除世界各国人民的担忧与疑虑。

【参考文献】

1. 王赓武：《东南亚与华人》，北京：中国友谊出版公司 1987 年版。
2. 郑良树：《马来西亚·新加坡华人文化史论》，新加坡：新加坡南洋学会 1982 年版。

3. 郝时远、朱伦：《民族学人类学译丛》，北京：中央民族大学出版社2009年版。

4. 马戎：《中国少数民族地区社会发展与族际交往》，北京：社会科学文献出版社2012年版。

5. 科斯塔斯·杜兹纳著，辛亨复译：《人权与帝国：世界主义的政治哲学》，南京：江苏人民出版社2010年版。

6. 崔贵强：《东南亚华文日报之研究》，新加坡：华裔馆2004年版。

7. 彭伟步：《星洲日报研究》，上海：复旦大学出版社2008年版。

海外华文传媒在我国政治话语传播中的民间外交角色[①]

彭伟步

【摘　要】华文传媒数量众多，是世界少数族群传媒的重要组成部分，具有国内媒体不可替代的作用，对于改变我国政治话语传播格局、拓展传播空间、增强我国政治话语的传播效果等具有显著的作用。它们直接承担了民间外交角色与重任，把我国政治话语以当地主流社会更易听懂、更少心理抵触的方式进行扩散传播，发挥了桥梁与纽带的作用，呈现出与国内媒体信息互联互通的传播态势。

【关键词】海外华文传媒；我国政治话语；民间外交角色

有效传播中国政治话语，构建良好的国家形象，不仅需要国内媒体和公众的大力参与，也需要调动长期在海外生存与发展的海外华文传媒的积极性，使其与国内媒体一起实现我国政治话语在海外的有效传播。海外华文传媒数量众多，不乏有规模、有影响的媒体。它们的从业者熟悉当地语言，熟知当地受众的信息接受心理，能够规避中西文化的差异，在诠释和传播我国政治话语等方面具有国内媒体不可替代的作用。它们在海外承担的民间外交角色，相比国内媒体，具有一定的条件与优势。

一、海外华文传媒的发展态势

自 1815 年《察世俗每月统记传》计起，海外华文传媒迄今已有 200 多年的历史。它们积极报道所在国的华人生活，也主动融入所在国；它们关注中国的发展，也关注当地华人的生存与发展。当前，海外华文传媒出现了许多新情况与新动态，特别是随着新媒体的迅速发展，海外华文传媒呈现出传播

① 此文是国家重大社科项目“提升中国政治话语体系的国际影响力研究”（ZDA042）子课题“海外华人对中国政治话语的认知与传播”的阶段性成果。

全球化的趋势，形成了全球华人传播网络。

海外华文传媒数量庞大，其中尤以华文报纸的数量最多。海外华文报纸无论是数量，还是在华人社会中的号召力，均在海外华文传媒中处于垄断地位。

各洲海外华文传媒数量一览表（截至2015年12月30日）

洲别	华文报纸	华语广播	华语频道	主要媒体
亚洲	186	15	23	《星洲日报》、《中国报》、《南洋商报》、《光华日报》、《联合早报》、《联合晚报》、优频道、8频道、《京华中原报》、《世界日报》、《星暹日报》、《国际日报》、《中日导报》等
欧洲	102	8	6	《星岛日报》《欧洲时报》《欧洲商报》《英中时报》等
北美洲	135	74	34	《星岛日报》、《世界日报》、《明报》、《侨报》、《环球华报》、《加拿大商报》、美国中文电视台等
南美洲	38	6	3	《南美侨报》《美洲华报》等
非洲	13	1	1	《非洲时报》《南非华人报》《华侨新闻报》
大洋洲	65	16	4	《墨尔本日报》《澳洲新报》《澳洲日报》等

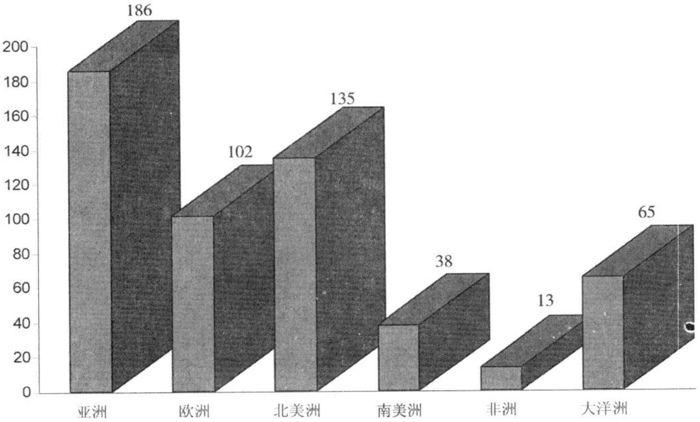

图1 各洲海外华文报纸数量（截至2015年12月30日）①

① 此数据是笔者综合中新社、人民日报社、新华社等媒体报道，参照《海外华文传媒年鉴》（海外华文传媒年鉴社2013年、2015年版），以及在实地调研基础上统计出来的。

截至2015年12月，全世界有100多个国家出版发行华文报刊，建立了广播电视台和华文网站，但规模大小不一，水平各有差异，性质也有所不同。海外华文传媒的发展水平呈现较大的差距，在当地的影响力差异也很大，如在新加坡和马来西亚，华文报纸、华文网站拥有强大的影响力，而在非洲一些国家，如马达加斯加，由于华人数量较少，华文报刊则是社团出版的年刊，仅在会员之间传阅，只是起到慰藉老华人文化心理的作用。

21世纪以来，海外华文网站发展极其迅速，数量庞大，丰富和推动了海外华人的各种信息的传播。在加拿大，各种华文网站不计其数，既有综合性网站，如枫华园、万维读者、加拿大华人信息港、安省华人、多伦多信息港、加拿大信息通、多伦多在线、中加在线、多伦多生活、心意网等，也有为华人提供各种生活常识的信息网站，如佳华网、加拿大中文网、多伦多华人信息网、枫情网、生活在BC、温哥华中文网、温哥华华人网、爱城华人等，甚至还有许多专业网站，如为华人服务的地产和财经信息网站，如北美财经、多伦多房地产、枫国安居等。其他类型的网站，如聊天网和论坛更是数不胜数。

在美国，华文网站的数量惊人。网络技术的发展，不仅催生了大量的华文网站，而且推动了华文报纸在网上传播的速度。如《世界日报》网络版，不仅吸引了大量世界各地的华人读者，而且向美国主流社会传播了美国华人的信息。在澳大利亚，华文网站发展相当迅速。许多传统媒体创建了网站。在起始阶段，这些网站运转非常困难，但是随着新一代华人的增加特别是华人留学生的剧增，以及人们对网上阅读新闻方式的适应，网站逐渐获得社会的投资，进入良性发展轨道。

海外华文网站异军突起，为海外华人提供了迅捷地浏览和阅读新闻的条件，也为他们提供了丰富的信息，更重要的是，这么多不同背景的华文网站的涌现，不仅有助于推动海外华文传媒业的发展，而且有助于推动海外华人信息传播的全球化以及中华文化传播的全球化，也有助于我国政治话语的海外传播。

二、海外华文传媒担当民间外交角色

虽然西方媒体本身具有监督政府的作用，以“扒粪”者自居，但是从重构主义的观点以及国际主流社会对待我国的历史来看，由于文化与意识形态的差异，对我国政治话语的呈现可谓残缺不全，集中体现在一系列当地主流社会对待我国某些特定领域的歧视，导致西方媒体经常误解我国的政治话语报道，严重扭曲了中国形象。

当前，我国媒体力量偏弱，传播手段理念等相对滞后，造成话语权旁落，对外传播效果不佳，使政治话语传播经常无功而返，一直困扰我国国家形象的提升。再加上我国传播制度顶层设计存在种种缺陷，导致我国屡屡丧失反击国际敌对舆论的良机，也无法让更多不了解中国国情的人打消疑虑，从我国相关部门应对各种领土争端就明显地反映出我国对外传播的弱势与欠缺。因此，营造政治话语语境，正确传播我国的政治话语，增强我国应对各种国际争端的传播能力，对于维护我国国际形象已经迫在眉睫。传播政治话语关键在于交流与理解，应对和消除西方的负面舆论，需要我们找到对外传播的规律和方法。

就当前的国际政治形势来看，不论是硬实力还是软实力，西强东弱是不争的事实，发达国家仍然主导世界的政治、经济秩序与传播话语权，中国要想在发达国家已经占据的地方实现中国百年民族复兴的梦想，必然要面临发达国家的阻挠，西方媒体的责难。在西方政治学的理论中，一个国家的崛起，必然对其他国家构成威胁，一定要通过军事扩张和战争来实现对旧有秩序的突破，以获得更大的发展空间，甚至主导世界的发展。中国政府所坚持的各项政治主张，很难获得发达国家和媒体的理解与认同。在这样的历史背景下，要想改善国际舆论环境，为中国赢得更多的发展机会，开拓更大的发展空间，只有通过增强软实力，改进对外传播的形式，开展多种形式的民间外交、文化外交、媒体外交、形象外交，来突破西方国家对中国的围堵和责难，以超然的大国心态应对西方媒体的舆论攻击。

从这个角度来说，传播中国政治话语，构建新型大国形象，需要多层面的共同努力，特别要借助海外华文传媒的力量，采用海外华人社会的二度编码方法，通过直接与间接的传播手段，实现我国政治话语在海外落地，并扩散出去。众所周知，国内媒体由于党和国家喉舌的功能，无法承担民间外交的角色。当中国政治话语走不出国门的时候，可借助数量众多的海外华人传递中国正能量，传播与诠释中国政治话语。海外华文传媒是世界范围内少数族群传媒的代表，拥有着国内各种机构所不具备的能力与条件，在影响社会公共议题方面具有举足轻重的作用。在过去、现在，许多国家的主流社会担忧少数族群传媒的文化传播力和影响力，认为其过分注重族群文化传播和族群认同，不利于族群融合。这反映了包括海外华文传媒在内的少数族群传媒拥有不可忽视的传播力，同时在某种程度上也重构了当地社会的族群关系。比如说，美国社会学家罗伯特·帕克通过对移民报刊的研究，并以实证调查数据为依据，认为少数族群传媒拥有强大的传播力，传媒影响常反对政府压制并制造舆论。他于1922年出版了关于移民报刊的专著《移民报刊及其控制》（*The Immigrant Press and Its Control*）。在这部著作中，帕克强调少数族群传媒的角色有助于维护种族文化，帮助移民顺利融入美国社会。之后，美国多位学者，特别是少数族群学者凭借通晓本族群语言的优势，在美国对少数族群传媒进行了深入研究，如从多个角度对非洲族群、西班牙族群、犹太人族群、华人族群与拉丁美洲族群等创办的少数族群传媒的族群认同和文化认同进行研究，均认为少数族群传媒能够反映族群声音，发挥主流传媒不具备的语言优势，能更深入地展现少数族群的文化和思想，并对社会产生相当大的影响。

正是由于维护族群公共利益和拥有传播族群新闻的基础，包括海外华文传媒在内的少数族群传媒经历多次沧桑后仍然能够生存下来，并继续担负起族群文化传承和认同的使命，同时还增进了主流社会对少数族群的认知，直接或间接地传播了祖（籍）国的声音。因此，传播我国政治话语，需借助海外华文传媒的特殊力量，使其充当传播我国政治话语的纽带与桥梁，发挥其民间外交的作用。目前，数量众多的海外华文新媒体已经成为海外华人最主要的信息交流平台，形成了遍及全球五大洲的庞大华文网络媒体群，能融合和贯通国内外信息传播的渠道，借以推进政治话语的诠释与传播。

三、海外华文传媒传播我国政治话语的民间外交路径

当前，随着新的传播工具的迅速发展，以及国际形势的变化，中国政治话语在海外引起了极大的反响，出现了许多新的舆情。要评估各种政治经济和文化风险，从整体与长远角度处理与周边国家关系，特别是与中小国家之间的关系，寻找一条能够促进中国政治话语在海外传播的路径，缓解世界各国对中国政治话语的忧虑和不安，如通过解释说明和合理陈述，获得更多学者和青年的理解与认同。对中国国家战略的顺利实施，海外华文传媒能够发挥独特的作用。

1. 提供准确的当地舆情动态

华文传媒从业者懂当地语言，熟悉当地文化，又在当地建立了广泛的人脉关系。他们一方面通过平时的新闻采访活动，可以接触到当地社会各个层面，听取他们的声音，了解民间的舆情动向；另一方面大都与政府官员建立了紧密的合作关系，从而可实时了解当地政府和主流社会对中国的态度，与此同时，也可以把握我国政治话语在当地传播的变化，这样就可以帮助我国预估“一带一路”实施过程中所面临的政治经济文化风险，做好预案，制定

科学的传播策略，开展有效的传播活动。

2. 利用人脉资源进行中国政治话语公关

作为一种族群性的传播工具，华文传媒面向当地华人进行传播，对当地华社拥有强大的影响力，因此传媒能够影响当地华人的态度。而华人又与当地官民已经建立起良好的关系，深知当地主流社会对我国政治话语的看法与意见，熟悉民间和政府公关的渠道、手段与方法，这种桥梁与纽带作用是我国涉外部门无法代替的。他们如能主动说服政府官员和引导民间舆论，积极努力进行公关，利用各种有利条件，对当地政府与民众加强有关中国政治话语的解释和说明，可有效缓解世界各国对中国政治话语的狐疑与负面情绪，改变当地政府的立场与当地民众的看法，从而获得我国政府对外传播无法实现的传播效果（见图2）。

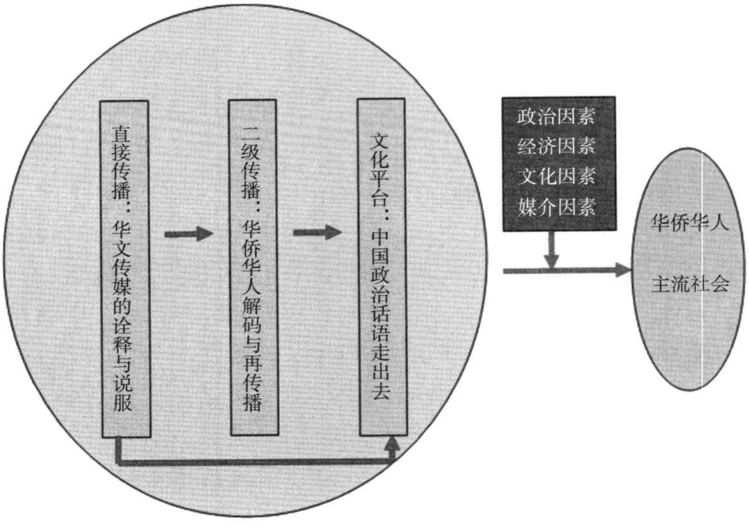

图2 华文传媒与华人传播中国政治话语示意图

3. 成为全天候快速响应的舆情合作伙伴

世界各国涉华舆情事件大多是突发事件。当舆情爆发后，就需要有一个专业可靠的合作伙伴，快速介入，化解危机。华文传媒在当地拥有文化交流优势，可以成为专业、可靠、全天候的舆情服务合作伙伴，为我国政治话语传播提供具体和颇具价值的参考意见，并在沟通方面发挥华文传媒的桥梁纽带作用。

当前华文传媒积极参与中国政治话语的传播，并产生了积极的影响。在泰国，通过华文传媒的报道，我国一些政治话语，如“中国梦”“一带一路”等，被相当一部分在泰国拥有影响力与话语权的上层华人知悉，并直接游说当地政府加强合作。如中泰铁路的合作，便是由该国华人牵线搭桥的结果。

华文传媒能够形成舆论与引导舆论，并能评估当地舆情，直接、及时反馈到我国，便于我国相关机构采取相应措施，澄清和说明相关情况。海外华文传媒也有能力进行国际公关，传播我国政治话语。如在西班牙，针对当地主流媒体诬蔑我国主导建设的“一带一路”为“新殖民主义”，《欧华报》、《西班牙侨声报》、西班牙侨网等媒体均进行了反驳，而这些声音均是国内媒体无法进入西班牙并在当地表达出来的。海外华文传媒是中华文化传播的前沿阵地，是促进文化交流、增进文化互信、消除误会、开展思想对话的重要阵地。他们传承中华文化，使其在海外生根发芽，让更多的外国民众了解中国，理解中国，为中国政治话语的传播打下了坚实的基础。

四、结论

国内媒体由于被标上官方媒体的标签，在海外常常得不到当地媒体的重视，更勿谈进入当地主流社会，因此要大力增强中国话语权，就需重视海外华文传媒，加强国内媒体与海外华文传媒之间的协作，加快信息互通，完善和更新国际传播手段、方式，使传播渠道多样化、传播内容多元化，通过充分发挥华文传媒的桥梁作用，增进与世界各国的文化互信，努力开展不同文化间的思想对话，让更多的外国民众了解与理解中国，从而树立文化中国形象。

海外华文传媒实现不分种族的中华文化全球化传播，通过其中介传播作用，对中华文化再包装、再诠释，从而展现中华文化魅力，唱响中国声音，准确表达中国观点，提升中国国际话语权，在各国文化传播的全球化与东西方舆论抗争中争得一席之地，谱写华文传播的新篇章。

可以把海外华文传媒作为平台，通过推动国内外华文传媒交流合作，打造世界华文传媒网络，努力建设有影响力、传播力的华文媒体巨型航母。要加强华文传媒之间的互联互通，抗衡西方媒体话语霸权，特别是推动华文传媒的融合，以海外华文网站、社交网站等新媒体平台为重点，以社区化传播为突破口，推动“全球华文视频资讯中心”，创建全球性的航母联合舰队，实现我国政治话语无论在广度还是在深度都能得到拓展的传播目标。

【参考文献】

1. 胡锦山:《罗伯特·帕克与美国城市移民同化问题研究》,《求是学刊》2008 年第 1 期。

2. 彭伟步:《全球化对少数族群传媒维护与族群认同的影响》,《世界民族》2009 年第 5 期。

3. 彭伟步:《当前海外华文传媒发展动态浅析》,《东南亚研究》2014 年第 2 期。

4. 郑晓云 :《全球化与民族文化》,北京:中国书籍出版社 2005 年版。

5. 张旭东:《全球化时代的文化认同 西方普遍主义话语的历史批判》,北京:北京大学出版社 2005 年版。

当前侨务外宣的现状、问题与对策①

彭伟步

【摘　要】侨务外宣对帮助海外华人了解中国真实情况，加强联谊，互通信息，传播中华文化有积极意义。侨务外宣在各级政府的重视与推动下，取得了许多成绩，但是从实践过程以及所取得的实效来看，其存在一些不容忽视的问题，需要我们淡化意识形态宣传，改变传播形式与方法，加强国际公关，形成“大侨务外宣”思维，以便更好地开展侨务外宣。

【关键词】侨务外宣；现状；成效；问题；对策

侨务外宣是帮助海外华人了解中国情况及海外华人社会信息的重要方式，它包括海外联谊、权益保障等基础性工作，对于有效提升我国国际形象、增强软实力，具有不可替代的重要作用，特别是侨务部门在海外广泛报道与宣传中国梦，引起了积极的反响。侨务外宣有助于增强海外华人凝聚力，促进更大范围的团结阵线的形成，维护中国利益。然而，在面向海外华人传播国内情况与宣传中国梦的过程中，我们发现有些问题值得侨务部门重视。侨务外宣不能照本宣科，无论是方式和指导思想都亟待创新，要针对不同海外华人的源流出台有针对性的策略。

一、当前侨务外宣的现状

我国当前的侨务宣传活动主要体现为“走出去”和“请进来”，这两种方式确实在侨务宣传方面起到了许多作用，对于帮助海外华人了解中国国情和最新发展状况，加强与海外华人的联系，传播对侨政策等起到了积极作用。

1. 走出去

侨务外宣“走出去”的最主要方式就是海外调研和海外联谊活动。它肩负两种使命，一是传播中国最新的发展信息，二是进行文化传播活动，目的

① 此文是国务院侨办“海外华文新媒体的传播力及其对新生代华人的影响力”研究成果之一。

在于让更多的海外华人了解中国最新的社会发展情况，加强与海外华人的互动，了解他们的诉求，维护他们的权益，促进中华文化在海外的传播与传承。

前一种使命主要通过海外华文传媒进行。为了更好地传播国内信息，侨务部门一是直接在海外创办华文传媒，如在欧洲创办《欧洲时报》，在美国创办《侨报》等；二是与由海外华人创办的华文传媒加强合作，如中新社为海外500多家的华文传媒提供信息服务，使这些传媒能够直接报道中国时事。从今天海外华文报纸对中国大陆的报道来看，包括具有港台背景的《星岛日报》《世界日报》《明报》等的报纸，均常采用中新社的稿件，这无形当中宣传了中国大陆，是一种非常好的外宣方式。各省市政府为宣传地方形象，也加强与海外华文传媒的联络，通过它们传播信息。如2011年，青岛市政府利用美国《侨报》、法国《欧洲时报》、德国《华商报》、澳大利亚《澳华时报》等开辟“青岛之窗”专版，在加拿大环球华网等华文网站开辟“魅力青岛”专栏，与美国《国际日报》合作，由其在美国、澳大利亚、印度尼西亚、马来西亚四国发行中英文版的《今日青岛》等。这种“借船出海”的侨务外宣方法，对于提升青岛市的城市形象，无疑具有积极的作用。

此外，侨务部门还关注华社安全，重视华人权益的保护。2010年以来，大量华人移民世界各国，由于文化背景差异，再加上一些地方治安败坏，华人经常是黑势力甚至政府针对的对象。如2013年3月2日，法国巴黎一个华人遭遇劫匪抢劫，岂料劫匪在抢劫成功后竟嫌其身上现金少而对其进行殴打。而在此之前，法国华人也经常是黑势力针对的对象。2010年1月至2011年1月的一年内，委内瑞拉连续发生了数十起华侨华人被绑架、敲诈勒索等恶性案件。2010年，侵害阿根廷华人的犯罪行为也非常突出。针对华社安全问题，侨务部门对此情况进行专门调研，加强与各国安全部门的合作，遏制伤害华人的势头。2012年10月16日，西班牙警方展开“帝王行动”，调查了一个疑似由中国商人领头的洗钱和偷税漏税犯罪网络，近百名华人被逮捕，涉及金额高达数千万欧元。华人社区风声鹤唳，商铺关门停业，华人经济一落千丈。当侨办调查团深入华社了解详情时，盼到救星的华人在说起自身的遭遇时，情不自禁地流出了眼泪，流露出华人心中的委屈及对调查团及时来访感到欣慰。

“走出去”的后一种使命主要是通过加强与海外华人社团的联系，大力发展华文教育，吸引华裔新生代学习中文，了解中华文化，维护华人之根，或是组织文化演出机构赴海外进行文化慰问活动，如侨办每年举办的“四海同春”文化慰问演出，满足华人的文化需求，促进与海外华人的感情交流。这些“走出去”的方式取得了许多显著的成绩，使侨务外宣能够直接面对海外华人，及时了解华人的诉求，帮助他们解决实际问题。

2. 请进来

各级侨务部门“请进来”的宣传活动，主要有三种形式：一是邀请华文传媒回国采写新闻；二是安排海外侨领回国参观访问；三是举办面向新生代华人的文化寻根活动，特别是每年组织华裔青少年文化寻根夏令营，这对华裔新生代认知与传承中华文化起到了积极作用。许多地方政府为了推动当地经济和文化的发展，千方百计加强侨务宣传，邀请海外华文传媒和华人社团到当地访问。与过去不同的是，现在的地方政府更加重视在海外学有所成，特别是从事高科技研究的个人和公司，并吸引其在当地落户。

“请进来”的侨务外宣有两种目的：一是树立政府和地方形象，二是加强经济和文化合作。如杭州市侨务部门“创新侨务外宣工作机制”，举办“海外华文媒体杭州行”和海外华裔青少年“寻根之旅——品味杭州文化”夏令营活动，开创了侨务外宣的新局面。北京自 2010 年与各中央外宣媒体建立日常联络机制以来，各政府部门及时沟通信息、互通有无，初步形成了多侧面、立体化的侨务外宣格局，凝聚侨心、汇聚侨智、发挥侨力。中新社每两年在不同城市举办海外华文传媒论坛，邀请世界各地华文传媒齐聚一堂，探讨华文传媒产业的发展，促进侨务宣传，也对宣传举办城市的形象，以及传达中国的发展愿望有一定的积极意义。

二、侨务外宣存在的问题

从当前侨务外宣的现状来看，其存在不少问题，值得我们正视和反思，亟待我们理顺思维，调整传播策略，以便使侨务外宣取得更高实效。

1. 侨务外宣效果有待提高

目前，面向海外华人传播的媒体主要有 CCTV－4、凤凰卫视、新华社和中新社。CCTV－4 和凤凰卫视名义上面向华人传播，但是只局限于新闻传播，侨务宣传基本处于空白状态，并非真正的侨务外宣。即便如此，海外华人也很难收看到 CCTV－4 和凤凰卫视，原因有四：一是华人所在国对来自中国的信息与媒体严加管控，CCTV－4 和凤凰卫视虽然落地，但很难进入当地电视网络；二是一些海外华人社团与商业机构购买 CCTV－4 和凤凰卫视在当地的落地权与播放权，这样海外华人就要支出另一笔收看来自中国电视的费用，引起海外华人的不满与抵制；三是播放 CCTV－4 和凤凰卫视的频道被排到有线电视频道顺序的末尾，排在一百多位，甚至两百多位，华人有时很难搜索到这些频道，在某种程度上造成华人收看比较困难；四是华人租用当地频道播放中国社会信息也比较困难，因为很多国家都明确规定当地制作的节目要占一定的比例，这导致侨务外宣面临他国的政策限制。

客观来说，中新社近十年来着力于向海外华人传播中国内容，方式不断改进，内容日益丰富，取得了很好的效果，在办报的基础上，还增加了视频新闻，进一步丰富了信息报道内容的多样性和报道方式的多元化。在报纸方面，中新社相对乐观，但是在视频方面却令人不甚满意，这主要是我国媒介管理制度的缺陷所造成的。虽然报纸如《欧洲时报》和《侨报》在侨务外宣方面取得一定成效，但影响力有待提升。实际上，在所有华文传媒当中，影响力最强的仍然是具有港台背景的报纸，如《世界日报》《星岛日报》。海外华文报纸数量虽多，但是在公共事务的影响力方面并不如人意，不仅在当地主流社会缺乏影响力，而且华人也不怎么阅读。

2. 侨务外宣缺乏客观公正

媒介报道应客观公正，正面新闻与负面新闻比例要恰当。哪一个方面占据绝对优势，都会丧失新闻报道的客观性和公正性。由于思维导向的作用，长期“报喜不报忧”的舆论思想导致正面新闻过多，典型事物过多，负面报道过少。这种报道趋向很容易引起华人一定的逆反和抵触心理。如果对外宣传忽视对问题的报道，形成信息真空，但同时问题又被国外媒介报道，会使华人对华文传媒公信力产生怀疑，而且对侨务外宣的真实目的产生猜疑。

比如，在宣传中国梦的过程中，我们发现，有些从事外宣的媒体只描绘中国梦的瑰丽蓝图，但是对于如何实施，有何内涵，均语焉不详。有时候侨务外宣只重视灌输式的宣传，而缺乏对海外华人舆论动态的调查分析，缺乏与华人的互动。海外华人构成极其复杂，源流不一，但是侨务外宣统一用国内宣传的方式把中国情况推出去，过度强调灌输和单向性的传播，不站在海外华人的角度看问题，忽视海外华人的感受，易造成海外华人新生代的不满，产生不必要的麻烦。

由于宣传制度的制约，侨务外宣往往只宣传好的东西，对真实情况解释不够，报道不足，结果导致一些针对中国的势力利用侨务外宣的漏洞与不足，专门报道负面新闻，放大中国社会问题，挑拨华人之间的矛盾，攻击中国政府，污蔑华人，损害中国国际形象。侨务外宣要切实解决信息传播中的一些问题，树立客观公正的形象，以提升宣传效果。

3. 侨务外宣形式与方法有待改进

当前，新媒体舆情已经成为观察海外华社舆情动态的重要窗口。把新媒体传播背景下海外华社舆情监测与侨务外宣联系起来，通过对影响海外华社舆情的诸因素的量化分析，不仅能够真实触摸到海外华人的脉搏，而且可为面向海外传播的政府管理部门提供建设性的意见，帮助我们掌握最新的华社舆情，及时调整面向海外华人的政策。然而，从侨务外宣的实施细则、手段与成效来看，其仍采取传统办法，过度依赖传统媒体，对新媒体关注不够，对海外华人舆论与动态反应不够及时。

由于侨务外宣以官方的形式进行，官方痕迹过于明显，缺乏贴近性，让华人感到其与自身的生活有一定距离。如从中国梦的宣传来看，我们缺乏对海外华人对中国梦的认知程度，以及他们心中所存在的疑虑与期望等的深入了解。侨务外宣方式较为僵化，呈现出单一性和片面性，无法很好地解释中国梦的真实内涵，增强海外华人身为中华民族的自豪感，增强他们的文化自信，增强华人凝聚力等。如果侨务外宣与华人的实际生活脱节，则有可能分化海外华人，在华人内部形成不同派别，造成华人社会的分裂。

一些面向华人宣传的手段有贪大求荣的现象，给国内外的华人社团带来很大的经济负担。如在侨务部门从事外宣的过程中，海外华人不得不花费大量金钱接待国内的访问者与宣传团，费时费力还费钱。一些侨务部门主办的文化活动只重视对侨领的联络和慰问，而对一些在基层真真正正为华人服务的华人关心不够。新华社、中新社、中央电视台走出国门在英国、美国等地设立新闻中心，拉走了许多原本投向当地华文传媒的广告，使华文传媒的生存愈加艰难。这些在侨务外宣的过程中所出现的新问题、新现象，均有待引起侨务部门的重视。

三、改进侨务外宣的四点意见

海外华人源流不一，背景也很复杂。侨务外宣要根据华人的差异性，实事求是地反映中国的真实情况，以更加包容的胸怀，团结源流不一的华人，以文化的纽带联结他们，形成“大侨务外宣”的思维，建立各部门共同参与的侨务外宣联动机制，使侨务外宣在海外传播的效果最大化。

1. 淡化意识形态色彩

我们要客观认识到，海外华人并不是铁板一块，也不是每个海外华人都热衷于实现中国梦，都热爱中国。许多华人生活在海外，入籍所在国，他们效忠的是所在国，许多新生代的华人更是如此。比如说，骆家辉就是一个典型的案例。他虽是华人，但维护美国国家利益，甚至不时发表对中国不友善的言论。又如菲律宾前总统阿基诺有华人血统，还曾回到福建寻根，但是对中国并不友好。诸如此类违背人们常规思维的现象，都促使我们要以更加客观、理性的态度，看待海外华人的角色、背景，以及他们在维护中国利益中究竟能够起多大的作用。因此，在侨务外宣的过程中，我们不宜传播具有浓郁意识形态的东西，而是应该淡化意识形态色彩，缩小政治方面存在的分歧，求同存异，更注重传播的客观性和专业性，更强调以公正、无偏见的原则，准确解读中国问题，加深海外华人对中国的认知。

与此同时，侨务部门要客观认识对外宣传的本质，不应把其当作国内宣传的延伸，以官方行政方式硬性传播中国新闻，而要采用柔性手段，理性地面对海外华人存在的意识形态差异，善用传媒力量，团结更多的人。

2. 增强舆论影响力

增强侨务外宣的成效，关键在于传播和解释中国信息的媒体。然而，我们看到，在500多家华文传媒当中，对所在国的舆论具有强大影响力的并不多，有影响力的仅新加坡的《联合早报》、马来西亚的《星洲日报》、美国的《世界日报》《星岛日报》和中文电视台、加拿大的《明报》《星岛日报》等少数媒体。要有效传播中国情况，解释侨务政策，让更多的华人接触到更加真实的信息，我们的首要任务就是增强话语权，打造一个全球性的传播网络，组建拥有多语种的、面向华人的、具有强大影响力与吸引力的华文媒体集团，不让敌对势力媒体有任何的机会造谣惑众，无端攻击中国政府和人民。

全球化和数字化为侨务外宣提供了机遇。侨务外宣要抓住这个时机，形成跨媒体、跨行业的大外宣思维。一些华文传媒已取得显著成效。如美国纽约的华语电视和华文报纸，通过网络提供视频、文字和照片信息，不仅面向美国华人传播信息，而且为中国人提供有关美国华人的信息，从而构筑了传播跨国化的信息传输网络，在特定时代迫使美国政府正视内外华人的民意诉求。与此同时，面对中国迅速提升的经济实力和国际地位，美国需要从各个渠道对中国加强了解，而华文传媒在这方面拥有诸多优势，可以成为联结中美关系的重要桥梁，在国际关系中发挥更大的作用，实现增强传播力、掌握话语权、有效地传播中国梦的目的。侨务部门要创新管理机制，以“大侨务外宣”思维为指导，善于利用新媒体，增强侨务外宣的能力，实现对华人的有效传播。

3. 重视文化传播与现代国际公关的结合

要塑造华人的良好形象，更好地传播中国信息，需把对外传播与现代公共关系相结合，借助海外华文传媒和文化机构等，利用“第三方”的传播力量，包括各种非政府论坛、行业协会和其他社会团体、学术研究机构、企业和专业公共关系公司等，细分对外传播的受众，做好“草尖”（舆论领袖）和“草根”（一般公众）的工作，加强民间外交，做好侨务公共外交。

传媒和文化机构作为一种重要的公关工具，其作用与功能是其他交流手段与渠道所无法取代的，特别是海外华文传媒扎根于海外，熟知当地的政治文化，更容易开展多种文化交流活动去影响当地主流社会对华人与中国的态度，培养他们对中华文化的亲善感，减少敌意。比如说，纽约每年一度的文化巡行中，当地华人与华文传媒通力合作，设计了多种文化传播形式与内容，既有反映中国传统文化的节目，也有融合西方文化的内容。这一方面改变了主流社会和其他少数族群对华人社会的“文化孤岛”“文化自我隔离主义”的印象，另一方面也有助于文化的自我生成与发展，实现中华文化与西方文化的相互融合。在现代公关理念中，民间交往是淡化价值观差异的最好方式之一。我国相关部门在海外举办一些活动时，要改变全程举办和参与的做法，放手让民间组织主办，以减少官方色彩，使文化活动更有民间性，更能减少当地主流社会的警惕与排斥心理。政府在举办一些文化活动时，可通过社会招标，让国内外民间文化组织通过公平公正的方式获得主办权，甚至可以联合海外华文传媒，全权委托他们举办，政府只是履行监管的角色，以避免出现卖力不讨好的现象。

侨务外宣本身是一件好事，然而其在海外华人当中的认同度还有待提高，这与侨务外宣的传播内容与方式有莫大的关系。我们认为，侨务外宣有助于传播中华文化，开展民间外交，宣传和介绍华人社会，解释和支持华人政策，展示和塑造海外华人形象等。侨务外宣要注意方式，坚持客观公正的原则，将文化传播这一软性传播力量应用于现代国际公关，向华人宣传中国梦，实现中华民族的伟大复兴。

4. 大力培养面向侨务外宣的从业者

海外华人有六千多万人，侨务外宣有很广阔的空间，但是熟悉海外华人情况，通晓海外华人历史，以及善于利用传播工具从事侨务外宣的人并不多。侨务外宣的成效有待提高，与很多从事侨务外宣的各级机构工作人员的媒介素养欠缺有密切关系。

故此，要把面向海外华人宣传也纳入国际传播领域中，要大力培养既懂侨务又懂新闻传播的人才，要把这部分人的培养作为国际新闻专业人才培养的重要组成部分。长期以来，我国非常重视对西方的国际传播，但是对海外华人的外宣却缺乏足够的重视，总是认为海外华人与我们同文同种，不需要对他们讲传播策略，只需要把国内的信息推出去即可，在这样的外宣思维主导下，侨务外宣必然存在许多不如人意的地方。实际上，海外华人存在许多差异，思想、意识也各不相同，如果我们还是按照传统的方式对生活在新媒体时代的华人进行灌输性宣传，那么我们就不可能使侨务外宣收到理想的实效，事实也证明这种方式是行不通的。我们建议，可以在暨南大学华侨华人研究院或新闻学院开设相关专业，打破学科藩篱，培养学科交叉的跨界人才，推动侨务工作的开展。

总体来说，侨务外宣不仅涉及侨务机构的各个部门，而且涉及其他政府部门。侨务外宣工作烦琐，牵涉面广，是一个系统性的工程，仅靠侨务部门一个机构的力量不足以开展，需要侨办内部、侨办与其他政府部门的通力合作，无缝对接，以“大侨务外宣”的思维，拓展侨务外宣的新局面。

【参考文献】

1. 程曼丽:《中国的对外传播体系及其补充机制》,《对外传播》2009 年第 12 期。

2. 丁荣:《充分发挥侨务工作优势为江苏经济发展方式转变服务》,《华人时刊》2011 年第 3 期。

3. 艾明江:《基于软实力视野的台湾侨务外宣工作分析》,《华侨大学学报（哲学社会科学版)》2013 年第 3 期。

4. 薛龙:《浅议电视新闻外宣与创优工作》,《新闻传播》2013 年第 3 期。

5. 吴志、林建明:《华裔青年文化寻根，焕发民族自豪感》,《中国民族报》, 2012 年 12 月21 日。

6.《浙江省侨办调研温州　肯定侨务工作亮点多有创新》,《温州日报》, 2013 年 8 月 15 日。

7.《知名海外华文媒体人访粤 冀加强侨务外宣》，中国新闻网，http://news. ifeng. com/gundong/detail_ 2011_ 12/31/11690845_ 0. shtml。

8.《杨健：中新社在侨务外宣上有不可替代的巨大作用》，广东新闻网，http://www. gd. chinanews. com/2012/2012 -09 -29/2/209279. shtml。

海外华文媒体传播实力及外宣效果分析
——基于对新生代海外人员、来华留学生媒介使用习惯的调查

蔡敏玲

【摘　要】近年来，为应对日益严峻的国际舆论环境，我国对外宣传工作提到了前所未有的高度。其中海外华文媒体作为外宣工具中的力量之一，面临的挑战重重，无法真正发挥其传播实力和对外宣传的效果。为使其外宣的“影响流”真正抵达受众，必须深化对海外华文媒体受众（包括海外国人受众、外国受众）对媒介使用习惯的了解，从而增强海外华文媒体的传播力和影响力。本文通过对200名海外人员在海外期间的媒介使用习惯以及107名来华留学生对华文媒体的认知与使用习惯进行调查，试图探索海外华文媒体在海外媒介市场大洗牌的时代背景下，如何一方面守住国人市场，另一方面在其他国家的消费市场里开疆拓土，冲破长期以来华文媒体无法突破华人圈子的桎梏。

【关键词】新生代海外人员；来华留学生；媒介使用习惯；传播实力；外宣效果

一、研究背景

1. 我国外宣现状

近年来，我国党媒响应中央号召，在对外宣传中持续发力，取得了不少成绩，如：新华社主办的CNC World（中国新华新闻电视网英语电视台）于2010年7月1日正式开播，《求是》和《环球时报》英文版分别于2009年10月1日和4月20日刊行；中央电视台成立独立对外宣传的子品牌CGTN；《人民日报·海外版》海外网于2014年7月再次改版。以上举动显示，我国对外宣传工作已经进入一个新的阶段，对外宣传工具正在“海外化”“国际化”和“现代化”，“全新的对外宣传体系”正在紧锣密鼓地构建。

2. 海外华文媒体国际传播实力亟待提升

学者苏劲松曾这样概括我国对外传播的三大阵营：一是过去倚赖的国内媒体；二是后来借力的境外媒体；三是如今海外数以千计的华文媒体。① 其中，借助境外媒体加强对外宣传的设想，受外媒“有色眼镜”的影响，所取得的成效并不明显。而国内媒体和海外华文媒体在对外宣传任务的紧逼下，已经作出不少改变，在构建对外宣传体系中，承担着中流砥柱的角色，被我国政府和学者寄予厚望。

对于海外华文媒体，有学者指出，在国际宣传中，它是“一支不可忽视的重要力量”，“比起中国本土媒体的声音，对于消弭西方社会对中国大陆社会及政府的误解，以及粉碎一些集团的阴谋有着‘四两拨千斤’的作用”。

然而，近年来，许多海外华文报社纷纷倒闭，即便是华文教育土壤肥沃、坐拥600万华人人口的泰国，华文报纸的总发行量也不超过5万。当前，许多海外华文传统媒体准备转型成为新媒体，却忧虑重重，“不转型等死，转型怕饿死”②。根据《海外华文新媒体发展报告》，在全球4 292个华文新媒体当中，有35.5%是由海外传统媒体转型而来的。可见，当前海外华文媒体在尝试着各种转变。但是，海外华文媒体真正成功转型且成功实现大规模盈利、达到良好外宣效果的案例并不多见，原因在于对海外华文媒体受众与外宣对象的媒介使用情况了解不深。

因此，本文通过对海外人员的媒介使用习惯以及来华留学生对华文媒体的认知与使用习惯的调查，探索海外华文媒体如何在海外媒介市场变化的时代背景下，一方面守住国人市场，另一方面开拓其他国家的消费市场，尤其是以来华留学生作为切入口，最终提升我国对外宣传的实力，改变海外华文媒体在异国社会中，尤其是华文脊土地区作为边缘性媒体的困境。

二、海外国人的媒介使用习惯调查

本次调查共选取了200名在海外留学、就业和生活的人员作为调查对象，针对他们在海外生活期间的媒介使用习惯进行问卷调查，共收回有效问卷198份。调查中有97.94%的被调查对象年龄在18～35岁，2.06%的年龄在36岁以上，所调查群体偏向年轻化。问卷内容主要包括以下几方面：媒介形态的选择；对外媒和海外华文媒体的选择；媒介使用需求与动机。通过数据分析，

---

① 苏劲松：《海外华文媒体在“大外宣”中的作用》，《中国记者》2014年第3期。

② 彭伟步：《海外华文新媒体发展报告》，北京：人民日报出版社2017年版。

得出以下主要结论：

（一）媒介形态的选择

1. 海外华文媒体中，App、微信公众号最受青睐

首先，在对媒介形态的选择方面，海外华文媒体中，App 与微信公众号的使用率最高，超过 50% 的受调查者表示他们平时最经常使用的两种媒介形态是微信公众号和 App，而门户网站则退居二线使用行列，占到 27.27%。选择最少的是报纸、电视、广播，三者中仅电视达到 10.10%，另外两者均在 10% 以下。

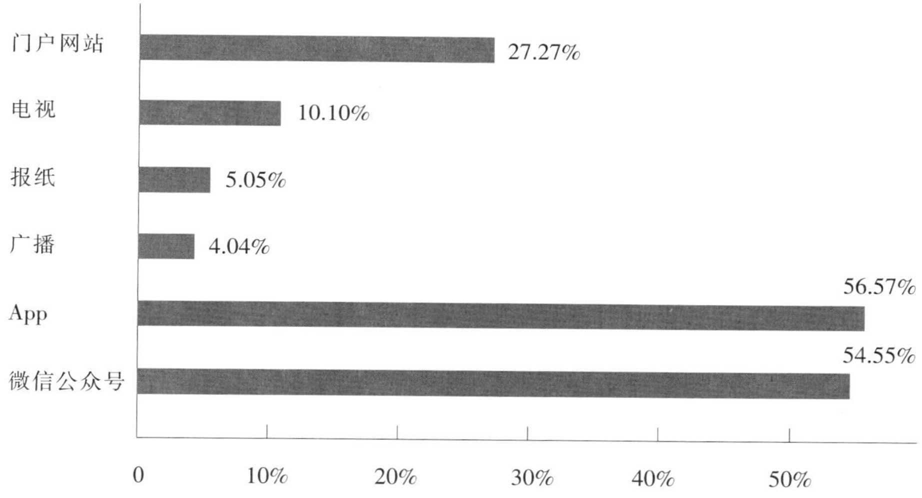

图 1　媒介形态选择

2. 传统媒体受到冷落，住所没有配置是主要原因

针对“若想第一时间获取当地重大新闻，会使用何种媒介”这一问题，笔者通过调查发现，有 76.92% 的媒介使用者会选择打开外媒中的即时性媒体（如 Twitter、Facebook）或者海外华文媒体中的即时性媒体（即微信、微博、App 和网站）获取新闻信息，选择外媒中的传统媒体了解新闻的人不到三成，无人选择海外华文媒体中的传统媒体。

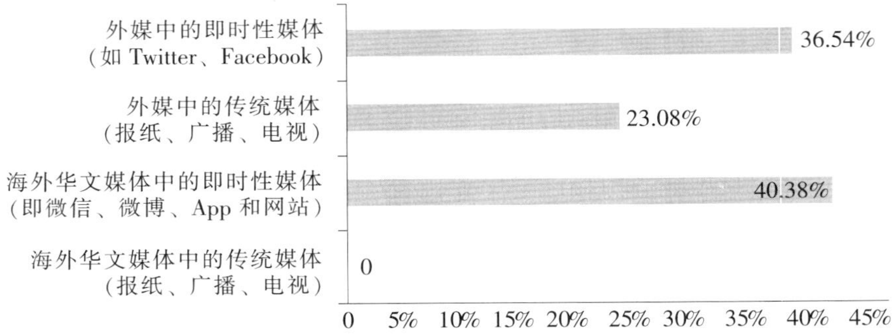

图 2　媒介选择

从以上调查结果，我们不难看出，获取一手资讯时，多数人对传统媒体所持态度并不乐观。为进一步了解海外人员对传统媒体的使用情况，笔者就“平时是否使用传统媒体”的问题进行深度挖掘，发现在海外期间，经常使用电视、报纸、广播的人数仅占 22. 22%，偶尔使用的占 41. 41%，逾三成的人很少或没有使用过上述媒体，其最为主要的原因是住所没有装广播电视设备或订阅报纸，如果以上媒体在住所有配备的话，并不排斥选择传统媒体作为信息获取的方式。这给我们提供了一种警醒和启示，在发生地域迁徙的人群中，广播、电视和报纸作为一种相对固定性的媒介，会因为其不可迁移性而被众多崛起的移动媒介取代。当前 18 ~35 岁的人群流动最为频繁，求学、工作、经商等任意一种社会行为都会使他们从长期住所迁到暂时性住所，并且在此之后通常不会考虑安装电视机、广播或长期订阅报纸，致使这类媒介消费者不得不严重依赖手机、笔记本电脑、平板电脑等移动载体，丧失使用传统媒体的习惯。

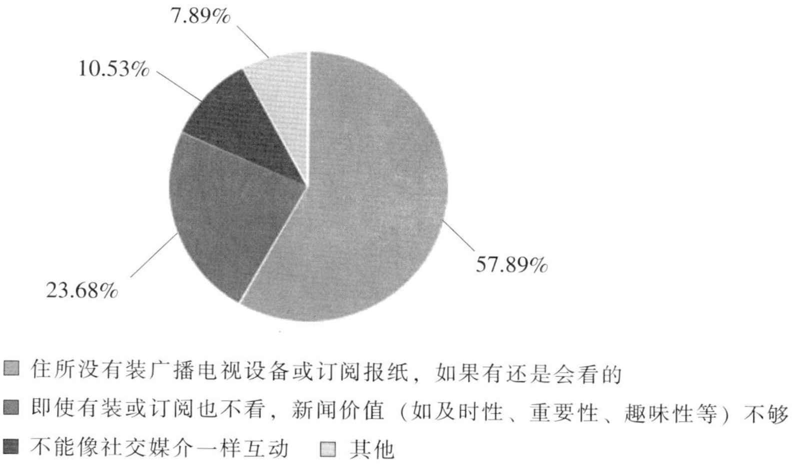

图3　不使用传统媒体原因

（二）对外媒和海外华文媒体的选择

通过对“关注海外华文媒体的频率”以及“会选择何种方式第一时间获取重大新闻”两个问题的交叉分析（见图4），我们发现即便是经常关注海外华文媒体的人群，也有超过一半在接受一手新闻资讯时，更加喜欢选择外媒（其中包括35.71%的受调查者使用外国即时性媒体，17.86%的受调查者选择外国传统媒体）。而随着人群中平时对海外华文媒体关注度的递减，用外媒实现第一时间获取新闻资讯需求的比例是逐步上升的。可见，外媒在掌握第一手权威信源和独家新闻源方面占据着很大优势，这是海外华文媒体一直落后于外媒的主要原因。

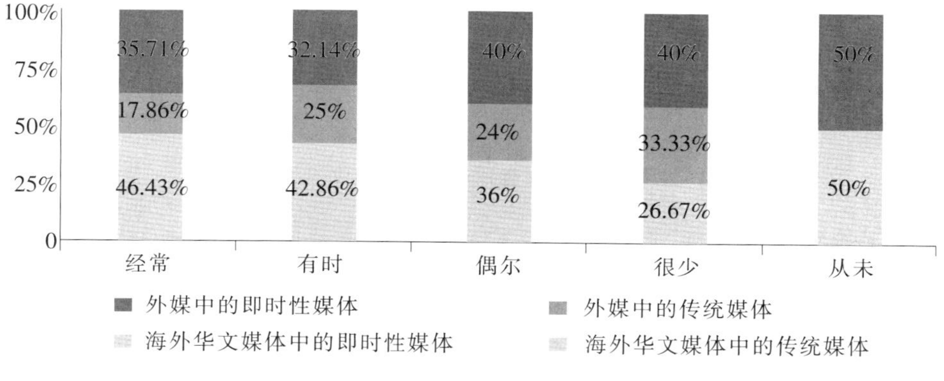

图4　海外华文媒体关注频率与获取新闻方式交叉分析

(三) 媒介使用需求与动机

1. 语言是阅读基础，精准化内容是关键

海外人员在国外期间对华文媒体的依赖程度相对较高，调查显示，超过八成的海外人员平时或多或少会关注和使用海外华文媒体，这一方面表明，海外华文媒体市场潜力巨大，随着国人外出频率增加，前景将更为可观；另一方面又表明，华文媒体市场尚有填充空间，既有华文媒体并未刺激所有需求。据此，笔者又对关注与不关注海外华文媒体的原因进行了调查，发现关注并使用海外华文媒体的原因包括语言更容易理解、报道内容和自己更相关、为华人维护权益、提供国内的消息、寄托对祖国的感情。在这些原因当中，语言因素的占比是最大的，更多人愿意使用简单易读的华文媒体，而不愿绞尽脑汁阅读晦涩的外文信息。而其他因素，诸如“报道内容和自己更相关”也较为重要，超过一半的人对此表示同感。与之形成鲜明对比的因素是“是我寄托对祖国感情的载体”，其占比不到三成，且寄托感情的因素与海外人员在外国生活时间的长短有关，生活时间越长，寄托爱国情感的需求越旺盛，而反之则越不明显。可见，人们在接触海外华文媒体的过程中，使用自己更为熟悉的语言了解外界发生的大事，是其最基本也最重要的需求。

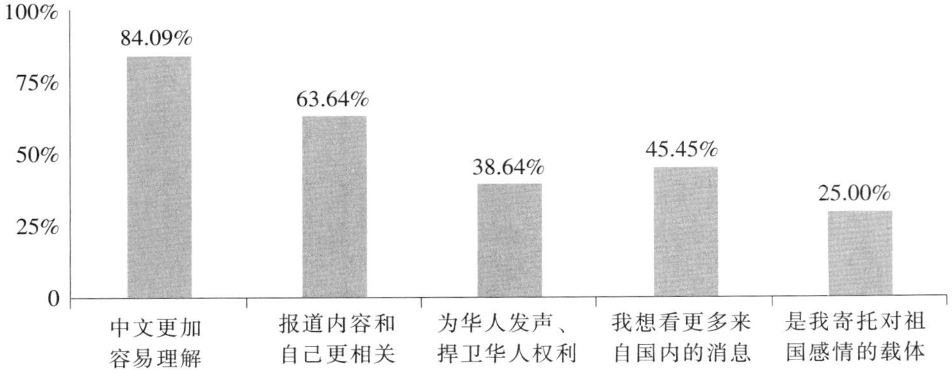

图 5　关注并使用海外华文媒体原因

在该项调查中，很少与几乎不怎么接触海外华文媒体的人群也占到了 18.63%。虽然人数相对而言较少，但不可忽视背后的原因。统计发现，本身没有阅读新闻的需求使得他们缺乏关注海外华文媒体的动机。但剔除掉没有新闻阅读需求的人群，仍有 36.84% 的人认为海外华文媒体中所报道或推送的信息与自己的生活无关，或不是其所需求的。此外，超过一成的人认为报道的内容不够及时，信息量不够大，体验一般，才缺乏对海外华文媒体的使用兴趣。

2. 出国后更关注国外信息，服务类信息关注度略高于资讯类

在所关注的信息内容上，人们的兴趣也随着其生活空间向海外的迁徙而发生了地域上的变化。在所调查的海外人员中，部分关注的信息区域发生了转移，出国后关注国外信息和出国后依旧更加关注祖国新闻的人群比重大致为6：4。这一结果表明，过半数的人在获取新闻需求的过程中，更为看重与自己相关的信息，至少是发生在自己所在国家和地区的新闻，且这一偏好随着在国外居住时间的增长而日益显著。但需要注意的是，在本调查中，海外生活时长超过五年的受调查者，关注国内新闻的比重高于海外生活五年以内的，因此，对所关注信息在地域上的变化也不能一概而定，应视受调查者的个人情况而定。

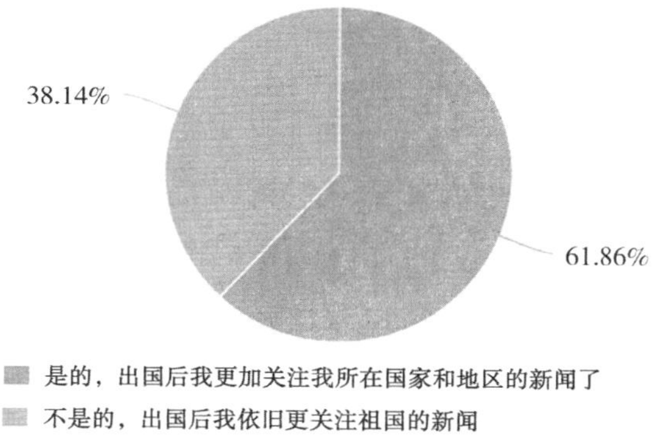

图6　出国后是否更关注国外信息

海外华文媒体与一般媒体相比，一个很重要的特性是服务性，其提供办事指南、社区资讯、向导以及广告，为新海外华人提供便利，帮助他们融入当地生活与文化。本次调查也发现，多数华人所使用的华文媒体以提供服务类、办事类信息为主，而了解外界的重大新闻资讯或拓宽视野类的占比虽旗鼓相当，但没有比前者更受到海外人员的重视。

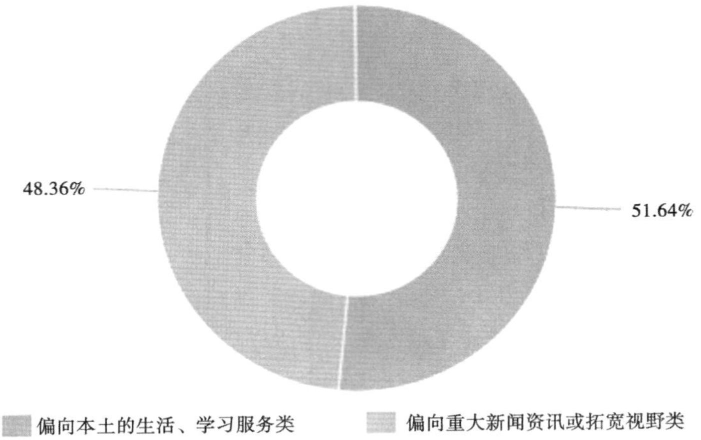

图7　使用的海外华文媒体特征

三、来华留学生对华文媒体使用习惯调查

对海外华文媒体的外宣效果进行评估，由于涉及的因素复杂繁多，衡量的标准难以界定，一般较难进行，但通过调查海外华文媒体在外国潜在中文学习者以及正在学习中文的外国人群中的到达率、知晓率及使用率，我们可以略窥一二。

本次的调查对象包括来自28个国家的汉语学习者和预备学习汉语的来华留学生。部分国别构成是：土耳其（占4.67%）、日本（占4.67%）、韩国（占6.54%）、俄罗斯（占6.54%）、印度（占15.89%）、泰国（占14.95%）、吉尔吉斯斯坦（占3.73%）、印度尼西亚（占18.69%）、巴基斯坦（占5.83%）、哈萨克斯坦（占1.87%）、美国（占0.93%）、法国（占0.93%）、德国（占1.86%）、乌兹别克斯坦（0.93%）、阿塞拜疆（占0.93%）、哥伦比亚（占0.93%）、乌干达（占0.93%）、肯尼亚（0.93%）、约旦（0.93%）、埃及（占0.93%）、马里（占0.93%）、玻利维亚（占0.93%）、也门（占0.93%）。受调查者覆盖的范围广泛，具有较大的代表性，且作为潜在汉语学习者与正在学习汉语的外国人群，是海外华文媒体外宣的重点对象。

1. 海外市场仍有四成潜在外国受众等待挖掘

笔者就“是否知道和是否使用过海外华文媒体”的问题，对107名来华留学生展开调查。调查结果显示约四成的来华留学生从未使用也从不知晓任何海外华文媒体，这一群体在所调查的对象中占比最大。值得一提的是，笔者同时向海外人员调查“身边是否有外国人使用华文媒体”，统计得出“没有，也没有听说过”的占比为 40. 2%，两个数据相差无几。我们更可以确信，海外华文媒体在海外市场中，仍有约 40% 的潜在受众尚待挖掘。

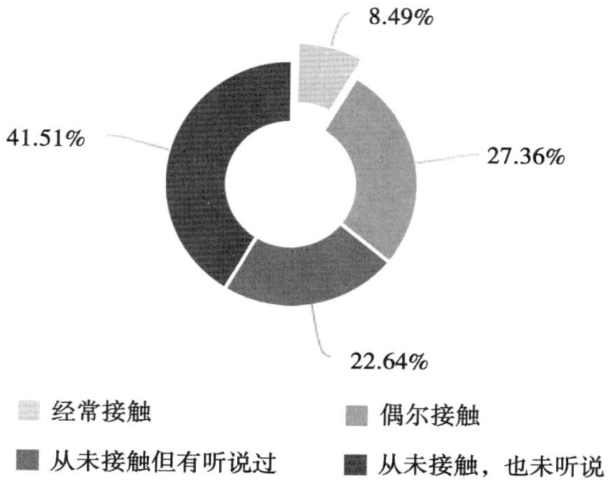

图 8　来华留学生是否知道和是否使用过海外华文媒体

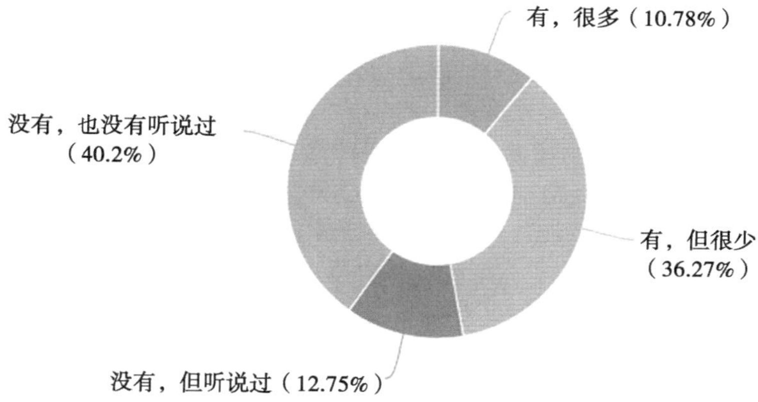

图 9　海外人员身边是否有外国人使用华文媒体

此外，根据“偶尔接触”海外华文媒体的来华留学生占 27. 36%，“从未接触但有听说过”的占 22. 64%，可以判断出海外华文媒体在海外市场中的边缘受众约占 50%，而只有 8. 49% 的人表示他们经常使用海外华文媒体，属于核心受众。

2. 微信和 CCTV 最受来华留学生欢迎

在曾经使用过海外华文媒体的受调查者当中，电视和社交媒介是其使用率最高的信息载体，尤其是微信和 CCTV，尽管两者都并非纯粹意义上的海外华文媒体。根据统计数据，有 25.8% 的受调查者看过 CCTV，32.25% 的受调查者使用微信上的订阅号接受新闻信息，这都表明了国内最盛行的社交媒介在走出国门开疆拓土方面，与其他媒介相比具有压倒性的优势，而国内主流媒体亦在“走出去”方面取得了长足的进步，具有较大的爆发力。这启示我们在对外宣传方面要利用好这两个主要的传播渠道。

另外，微博、百度、*China Daily* 在来华留学生中也较为流行。12.9% 的受调查者表示使用过微博阅读新闻；另有 6.4% 的受调查者通过百度获取新闻，以及 3.23% 的受调查者阅读 *China Daily*。

四、基于受众调查的海外华文媒体反超性路径探究

1. 运用大数据搭建新闻聚合平台

通过以上对海外人员媒介使用习惯的调查，我们可以得知在媒介选择中语言是阅读基础，海外华文媒体拥有先天优势，但精准化内容是关键，这又是海外华文媒体不得不慎重反思的问题。人员组成日益复杂的海外人员对不同地域的新闻信息关注度不同，对新闻资讯类和服务类信息的兴趣值也不同，因此，利用大数据搭建新闻内容聚合平台，将某一个国家或全球各个国家的报纸、电视、广播或自媒体视为平台内容的供应商，构建海量资源库，并依据大数据算法，对用户偏好进行测试，对每个用户进行精准化的信息推送，使所推送的信息永远是受众在当地生活所最关心和需求的，将能最大程度挖掘受众市场。当然，搭建大数据平台对技术要求较高，只有财力较为雄厚的海外华文媒体才有能力实现这一平台的建设，而更多海外的中小型地区性、社区性的报纸或小型自媒体可以发展为这一聚合平台的内容供应者，从平台实现更为稳定的盈利。

2. 加深报道的全球本土化

美国学者罗兰·罗伯森（Roland Robertson）提出了“全球本土化”（Glocalization）的概念，认为一国想要自己输出的文化产品与大众媒介信息被广泛接受，在全球范围内达成共识，就必须根据输出地的文化特征，将所输出产品进行本土化加工，以满足接受国受众的需求。从上文对海外人员的调查中，我们已经知道更多的海外人员在出国之后更为关心的是所在国家和地区的新闻，那么海外华文媒体在报道内容上应适当调整比重，在兼顾国内报道的同

时，重点把握当地本土报道，即实现报道的“全球本土化”。而这对外国受众而言也是一样的，“语言的便利性”以及“内容的接近性”是吸引他们从潜在受众变为核心受众的关键。在跨文化传播领域，一些老牌国际主流媒体如BBC、CNN、NHK与FOX便以“全球本土化”战略，成功占领海外市场。如CNN在国际报道中极力淡化美国政府的官方色彩，塑造全球化新闻媒体的客观形象；细分受众市场，制作具有本土特色的不同版本的节目；聘用本土记者、特约通讯员和主持人，以当地口音播报新闻现场。我国的海外华文媒体向海外市场进军的过程也是跨文化传播的过程，注重传播的“全球化”和“本土化”同样必不可少。一方面，占领海外华人市场，应拓宽报道来源，提升报道内容的价值密度，确保信息的时效性、显著性与可读性；另一方面，要打入国外市场，需聘用当地媒体人才，全面升级“双语版”或单独推出“本土版”，拉近与国外受众的距离。

3. 联合外媒挖掘潜在外国受众市场

依据上文的调查分析，外媒的最大优势是能在最短的时间内获得一手信源，而这对海外华文媒体而言是难以实现的。受到采访权的限制，华文媒体往往只能后期转载当地外媒的新闻，消息显得迟滞，连海外国人都无法吸引，更勿论吸引上文所述的40%的潜在外国受众。面对以上难题，笔者建议一些海外华文媒体联合当地主流媒体，一方面获得第一手信源，提升报道及时性；另一方面还可借助当地媒体的名气捆绑销售自身，挖掘外国受众市场。例如《欧洲时报》与法国发行量最大的杂志《巴黎竞赛报》于2005年合作出版了一本印刷精美的法语版《巴黎竞赛报·中国专刊》，该报走上法国报亭，每期发行万份，受到当地读者的好评。此外，还联合当地主流媒体以文化交流活动的形式进行互动，不仅在媒体和媒体之间构建了良好的公关关系，也将对华语或中华文化有兴趣的国外受众吸引进来，提升了在当地读者或视听众之间的知名度和美誉度，增加了进一步挖掘外国受众市场的可能。

4. 果断抛弃“瘦狗产品”，实现新媒体化运营

面对海外华文传统媒体究竟是否还具备生存空间的争论，从上述调查中，答案已不言自喻。上文中最现实的数据是，在若想第一时间获取当地重大新闻，会使用何种媒介的题项中，无人选择“海外华文媒体中的传统媒体”，而在各种媒介形态的使用率调查中，微信与App的使用率是最高的。毫无疑问，传统华文媒体已经成为海外华文媒体市场中的“瘦狗产品”，而社交媒介、客户端等新媒体成为现今的“明星产品”。最明智的做法是果断抛弃亏本的夕阳产品，转而实现信息的新媒体化运行。而部分传统媒体行业者表示担忧，根源在于没有完全明白新媒体运行的含义。尽管当前海外华文媒体网站数量不

断增加，但媒介形态和技术却鲜有创新，最多的媒介形态是经营成本低廉的微信公众号、网站和论坛，其新媒体的发展相比国内外的本土媒体，可谓是望尘莫及。无论是国内还是国外，新媒体行业“三微一端”（微信、微博、微视频和客户端）已成为标配，机器人写作、VR 技术和网络直播成为新的战场，不断强调用户感官体验的新媒体领域已“一片红海”，年青一代读者已然习惯这种最前卫和最精心设计的视听体验。而准备转型或正在转型的华文媒体若无法变更思维方式，仅仅将内容搬到网上，将被市场淘汰出局。由于当前许多华文媒体经营新媒体的经验十分匮乏，或可从国内引进成熟的新媒体人才，从改变人员构成开始，加大对新媒体的投入。

五、结语

长期以来，海外华文媒体对自身的定位是主流社会中的“非主流”媒体（除在东南亚少数以华语为主要语言的国家中），以服务当地华人、帮助华人融入主流社会及联系家乡为主要工作，但忽略对传播对象的调查，忽视自身实力的构建，极少谈及自身内容的传播力度以及策略的改进，更没有赶超当地媒体的野心。其对外传播和宣传的作用，也仅仅体现在以海外华人为纽带，通过影响华人，继而影响海外社会。然而，这种二次传播的方式过于间接，传播效果通常“事倍功半”。笔者认为，突破华文媒体在华人内部的传播桎梏，应当以对传播对象的洞察为基础，以提升自身竞争力为起点，以走入国外视听众的视野为目标，真正发挥海外华文媒体作为对外宣传“第三阵营”的作用。

诚然，华文媒体在海外尤其是海外华文脊土中实现反超性的传播，难度颇大，但海外少数媒体已经取得相当经验，在对外宣传中表现出彩。对大多数海外华文媒体而言，增强华文媒体的传播力，改善国际舆论环境，依旧要从资源聚合、双语化、全球化和本土化、新媒体化几个方面着手进行，才能实现突破，以更加主动的姿态参与国际舆论竞争，向国际舆论的主阵地进发。

【参考文献】

1. 彭伟步：《海外华文新媒体发展报告》，北京：人民日报出版社 2017 年版。

2. 邱凌：《辩证解析海外华文媒体在我国对外传播中的作用》，《对外传播》2015 年第 10 期。

3. 苏劲松：《海外华文媒体在“大外宣”中的作用》，《中国记者》2014 年第 3 期。

4. 丁晓正、万鑫：《“中国热”中的海外华文媒体》，《传媒》2006 年第 5 期。

5. ROBERTSON R. Globalization：social theory and global culture. London：Sage，1992.

6. 程曼丽：《对“国际话语体系中的海外华文传媒”有关问题的思考》，《新闻与写作》2011 年第 11 期。

7. 刘燕南、谷征：《西方国际传播受众研究的历史与特点探析》，《现代传播》2011 年第 11 期。

8. 熊德：《中国新闻电视媒体跨国传播能力研究》，武汉理工大学博士学位论文，2012 年。

9. 刘康杰、夏春平：《新媒体淘汰报纸？——五大洲 31 国 59 家海外华文报纸调查》，《新闻大学》2015 年第 1 期。

10. 刘欢、刘斐：《如何利用海外华文媒体做好对外传播》，《对外传播》2015 年第 10 期。

11. 彭伟步：《用“社区化”赢得生存空间》，《人民日报·海外版》，2015 年 4 月 24 日第 13 版。

12. 《跨媒体新闻编辑部：欧洲的融媒实践》，新华网，2011 年 8 月 4 日，http：//news. xinhuanet. com/newmedia/2011 –08/04/c_ 121814441_ 2. htm。

中国政治话语传播框架下海外华文媒体的话语表达与修辞传播

王笑影

【摘　要】 本文以2016年海外华文媒体对于习近平总书记在中外会议上多次提到的政治话语关键词在海外的传播为对象进行分析，以此来探究海外华文媒体对于中国政治话语在海外传播的影响。

本文认为，中国的政治话语传播具有明显的时代性、民族性、进步性等特征，方针以正面宣传为主，内容广泛，涉及政治、经济、民生和党政建设各个方面，但是在各个方面的内容的报道侧重上差异较大，对于一些负面的内容缺乏批评性报道，导致海外华文媒体在内容选择传播上受到一定的限制，不利于向海外华人展示一个更加全面立体、真实可触的中国。建议中国政治话语传播的内容比例进行适当的调整，加强海外华人和祖国的联系和互动，风格上减少外宣的色彩，考虑到海外华人受众的市场需求，以便于更好地进行海外的传播。

【关键词】 中国政治话语传播；海外华文媒体；话语表达

1956年，人类学家贝特森最早提出了框架的概念。后美国社会学家戈夫曼将其引入新闻传播研究领域加以发展，他认为新闻制作者会受到社会各方面的影响，构建不同的新闻框架，从而会形成对同一事件的不同的修辞表达。

一个国家对外的传播不外乎经济、政治、科教文卫这些方面，在报道的侧重点上，传播内容大多会以能够彰显国家实力的硬新闻为主。海外华文媒体的报道来源大多是根据中国对外所传递的内容进行选择性获取与传播，所以海外华文媒体在传播内容上不可避免会受到中国政治话语的框架限制。

海外华文媒体由于其自身的特殊性，在沟通海外华人与中国的联系上发挥着独特的作用，对于中国形象在海外的传播建构起着不可替代的重要作用。因此，本文以2016年海外华文媒体对于中国政治话语关键词的传播为对象进行研究，探究海外华文媒体对于中国政治话语在海外的传播的影响。

一、西方政治权力视野下的中国政治话语传播

著名哲学家福柯在他的话语权力理论中曾经提出过“话语是权力，人通过话语赋予自己权力”这样的说法。在他看来话语已经超越了思维表达和交际的功能，上升为一种人们斗争使用的手段。话语权则是传播学概念，指舆论主导力，属于舆论斗争的范畴，话语传播涉及5W（who、what、to whom、which channel、what effect）。拥有话语权，就能通过议程设置占据舆论制高点，引导舆论，使之导向有利于自己的方向，从而达到塑造宣传形象的目的。

国际话语权则是指以国家利益为核心，就国际社会发展和全球性问题等发表意见的权利和影响力，体现了知情、表达和参与权利的综合运用。从本质上说，占据国际话语权优势方可以利用话语权优势，按自己的利益、标准和“话语”模式定义国际事务、事件，制定国际游戏规则并对事务的是非曲直按自己的观点、利益和逻辑作解释、评议和裁决，从而巩固提升在国际关系中的优势地位和主动权。

从总体上来看，当前国际话语的基本叙事结构仍然是以西方为中心。西方发达国家掌控着国际舆论的主导权，处于核心话语地位，全球习惯于用西方价值和逻辑来评判是非，国际话语体系处于不平衡、不平等、不公平的格局。究其原因，除了政治、经济、军事和科技等硬实力的影响，包括文化价值观念、意识形态和媒体影响力这些软实力的影响也都是决定国际话语格局的重要因素。

作为世界上最大的发展中国家，中国近年来不断崛起，国力日益增强，并取得了第二经济体的成绩。中国的经济发展取得了很大的成就，国际地位发生着明显的变化，接受着来自各国的广泛关注，同时也遭受着来自各方的诸多质疑甚至责难。除了以美国为首的西方价值体系一直长期主导着国际话语体系这个原因外，媒体的传播能力和影响力这个原因也不容忽视，其中既包括中国国内的媒体对外的发声，也包括海外的媒体对于中国的相关报道。

实际上，随着中国等新兴经济体的崛起和新信息传播技术的迅猛发展，国际话语权处在重新分配的阶段，新的信息传播秩序和格局正在变动的过程中。在这样的时代背景和机遇下，中国更要积极抓住机遇，加强国际传播能力建设，精心构建对外话语传播体系。

自中华人民共和国成立以来，中国政治话语的传播都带着鲜明的社会主义色彩，且每个时代都有属于特定时代背景的代表性关键词。根据格伯纳的“涵化分析”理论，新闻传播在某种程度上起着教化的作用，潜移默化地培养

着人们的某种共识。拉斯韦尔的三功能说里也提出新闻传播承担着社会遗产传递的功能。虽然中国各个时代的主题不一样，但是都围绕着“社会主义”这个主题，身在其中的国人由于在其社会化过程中潜移默化地一直在接触一些具有鲜明中国特色的政治话语，就像默顿和拉扎斯菲尔德的传播具有麻醉效应的功能说解释的那样，对这样的政治话语氛围可能习以为常。但是对于生长环境、教育环境和文化背景不一样的海外华人和外国人来讲，对于具有鲜明中国特色的政治话语，可能就会因为缺乏一个共通的意义空间，而造成文化交流障碍和文化隔阂。如果海外华文媒体过度解读或者错误解读中国的政治话语，那么对于中国的国际话语传播和海外良好形象构建都会起到不好的作用。

二、中国政治话语的表达与修辞

政治话语是在政治活动中为了进行表达而需要借助的媒介。在政治传播活动中，传播的主要内容不外乎意识形态、政治文明和政治价值，借助的形式主要有语言、动作、符号等。其中，政治话语无疑是最为重要的辅助传播手段，因为话语传播可以更好地在言语上进行外化表达。在国际交往中，利用政治话语传播可以让异国的人更好地了解一个国家社会各方面面貌和该国家对内对外的政治方针和政策，这也是在海外塑造国家形象的一个重要途径，政治话语在政治活动传播中的重要性不言而喻。

中华人民共和国自成立之日起就坚持贯彻马克思列宁主义，坚持实事求是，始终倡导走和平发展道路。国情在不断地变化，与各个时代所契合的政治话语也处在不断变化发展的动态过程之中。以毛泽东同志为核心的中国第一代领导人主政时期，与长征、抗美援朝战争、大跃进、三大改造等政治活动相关的关键词是那个时代主要的政治话语；以邓小平同志为核心的第二代领导人主政时期，与十一届三中全会和改革开放这一重要政策相关的关键词成了该时代的主要政治话语。一个时代的政治话语不可避免地带着一个时代的专属烙印，所以政治话语带着时代性、民族性、进步性和创新性等特征。

荷兰学者梵·迪克（Teun A. van Dijk）认为，新闻话语是意识形态的语言体现，它能够向信息接收者传达新闻生产者的社会和政治态度，也能够从意识形态方面影响公众对新闻事件的认知。他认为在分析新闻话语的时候，应侧重于从文本视角入手。文本视角可描述各个层次上的话语结构，进而对文本的词句风格和修辞进行分析，从而得出新闻话语为达到强调或突出新闻事件某种真实性而采用的一系列报道手段。

鉴于此，本文对中国政治话语传播的相关文献和报道进行了梳理分析，在这里总结出几点关于中国政治话语表达常用的策略：①语言凝练，常用缩略语。中国的政治话语传播内容有很大一部分来自重大会议内容，但是字数很多，在这样的情况下，在进行传播的时候就会使用凝练后的缩略用语，如“三个代表”“科学发展观”“中国梦”等表述。②延续历史传统，注重传承。以中国的党代会为例，其注重历史的传承，一般是只改写第几届第几次，对于整体表达注重传承，大部分选择保留。③注重中国特有元素的融入。在外交政策的表达上注重使用历史传承下来的中国优秀文化。④与时俱进，与国际平台接轨，在传播的内容中注重民主化表达，有力反击西方的“专制”质疑。⑤注重上下级区别。领导人排名有着独特的讲究，中国人民大学党史党建教研室主任杨德山教授表示这种排名有约定俗成的规律，没有正式文件规定。

海外华文媒体的社会环境、文化背景、表达习惯和中国国内媒体的不同，它们能否完全正确解读中国媒体想要传递的内容，以及在新闻语言的表达上能否完整客观表达，对于海外华人认识解读中国以及中国海外形象的建构有着直接的影响。

三、海外华文媒体传播中国政治话语的实践

海外华文媒体是连接海外华人与中国的一道重要桥梁，从民族学的角度而言，传媒是维系族群认同的重要工具，是促进族群融入当地主流社会的重要渠道。此外，它还担负着重要的经济功能。有海水的地方就有华人，有华人的地方对关于中国的新闻就会有需求。海外华文媒体深谙这个原理。在新闻内容的选择上，关于中国政治、经济等方面的新闻还是很受欢迎的。

习近平总书记上任以来，多次在重要会议上强调要讲好中国故事，传播好中国声音，阐释好中国特色，可以看出习总书记对于中国海外形象塑造十分重视。习总书记对于中国国内媒体的外宣提出了一定的要求，但是海外华文媒体在海外的影响力是国内媒体难以企及的。如果海外华文媒体在内容和情感上对于中国有一定的倾向性，那么对于中国在国际话语体系中的地位变动将会有着直接明显的影响作用。

该部分主要选取了2016年度中国政治、经济以及党政建设方面的热点词汇进行分析。

（一）政治

习总书记在新形势下提出了政治建设的一系列新思想、新理念和新表述，

“中国梦”“苍蝇老虎一起打”“打铁还需自身硬”“三严三实”“不忘初心，继续前进”等关键词被提到的次数尤为频繁，这些政治话语彰显了鲜明的中国特色、中国风格，这些词汇在海外也得到了广泛传播。

据统计，2016 年海外华文媒体涉及中国政治的话语关键词的新闻报道共有 4 889 篇。其中以“中国梦”“中国人”为关键词的新闻报道居多（见图 1）。

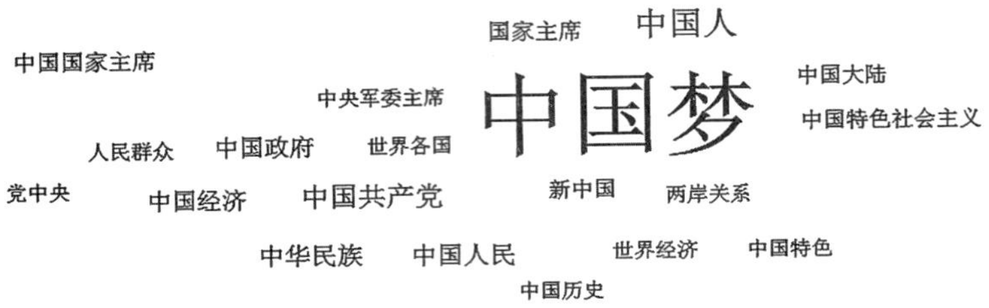

图 1　海外华文媒体中国政治话语呈现频率

在报道中，涉及“中国梦”这个关键词的新闻报道最多，据数字统计共有 2 141 篇；涉及“中国人”的新闻报道有 450 篇；涉及“中国共产党”的新闻报道共有 276 篇；涉及“中华民族”的新闻报道有 213 篇；涉及“中国人民”的新闻报道有 204 篇；涉及“中国政府”的新闻报道共有 187 篇；涉及“中国经济”的新闻报道有 183 篇；涉及“中国国家主席”的新闻报道有 147 篇；涉及“国家主席”的新闻报道有 136 篇；涉及“中国特色社会主义”的新闻报道有 126 篇；涉及“新中国”的新闻报道有 104 篇；涉及“中国大陆”的新闻报道有 103 篇；涉及“中央军委主席”的新闻报道有 90 篇；涉及“人民群众”的新闻报道有 87 篇；涉及“世界经济”的新闻报道有 83 篇；涉及“党中央”的新闻报道有 78 篇；涉及“中国历史”的新闻报道有 74 篇；涉及“两岸关系”的新闻报道有 71 篇；涉及“世界各国”的新闻报道有 68 篇；涉及“中国特色”的新闻报道有 68 篇。

“中国梦”这个关键词是习近平总书记上任以来多次在重要场合提到的一个政治话语，是中华民族伟大复兴之梦。我们对涉及“中国梦”这个关键词的新闻报道进行了着重分析，图 2 是“中国梦”这个政治话语关键词在海外华文媒体新闻报道中出现的频率：

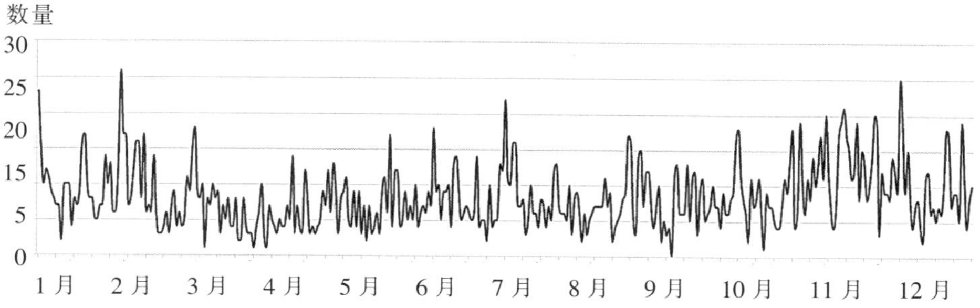

图2 海外华文媒体对“中国梦”的报道频率

在图2中，我们可以看到几个峰值出现在2月、7月、11月和12月，这几个报道峰值集中在习近平总书记出访友国或者参加一些国际重大会议的时间。也就是说，习总书记提到“中国梦”的场合集中在这几个月份，也说明了重大国际会议和外交事件是海外华文媒体获取关于中国的信息的重要信息源。

我们在对涉及“中国梦”这个关键词的海外华文媒体报道进行分析的时候，选取了2 051篇新闻报道。图3、图4分别是我们选取的主要分析对象以及主要地区分布：

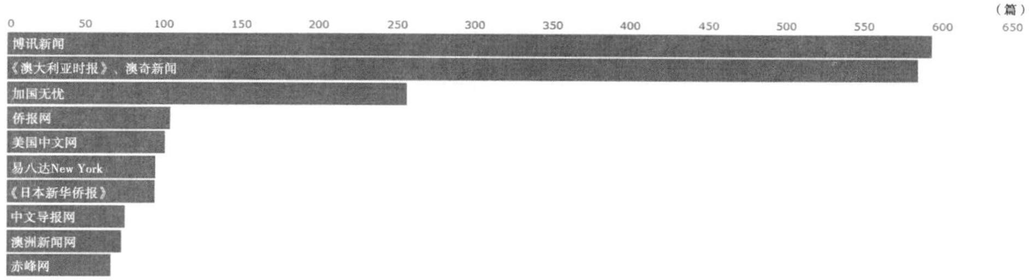

图3 海外华文媒体报道“中国梦”信息来源

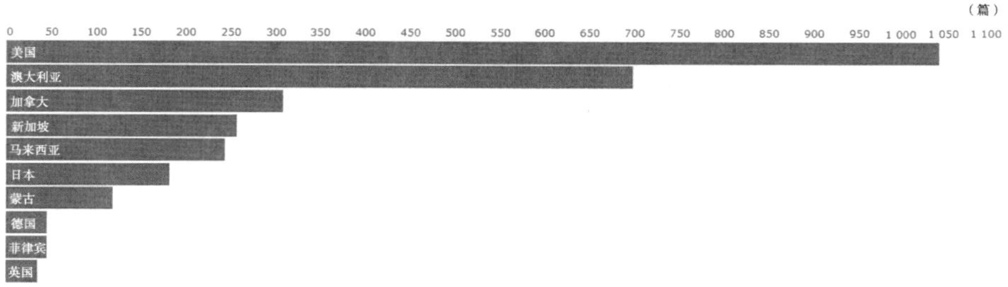

图4 报道“中国梦”的海外华文媒体地区分布

经过我们的数据分析，在这 2 051 篇涉及“中国梦”的新闻报道中，博讯新闻报道了 594 篇；《澳大利亚时报》和澳奇新闻共报道了 585 篇；澳洲新闻网报道了 74 篇；中文导报网报道了 76 篇；加国无忧报道了 257 篇；侨报网报道了 105 篇；《日本新华侨报》报道了 95 篇；易八达 New York 报道了 96 篇；美国中文网报道了 102 篇；赤峰网报道了 67 篇。海外华文媒体的传播方式以纸媒和网站传播为主。

该部分的海外华文媒体主要分布在美国和澳大利亚，加拿大、新加坡、马来西亚、日本和蒙古次之，其他分布于德国、菲律宾和英国。华人分布区域、海外华文媒体所具有的影响力、国家之间的邦交情况等因素对于涉及彼此国家的新闻报道的数量都会有直接的影响。

此外，在以“中国梦”为关键词的新闻报道中，我们对海外华文媒体对于该政治话语的情感态度进行了分析（见图 5）。在这些新闻报道中，以中立态度呈现的新闻报道居多，以正面态度呈现的新闻报道的数量次之，以负面态度呈现的新闻报道虽然所占比例最少，对于中国良好形象在海外构建却起到很为不利的作用。

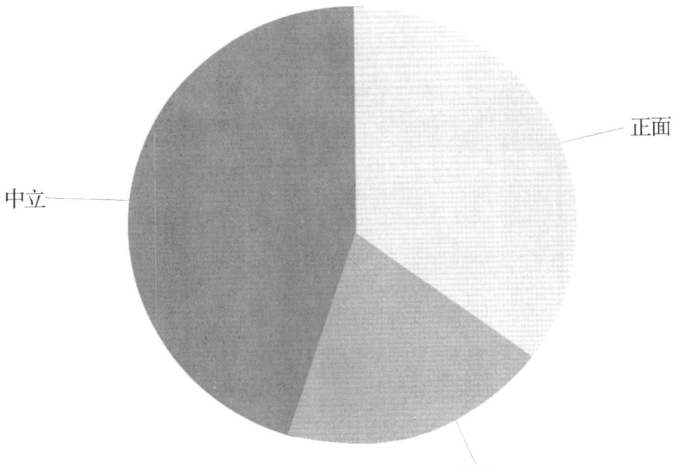

图 5　海外华文媒体对中国政治话语的态度

受众接收到的信息经过媒体的把关编辑和选择性呈现，在某种程度上会带着该媒体机构的情感色彩，我们一直在强调新闻要客观真实，但是在实际情况下，主观色彩仍然无法避免。带着媒体主观色彩的新闻报道传递到受众那里，很可能会影响受众的认知和态度，海外华文媒体的负面报道对于增强中国的传播影响力会起到加负分的作用。所以对于选择负面呈现中国面貌的海外华文媒体我们要给予足够的重视，要加强沟通，争取做到以他山之石，可以攻玉。

（二）经济

中国的经济近些年取得了飞速发展，李克强总理在近两年的政府报告中一直在强调经济要转向中高速发展，保持稳定，要让改革红利惠及更多人。自从习总书记提出“一带一路”发展倡议后，越来越多的国家希望能够参与其中，海外的华人也在时刻关注着祖国的发展。海外华文媒体对中国经济发展的新闻报道也给予了足够的关注。

据统计，2016 年海外华文媒体涉及中国经济的话语关键词的新闻报道共有 2 344 篇。其中尤以“中国经济”“供给侧改革”为关键词的新闻报道居多（见图 6）。

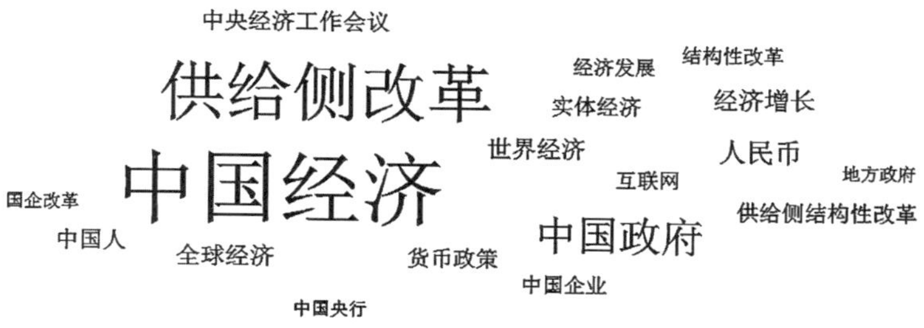

图 6　海外华文媒体中国经济话语呈现频率

在这些报道中，涉及“中国经济”这个关键词的新闻报道最多，据数字统计共有 457 篇；涉及“供给侧改革”这个关键词的新闻报道共有 363 篇；和“中国政府”这个关键词相关的新闻报道共有 204 篇；涉及“人民币”这个关键词的新闻报道共有 116 篇；与“经济增长”这个关键词相关的新闻报道共有 98 篇；与“世界经济”这个关键词相关的新闻报道共有 95 篇；与“全球经济”相关的新闻报道共有 93 篇；涉及“中国人”这个关键词的新闻报道共有 90 篇；与“中央经济工作会议”相关的新闻报道共有 89 篇；涉及“货币政策”这个关键词的新闻报道共有 82 篇；与“实体经济”这个关键词相关的新闻报道共有 80 篇；涉及“供给侧结构性改革”的新闻报道共有 79 篇；与“互联网”相关的新闻报道共有 75 篇；涉及“中国企业”这个关键词的新闻报道共有72篇；与“经济发展”这个关键词相关的新闻报道共有70篇；涉及“结构性改革”这个关键词的新闻报道共有65篇；与“地方政府”这个关键词相关的新闻报道共有57篇；涉及“国企改革”这个关键词相关的新闻报道共有56篇；涉及“中国央行”这个关键词的新闻报道共有51篇。

我们在其中选取了1 086篇新闻报道作为对象进行分析，角度侧重于其来源以及分布地区，见图7、图8：

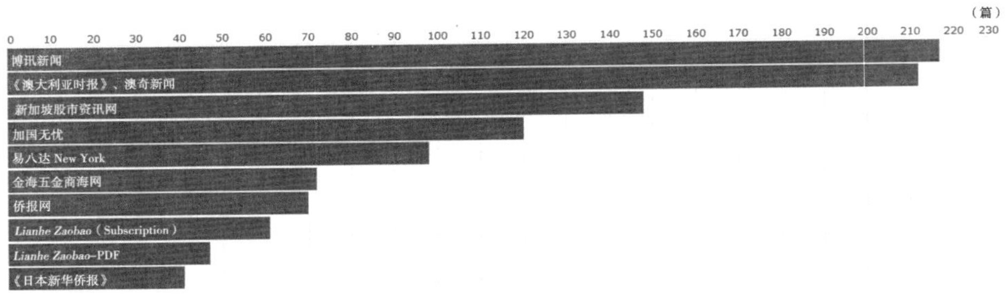

图7　海外华文媒体报道中国经济信息来源

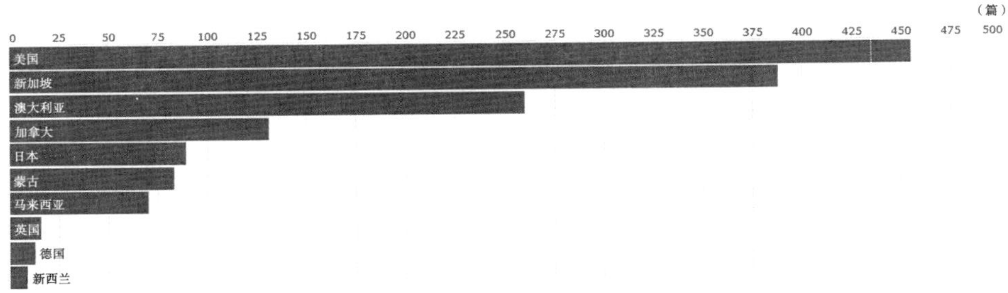

图8　报道中国经济的海外华文媒体地区分布

经统计，与中国的经济关键词相关的新闻报道 *Lianhe Zaobao*—PDF共有47篇；*Lianhe Zaobao*（Subscription）共有61篇；《澳大利亚时报》、澳奇新闻共有212篇；加国无忧共有120篇；博讯新闻共有217篇；新加坡股市资讯网有148篇；侨报网有70篇；《日本新华侨报》有41篇；易八达 New York 共有98篇；金海五金商海网共有72篇。

我们不难发现，关于中国经济发展的新闻报道以美国、新加坡、澳大利亚三个国家的海外华文媒体为报道主体，其次为加拿大、日本、蒙古和马来西亚，最后是英国、德国和新西兰。

我们对“供给侧改革”这个关键词进行了着重分析，图9显示了该词在海外华文媒体的曝光率：

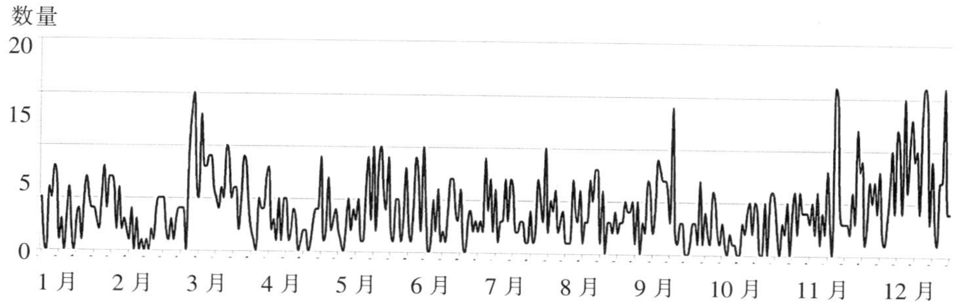

图9　海外华文媒体对供给侧改革的报道频率

第一个报道峰值出现在2016年3月两会召开期间；第二个峰值出现在9月G20峰会召开期间，“供给侧改革”一词首次写进峰会成果文件，成为全球经济治理的行动指南；年底经济工作会议召开时也出现了峰值。这几次重大会议关于“供给侧改革”的内容得到了海外华文媒体的充分关注。

我们对海外华文媒体与该关键词相关的新闻报道的情感立场进行了分析，分析结果如图10所示：

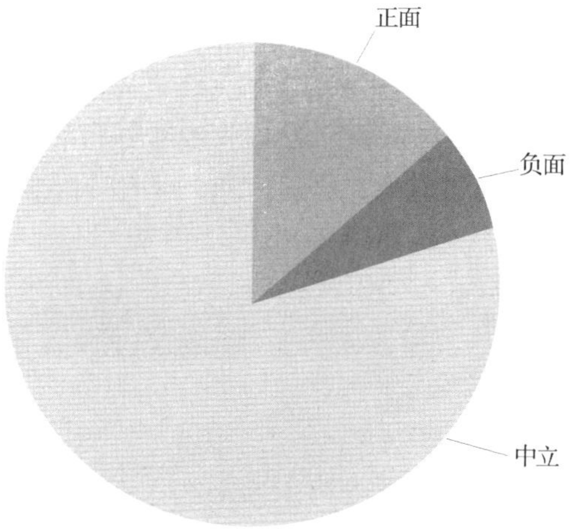

图10　海外华文媒体对“供给侧改革”的态度

由此可知，海外华文媒体大多数以中立立场对“供给侧改革”相关的新闻信息进行报道。

（三）党政建设

习近平总书记上任以来，加大了反腐力度，一直在提倡“苍蝇老虎一起打”，加强廉政党员队伍建设。中国共产党是中国的执政党，是中国的领导核心，共产党队伍的建设直接关系到中国的繁荣、安康与稳定，中国的这一重大改革举动受到了海外华文媒体的持续关注。

据统计，2016 年海外华文媒体涉及中国反腐的话语关键词的新闻报道共有 5 095 篇。

在这些报道中，涉及“中纪委”这个关键词的新闻报道共有 359 篇；与“六中全会”相关的新闻报道有 323 篇；涉及“中国国家主席”这个关键词的新闻报道共有 311 篇；与“中国人”这个关键词相关的新闻报道有 305 篇；涉及“中共高层”这个关键词的新闻报道有 262 篇；与“中国政府”这个关键词相关的新闻报道有 254 篇；与“副书记”这个关键词相关的新闻报道有 248 篇；涉及“中国共产党”这个关键词的新闻报道有 239 篇；与“中国经济”这个关键词相关的新闻报道有 216 篇；涉及“政治纪律”这个关键词的新闻报道有 181 篇；与“中共体制”相关的新闻报道共有 176 篇；涉及“中国大陆”这个关键词的新闻报道有 174 篇；涉及“领导干部”这个关键词的新闻报道为 167 篇；与“中共党内”这个关键词相关的新闻报道有 167 篇；涉及“政治规矩”这个关键词的新闻报道有 166 篇；与“党中央”这个关键词相关的新闻报道共有 155 篇。

在以上的 5 095 篇与中国反腐话题相关的新闻报道中，我们选取了 4 637 篇新闻报道对其来源和地区分布进行了分析，见图 11、图 12：

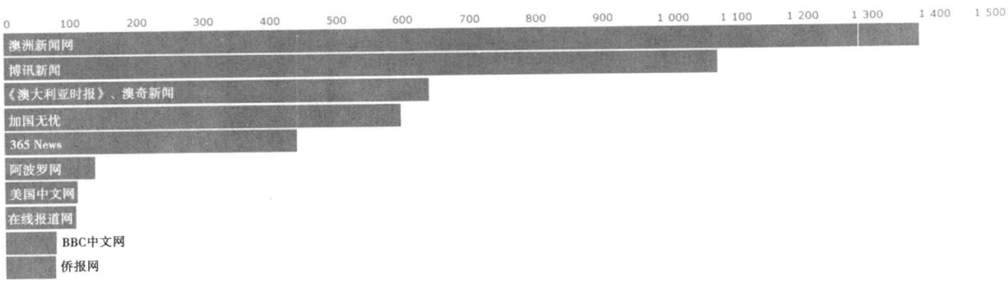

图 11　海外华文媒体报道中国反腐信息来源

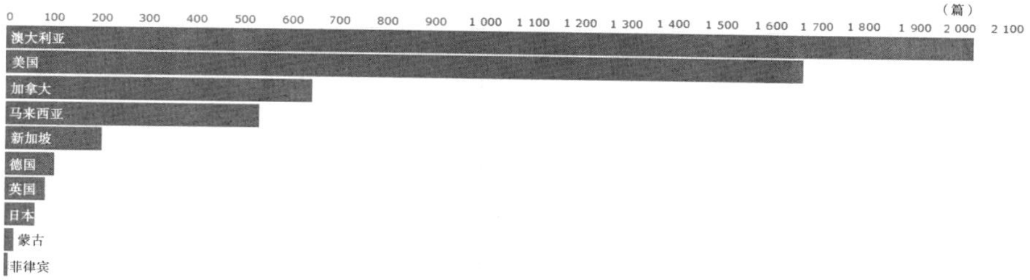

图 12　报道中国反腐海外华文媒体地区分布

据统计，365 News 关于中国反腐政治话语的新闻报道共有 441 篇；BBC 中文网关于中国反腐的新闻报道有 78 篇；《澳大利亚时报》、澳奇新闻关于中国反腐话题的新闻报道共有 640 篇；加国无忧关于中国反腐话题的新闻报道共有 597 篇；博讯新闻关于中国反腐话题的新闻报道有 1 074 篇；在线报道网关于中国反腐政治话语的新闻报道为 107 篇；侨报网关于中国反腐话题的新闻报道有 76 篇；澳洲新闻网关于中国反腐的新闻报道有 1 377 篇；美国中文网涉及中国反腐的新闻报道有 110 篇；阿波罗网关于中国反腐相关的新闻报道共有 137 篇。

有关中国反腐的新闻报道以澳大利亚和美国为最多，其次为加拿大、马来西亚和新加坡，再次为德国、英国、日本，蒙古和菲律宾最少。

此外，我们还对中国反腐 2016 年在海外华文媒体的曝光率进行了统计，并对海外华文媒体对于中国反腐的情感立场进行了分析，见图 13、图 14：

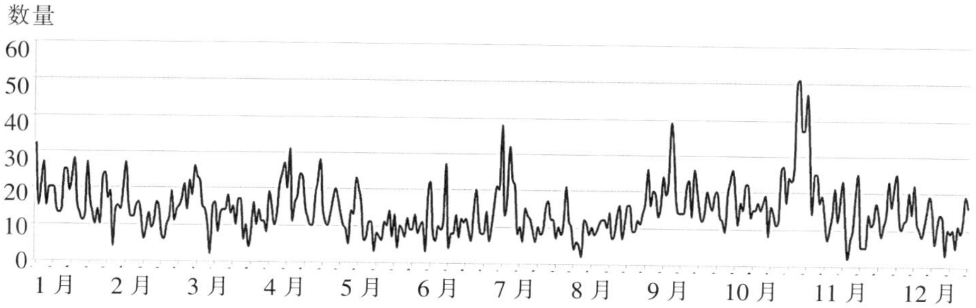

图 13　海外华文媒体对中国反腐的报道频率

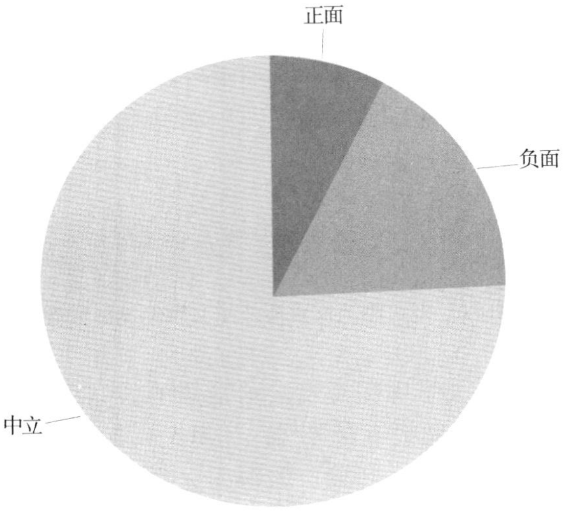

图 14　海外华文媒体对中国反腐的态度

经过分析，海外华文媒体对于中国反腐的新闻报道以中立态度居多，以负面态度看待中国反腐的新闻报道所占比例不容忽视，以正面态度看待中国反腐的新闻报道的比例最小。

四、海外华文媒体在传播中国政治话语时存在的问题

（一）政治话语表述的准确性

通过对政治、经济、党政建设三部分的海外华文媒体的新闻报道进行文本分析，不难发现，对于中国政治、经济和党政建设最为关注的海外华文媒体大多主体一致，分布区域也相对较为明确，以美国、加拿大、澳大利亚、新加坡、马来西亚、蒙古、日本较为突出，报道途径以纸媒和网站为主。通过分析可知，国家直接的邦交关系态势、华人的分布区域、海外华文媒体的实力等因素都直接影响对于中国的报道态度和内容的选择。

在报道中国的政治、经济和反腐情况时，海外华文媒体整体上以中立态度居多。三者相比，政治部分的负面消息报道最为突出，有关经济部分的负面消息最少。由此可知，海外华文媒体对于中国的经济发展是给予了充分的肯定的。

但是在涉及政治和党政建设改革这一部分时，海外华文媒体的态度明显是较负面。究其原因，除了中国特有的政治体制和海外的政治体制不同外，

还因为海外华文媒体在进行建构时面临意识形态的差异或者是文化障碍，有意或者无意进行选择性建构。

海外华文媒体在解读中国政治话语时的不准确对于中国的海外传播会起到加负分的作用，不利于海外华人对于中国真正状况的认识，某种意义上会设置一种交流障碍，阻碍海外华人与中国的联系，对于中国政治形象的建构也会起到不好的作用。

（二）政治话语传播对象的针对性

海外华文媒体的传播对象主要为海外的华人，也有知晓中国部分文化的外国人，传播对象的复杂性以及传播语境的复杂性决定了海外华文媒体在进行内容的选择和传播时，需要考虑多种因素。中国的政治话语传播在向海外进行传递时，实际上是以中国想要表达的诉求为主，使得海外华文媒体在内容选择时不可避免地受到中国政治话语框架的限制，来源的框架限制实际上对传播对象也有了一定的限制。海外华文媒体在进行内容选择时，要明确自己的受众定位，进行有针对性的内容选择和话语传播。传播的泛化很有可能导致受众群体的不稳定，精准化的传播才有可能赢得固定的受众群体，这对于加强传播效果具有重要的意义。海外华文媒体要根据实际的传播内容制定灵活的传播策略，进行有效的传播。

中国在反腐的过程中，会对固化的利益进行大的触碰；在经济发展过程中，环境的破坏有些是要付出的代价，这些在每个国家的发展阶段，都是不可避免的。海外华文媒体对于中国在这个过程中的一些改革，应多些理解，在态度的选择上，应考虑到海外华人的信息需求侧重点，以及情感上的诉求，进行适当调整改变。

（三）政治话语传播的策略性

在传播方式上，在新媒体技术如此发达的今天，海外华文媒体一定要跟上时代的步伐，对传播方式进行更新，要注重纸媒、手机客户端、PC 端的全面运用。纸媒的厚重感是新媒体技术不可替代的，新媒体的时效性使纸媒难以望其项背，所以海外华文媒体要注重多种传播方式的结合交叉运用。在修辞表达上，海外华文媒体可以对中国历来的政治话语表达进行一定的研究，中国也要兼顾海外华文媒体的实际理解状况进行适当的国际化表达，两者之间有了较好的了解和互动，才会对中国政治话语的国际表达起到好的作用。在内容呈现上，海外华文媒体也要有自己的原创内容，这对于增强海外华文媒体的权威性和认可度具有重要的意义。虽然海外华文媒体要受制于中国政治话语传播的框架限制，但是在程度上是可以进行调整的。

五、对于改善中国政治话语在海外传播现状的建议措施

（一）增强政治话语的传播能力

中国要改善中国政治话语在国际话语传播中的现状，首先，应重视文化等软实力的建设。虽然近些年来，孔子学院在海外广为建设，国家也重视对外形象的塑造，但是想要从根本上改变中国在国际话语格局中的地位，必须要从加强自身的软硬实力入手，以实力说话。美国之所以在国际话语体系中占据着不可撼动的地位，除了英语是全球最受认可的通用语言的原因外，其自身的国家实力起着决定性因素。中国不会走称霸的道路，但是提升自身在国际话语体系中的地位，对于维护自身的切身利益和广大发展中国家的利益都会产生重要的影响。其次，中国要加快融入世界的步伐，要重视参与国际事务并建立自己完善的发言机构和渠道，以保证话语的畅通。要提高主动设置议题的自觉性，积极参与涉及全球性的问题，主动承担应有的责任，这些都会受到国内外的一致认可，例如中国参与气候大会，制定减排任务，为地球的可持续发展献力。最后，中国的叙事手法可以参考国际化叙事手法，在积极主动设置议题的同时注重技巧表达，努力做到既传播了消息，增加了公信力，同时又提高了美誉度和软实力，进而提升在国际话语传播体系中的地位，增强中国国际话语传播影响力，以实现把中国的声音和态度传播出去，塑造良好的国际形象，把负责任大国的形象展现在世界舞台上的目标，进而努力改变既有的不对等、不平衡的国际话语传播体系。

中国的媒体应积极主动地向海外进行一些关于中国的报道，主动设置议题，努力营造一个适合中国健康发展的良好的舆论环境。

麦克卢汉的“地球村”预言早已演化为现实，当今世界各地的政治、经济之间的联系愈来愈密切，没有一个国家可以独善其身，形成一个“孤岛”。在这样的现实环境中，主动出击有时候反而会带来不可预料的好结果。中国正在崛起已成不争的事实，经济的迅速发展得到了全世界的关注，在这样的成就面前，中国没有骄傲地止步不前，相反，中国以一种宽广的胸怀欢迎各个国家来与中国展开合作交流，一起进步，促进世界经济的发展。

习总书记提出的“一带一路”倡议从最初的规划走向实践，从愿景变为行动，进展和成果超出预期，合作伙伴越来越多，各方的诉求也越来越多元，

这就需要一个沟通交流的平台，为大家开展合作提供支撑。在世界经济发展、中国自身发展和“一带一路”建设都处于关键阶段的背景下，中国举办了中华人民共和国成立以来由中国首倡、中国主办的层级最高、规模最大的多边外交活动——“一带一路”国际合作高峰论坛。它是“一带一路”框架下最高规格的国际活动，对外发出了各方合力推动“一带一路”国际合作、携手构建人类命运共同体的积极信号，对世界、对中国都有着十分重要的意义。此次论坛也得到了海内外媒体的一致关注，中国的主动设置议程取得了较好的传播效果。

（二）政治话语表述的国际化表达

由于海外华文媒体自身具有特殊性，它既是让海外华人了解中国的一个窗口，也是海外非华人了解中国的一个窗口，如果这个窗口建好了，中国的外宣将会更加有针对性。鉴于此，建议国家重视与海外华文媒体的有联互通，加强国内媒体与海外华文媒体的有机联系，做到部分信息互通，必要的话可以在经济上给予一定的帮助。如果争取到了海外华文媒体的支持，那么对于中国在当前不平衡、不平等的国际话语体系中地位的改变将会有很大的裨益，对于中国进一步走出去起到很大的助力作用，有助于中国国家形象在海外的良好塑造，同时也会更易于传播好中国声音，讲好中国故事。

由于海外华文媒体处于独特的生存环境中，既要向华人传递信息，又要兼顾部分习惯了西方话语表达方式的“老”华人的信息接收处理习惯，海外华文媒体在进行信息处理的过程中不可避免地要带部分西式色彩。又因为海外华文媒体的大部分信息源来自于国内媒体的信息，受到国内媒体话语表达和修辞的框架限制，这也增加了海外华文媒体解读一些政治话语的难度，影响其处理和传播，进而影响海外华人的接收效果。所以中国政治话语在进行国际传播时应参考一些国际化处理手法，进行适当修辞，以便于增强其在海外的传播效果。

中国要关注海外华人的生存状态。以中国 2011 年的利比亚撤侨事件为例，中国以迅速的反应紧急处置，通过海陆空三种方式帮助中国在利比亚人员撤离，力求确保中国海外人员的生命财产安全，此举获得外媒的关注和高度评价。中国国际问题研究所国际战略研究部主任董漫远接受香港《大公报》采访时表示，利比亚撤侨行动表明了中国维护海外华侨华人性命财产安全的资源、手段更多了，也标志着中国外交与十几亿国人、6 000 万海外华侨华人更近了，维护国人利益、处理海外突发事件进入了新的阶段。此举也获得了新加坡、加拿大、美国、法国等国家海外华文媒体的一致好评。

中国在重视将国内现状向外传播的同时，也应注意国际局势，尤其是和华人利益密切相关的动态，应致力于建立和海外华人的密切联系，使其在情感上有一定的认同和归属，这样中国的国际政治话语传播才有可能达到事半功倍的效果。

（三）制定政治话语的公关策略

新华社国际部主任严文斌认为，政治话语对外传播中要注意去符号化、去概念化。因为语境和文化背景的差异，海外华人在理解国内常用的一些政治话语时，难免会出现一些偏差，而中国又是一个特别讲究用词严谨的国家，在这样的情况下，就可能出现某些共同意义空间的缺失，让海外华人对于中国真正想要传递的信息产生错误解读。因此建议中国在进行国际政治话语的传播时，充分照顾考虑受众的认知背景和信息需求侧重点，在适当的情况下，少一些符号化和概念化的表达，多一些解释性话语的传播，以加强传受双方的沟通理解，从而更有效地进行海外的传播。新华社记者张崇防等也指出，要把国内习惯用的刚性的国内政治话语转变成柔性的学术话语，转化成富有吸引力和感染力的实际做法和生动故事，在叙述一些政治话语时，采纳“故事说”的表达修辞，拉近与传播对象之间的距离，从而强化传播效果。

对于国内一些敏感事件和话题，中国可以适当调整自己的报道政策。2003 年“非典”事件之前，中国对于灾难新闻等负面新闻统一采纳“压”的政策。殊不知，这对于一些居心叵测的国家和报道媒体来讲有了很好的“攻击价值”，于是国际社会中就会出现一些刻意抹黑中国形象的负面新闻报道。中国的实力在不断地增强，要有足够的自信来设置议题，有时主动披露比被动设置议题效果要好得多。以 2008 年的汶川地震为例，这属于一起重大的自然灾害，当年正是中国首次举办奥运会的时间，中国选择了主动向国际社会传递信息，引起了国际上的广泛关注，国际社会对中国灾民给予了重要的援助，国际媒体也对中国政府高效的处置方式、情系灾区人民的救援进行了生动的报道，对中国形象的良好传播起到了很好的外力助推作用。只有内外进行良好的互动，才有可能达到更好的传播效果。

六、结论

全球化趋势使得各个国家之间的联系日益密切。各个国家之间的交流频次和规模都在急速上升，但是当前国际话语的基本叙事结构仍然是以西方为中心，国际话语体系处于不平衡、不平等、不公平的格局，这对于广大发展中国家自身利益的维护和诉求声音的传播极为不利。但是这个体系不是处于静止的状态，而是时刻在进行着变化。中国媒体要响应习总书记的“讲好中国故事，传播好中国声音”的号召，抓住历史机遇，创新政治话语表达方式，重视海外华文媒体对于中国政治话语传播的作用，和海外华文媒体形成良性的互动传播机制，以达到中国政治话语在海外传播的事半功倍的效果。

【参考文献】

1. 程曼丽：《海外华文传媒研究》，北京：新华出版社 2001 年版。
2. 程曼丽：《关于海外华文传媒的战略性思考》，《国际新闻界》2011 年第 3 期。
3. 彭伟步：《当前海外华文传媒发展动态浅析》，《东南亚研究》2014 年第 2 期。
4. 万丽萍：《关于中国政治话语传播的几点思考》，见《中国传媒大学第五届全国新闻学与传播学博士生学术研讨会论文集》，2011 年。
5. 郭品：《软实力视域下的中国国际话语权提升对策研究》，宁波大学硕士学位论文，2012 年。
6. 周敏、蔡国萱：《美国华文媒体的发展及其对华人社区的影响》，《社会学研究》2002 年第 5 期。
7. 吴贤军：《中国和平发展背景下的国际话语权构建研究》，福建师范大学博士学位论文，2015 年。
8. 王准：《〈光明日报〉“中国梦”报道研究》，湖南师范大学硕士学位论文，2016 年。
9. 郭敬满：《〈华盛顿邮报〉关于中国反腐报道的批评性话语分析》，东北财经大学硕士学位论文，2015 年。
10. 陈曦：《〈人民日报·海外版〉时政新闻中的国家政治形象》，中央民族大学硕士学位论文，2010 年。
11. 王贵斌、陈敏直：《文化规范与新闻框架》，《新闻与传播研究》2005 年第 3 期。
12. 王思齐：《国家软实力的模式建构：从传播视角进行的战略思考》，杭州：浙江大学出版社 2013 年版。
13. 姜加林、于运全：《构建现代国际传播体系：“全国第一届对外传播理论研讨会”论文选》，北京：外文出版社 2011 年版。
14. 吴立斌：《中国媒体的国际传播及影响力研究》，中共中央党校博士学位论文，2011 年。
15. 胡雪霞：《提升中国政治发展道路国际话语权的思考》，《读书文摘》2016 年第 6 期。
16. 梵·迪克著，曾庆香译：《作为话语的新闻》，北京：华夏出版社 2003 年版。
17. 陈亦琳、李艳玲：《构建融通中外的新概念、新范畴、新表述——中国政治话语传播研讨会综述》，《红旗文稿》2014 年第 1 期。

18. 李诚付：《〈人民日报〉（海外版）“中国梦”报道话语分析》，西南大学硕士学位论文，2016 年。

19. 丁和根：《梵·迪克新闻话语结构理论述评》，《新闻与传播研究》2003 年第 6 期。

20. 彭枭婷：《海外华文传媒与提升中国国际话语权——以美国华文传媒为例》，《新闻前哨》2014 年第 4 期。

日本华文媒体如何构建中国国家形象
——以《日本新华侨报》为研究案例

汪姝含

【摘　要】受“西强东弱”传统传播格局掣肘，我国国际话语影响力有限；国外媒体对中国的歪曲解读，塑造着不友好的中国国家形象，海外华文媒体在抢占话语权、塑造中国国家形象方面发挥着不可或缺的作用。海外华文媒体从现实的传播环境出发，充分发挥其华文传播的优势，与国内媒体“合塑”真实的中国国家形象，是其传承发展的必然选择。

【关键词】海外华文媒体；中国国家形象；传播环境

一个国家在国际社会的影响力与其国际话语权的大小有着密切联系，而话语权则很大程度上来源于媒体的传播能力。长期以来，西方的跨国媒体和文化产品制作公司不仅垄断了全球传媒文化市场，而且主宰了全球传媒文化体系（Schiller，1989）。[①] 近年来在党中央新的舆论观的指导下，我国在国际话语争夺战中取得了令人瞩目的成就，但在海外的影响力还明显偏弱，仍然受到“西强东弱”传统传播格局的掣肘，造成我国话语影响力有限，加之西方媒体对中国的误读，使得外界对中国的崛起存在偏见，中国国家形象偏离实际情形，阻碍了中国与世界的交流和沟通。在此情形下，研究中国的话语权问题，研究海外华文媒体如何更好地在世界舞台上塑造良好的中国国家形象，提升中华文化吸引力，扩大中国国际影响力，就显得尤为重要了。

海外华文媒体有着本土传媒所不具有的独特优势，它们熟悉当地环境、了解受众心理，谙熟所在国国情社情民情，这为华文媒体在海外实现“接地气”的中国新闻报道提供了基础。事实表明，与中国本土媒体的声音相比，海外华文媒体的声音对于消弭西方社会对中国大陆社会及政府的误解、粉碎

---

① 单波、石义彬：《跨文化传播新论》，武汉：武汉大学出版社2005年版，第163页。

某些“阴谋论”更具有“四两拨千斤”的作用，这也是“巧实力”的体现。[①]本文将以日本华文媒体《日本新华侨报》为案例，研究其在争取日本社会中的话语权、塑造真实的华人形象和中国形象、促进中日友好关系上发挥的作用。

一、日本媒体中的中国国家形象

国家形象是国际社会对一个国家的总体评价，是“一个主权国家和民族在世界舞台上展示的形状相貌及国际环境中的舆论反映”[②]。根据这一观点，日本民众心目中的中国国家形象，应由对中国政治、经济、社会、外交、军事等各方面情况的基本认知和对中国国家领导人、中国民众的整体印象构成，日本媒体、中国媒体及世界其他国家的媒体对构建日本民众心目中的中国国家形象发挥着重要作用。[③] 据调查，日本民众了解中国文化最主要的渠道是日本的大众传媒，包括互联网、电视和报纸，比例超过94%。

1. 日本民众心目中的中国国家形象

中国与日本是一衣带水的邻邦，但两国关系的发展实况却不尽如人意。作为世界第二、第三大经济体，且都在亚太地区乃至世界具有重要影响，两国关系自1972年邦交正常化至今几经波折，其间两国虽然在经济领域交往密切，但政治互信经常受到考验。2018年是中日邦交正常化46周年。2014年11月中日两国领导人会面，使中日关系从日方挑起的剑拔弩张状态转向缓和，开启了中日关系趋缓的进程。然而，三年多过去了，中日关系缓和的“质量”严重下降，预想的“走暖”变成了“走冷”。[④]

如今，中国的经济总量已经超越日本排名世界第二，虽然中国影响世界的能力在总体上增强了，但在一波又一波“中国威胁论”的影响下，中国的国家整体形象在日本民众中并不容乐观——“这两年多来，安倍政府出于其根深蒂固的右翼政治理念和政治基因，鼓吹‘中国威胁论’和所谓‘价值观外交’，紧跟美国牵制中国”[⑤]。2015年这种情况出现了转机，当年，中国与日本联合开展的“中日关系舆论调查”结果显示，两国受访者认为中日关系

① 苏劲松：《海外华文媒体在“大外宣”中的作用》，《中国记者》2014年第3期，第122页。

② 刘继南等：《国际传播与国家形象》，北京：北京广播学院出版社2002年版，第263页。

③ 刘琛等：《镜像中的中国国家形象》，北京：中国人民大学出版社2015年版，第110页。

④ 冯昭奎：《中日关系“走冷”如何才能“缓和”》，载于中国社会科学研究院日本研究所官方网站。

⑤ 冯昭奎：《中日关系“走冷”如何才能“缓和”》，载于中国社会科学研究院日本研究所官方网站。

“重要”的比例有所上升。这是五年来中国受访者对中日关系重要性认可度的首次回升。两国受访者对对方国家印象有所改善。日本受访者对中国“印象不好”的比例较2014年的93%略有改善，比例为88.8%。上述调查结果为我们进一步研究日本华文媒体在构建中国国家形象上的角色提供了线索。

2. 日本主流媒体视角中的中国国家形象

中国国家形象研究者曾通过对NHK、《读卖新闻》和《朝日新闻》三家媒体涉华报道进行分析，将日本主流媒体视角下的中国国家形象大致归纳为以下几点：政治上缺乏民主；经济发展不均衡不健全；外交及军事上有扩张企图，给国际社会带来威胁；社会冲突、民族矛盾不断；文化历史悠久但道德水准总体不高。上述情况反映了日本对中国“政治上贬斥，经济上倚重，外交上竞争，军事上防范，社会文化层面上既熟悉又陌生，既有发达国家的优越感又有对中华文明‘历史的情感’的复杂态度”①。

可见，虽然两国只是一水之隔，但因为历史、战争、现实等各种因素的干扰，日本民众对中国国家和民众的印象皆欠佳，加之右翼势力和右翼媒体的恶意引导，中国国家形象多遭诋毁，日本媒体建构出的中国是一个与“威胁”“不安全”“不友好”画等号的国家。此时，除了国内强势媒体的努力之外，在日华文媒体自然而然成了中国在日本的一个舆论重地，在塑造中国国家形象中发挥着不可替代的作用。

3. 日本华文媒体对中国国家形象的建构的重要作用

据相关文献研究可知，在日本，华文媒体已有一百多年历史，在20世纪初第一次留学日本热潮中，留学生们就在日本掀起了兴办华文报刊的热潮。20世纪80年代以来新一轮日本留学生继承和发扬了兴办华文报刊的传统，并搭乘互联网之风，发行报刊、电子媒介、电子刊物。随着日本华人社会的发展及华文媒体自身的努力，华文媒体在传播中华文化、促进中日友好交往、推动民众之间相互理解等方面发挥着不可或缺的作用，其中涌现出了一批具有代表性的华文媒体。

从2015年由中国与日本联合开展的“中日关系舆论调查”的结果可知，日本民众了解中国的主要途径是包括报纸、杂志、互联网在内的大众传媒，在日华文媒体顺应这一趋势，努力扩大影响力。华文报纸及其网站电子版的主要读者已经从最初的留日中国学生扩展到中国公派常驻日本者、日本企业职员、日籍汉语学习者、中国职员配偶家人等，日本民众也有不少是华文报纸的读者。《日本新华侨报》就是极具代表性的例子。

---

① 刘琛等：《镜像中的中国国家形象》，北京：中国人民大学出版社2015年版，第124页。

二、《日本新华侨报》对中国国家形象的建构路径

《日本新华侨报》创办于世纪交汇的1999年3月，遵循“以全方位报道在日华侨华人为基点，以多侧面解析中日关系为重心，引导华人进入日本主流社会，让日本主流社会听到华人的声音”的编辑方针，形成了一批颇具影响力的品牌栏目和专版，代表着在日华人向日本社会发出了自己的声音。2002年，“日本新华侨报网”正式诞生。其内容时常被来自中国大陆和港澳台地区以及东南亚诸国、美国、加拿大、澳大利亚等的异域华文媒体转载，成为被国内门户网站转载率最高的海外华文媒体，形成了其在众多日本华文媒体中的核心竞争力，影响日益扩大。2011年9月，《人民日报·海外版》与《日本新华侨报》合作发行了《人民日报·海外版·日本月刊》（日语版），2013年8月，《人民日报·海外版·日本专刊》（中文版）在东京出版，与《日本新华侨报》同步面向日本各地读者发行。

目前，可供中国大陆网民阅览的中文电子版《日本新华侨报》为半月刊，每月10日和25日发行。每份共20个版面。各版面内容安排相对固定，一般包括“头版”“侨报论坛”“华侨华人新闻”“日本新闻”“高端访谈”“使领馆新闻”“中国新闻社专稿版”“总编辑畅销书连载版”“樱花副刊”“艺术专版”和“广告专版”。内容为该报社采编人员等所写新闻消息、评论、专稿、特稿以及转载“中国新闻社”新闻稿。其中“日本新闻”版以日本本土新闻为主要内容，少有与中国相关的报道，因此不作为本文研究对象；“广告专版”不涉及新闻，也不作为本文研究对象。本文抽取《日本新华侨报》2016年7月至2017年2月的15份电子版为研究对象，尝试对在日华文媒体如何建构中国国家形象进行解读。

1. 头版注重引导两国民众互相理解

统计《日本新华侨报》2016年7月至2017年2月的15份电子版可以发现，该报每期头版一般包括一到两则新闻，15期共计21则，其中除去两篇“侨报视点”评论文章，涉及政治和经济话题的分别有两则，涉及文化话题的有4则，其余11则皆为社会新闻，话题从日本侨团所获荣誉到华侨华人获得“社会文化功劳奖”，从游客爆买到日本民众对房地产热的反感，从对日本年青一代“宅”现象的讨论到留学生在日安全问题小贴士，涵盖日本社会生活的方方面面。

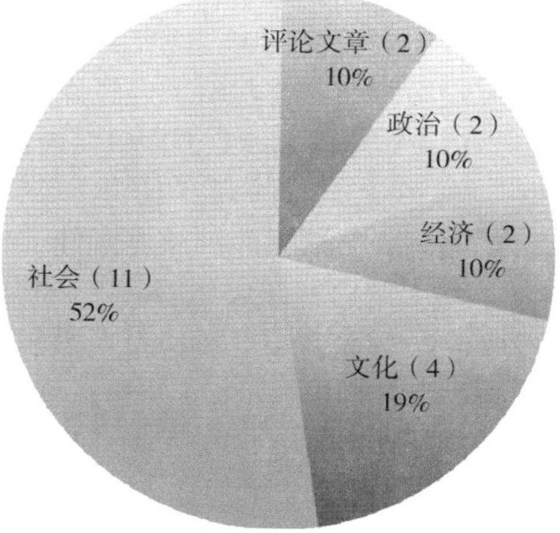

报道主题分布图

（1）搭建友好交流桥梁，促进相互交流。

华文媒体是外国媒体与受众获取中国信息的一个重要信息源，其最大的作用在于搭建信息沟通桥梁。《日本新华侨报》头版的报道文章，从宏观层面介绍中国情况，介绍政府之间、侨团组织之间以及文化界的交流合作，表达了对中日友好关系的重视及期待中日和平互动的总体愿景，从情感上消弭了隔阂。这些内容的呈现，无形之中建构了中国正面友好的国家形象，在加深两国民间社会交流、帮助引导民众日常相处方面起到重大的作用。

如《日本“社会文化功劳奖”首颁华侨华人》报道：日本文化振兴会向11位活跃在日本社会各个领域的在日华侨华人颁发“社会文化功劳奖”，该会会长八山元在接受《日本新华侨报》采访时表示：“文化不仅可以超越国界，还有利于促进不同国家之间、不同国民之间的相互理解和交流。旅日华侨华人艰辛打拼多年，在日本社会各界崭露头角，这次获奖就是日本社会的一种认可。”① 又如《日本观众推崇汉字是中日交流之基　旅日新华侨推出“汉字三千年”》利用中日长期的历史共情，主动宣扬中国文化，报道提到：“一位日本学者在接受《日本新华侨报》的采访时表示：‘汉字圈’‘儒教圈’‘佛教圈’，是中日文化交流的‘基本圈’。来源于中国的汉字，奠定了日本文化的基本内涵……正因为这样，日本人对汉字有着一般国家和国民所没有

① 倪亚敏：《日本“社会文化功劳奖”首颁华侨华人》，《日本新华侨报》，2016年11月10日。

的特殊情感。”[①] 这些报道展现了当代华侨华人在日本社会不仅自身积极适应日本社会民俗，获得日本社会和民众认可，还发挥自身能量，为日本社会作出贡献、强化民间的相互交流理解。这些努力经过媒体的展示和传播，无疑会在潜移默化中改变日本民众对中国人的负面印象而强化其正面情感因素。

（2）解读敏感事件，揭穿损害中日关系的阴谋。

头版中有直指时弊的报道，对两国间的热点事件进行解读，积极为中国及中国民众发声，揭穿不利于两国友好交往的阴谋，避免误解和曲解，缓和两国人民间因不同社会体制、道德规范、风俗习惯引发的摩擦，以保障交流沟通的顺畅有序，助推两国关系在正确路径上前行。

如《怒斥南海仲裁“废纸不如”——李肇星在东京接受华媒采访》中直接引用中国外交部原部长、中国公共外交协会会长李肇星先生的说法：“我看到一些国家的政要和法官口口声声谈联合国的法律，我敢说他们都没有读过《联合国宪章》。这里的精神很明确，不能干涉任何一个成员国的内政。他们不仅干涉了内政，还侵犯了我们中国——一个联合国创始成员国、一个联合国安理会常任理事国的主权和领土的完整，这是绝对不能接受的。”[②] 直接明了地表明了其维护祖国正当权益的立场。《日本 APA 酒店公然摆放右翼书籍惹众怒　极右言行将严重影响日本观光业》一文则对日本 APA 酒店的右翼背景进行大起底，曝光了该酒店集团老板元谷外志雄的两个另类头衔：安倍晋三后援会“安晋会”副会长、日本“李登辉友之会”理事。文章写道：“也就是说，它不仅是安倍政权的资深‘迷弟’，还精力充沛地把黑手伸向了台湾。”不仅如此，作者用事实说话，指出“2007 年，APA 集团旗下两家酒店被发现伪造耐震强度，两个建筑的耐震强度最低部分分别只是日本标准的 71% 和 79%”，“丑闻爆出后，集团代表元谷外志雄坚称‘没有参与伪造’。但 APA 集团就此事召开记者会，社长元谷芙美子（元谷外志雄的妻子）在记者面前，脱下帽子流着泪向大家道歉”。短短数语，一个政治倾向明显、道德感缺失的小丑形象便跃然纸上。

近年来，随着两国实力的此消彼长，中日两国的关系扑朔迷离，两国民众间的情感也颇为复杂。相比于 2015 年“中日关系舆论调查”结果显示的日本民众对中日关系的认可和正视，在 2016 年，出现了以南海问题为主的领土争端，日本右翼势力频频搅局，造成了舆论的短暂沸腾，民众也被其影响，

① 蒋丰：《日本观众推崇汉字是中日交流之基　旅日新华侨推出“汉字三千年”》，《日本新华侨报》，2016 年 10 月 25 日。

② 市均成、蒋丰：《怒斥南海仲裁“废纸不如”——李肇星在东京接受华媒采访》，《日本新华侨报》，2016 年 7 月 25 日。

这不可避免地使两国人民的情感蒙上了阴影。这时候只有理智地面对，有理有据地驳斥，才能推动双方尽快走出认知迷雾，使两国关系回归正轨。在这一点上，《日本新华侨报》身体力行，积极深入挖掘事件，及时跟进，配合自己的网站，对日本网络右翼群体进行深度探访，将一群唯恐天下不乱的网络“键盘侠”公之于众，改变了被动状态，抢夺国际话语权，积极主动地成为中国声音的扩音器，避免陷入国际舆论上的被动局面。

2. 言论版注重以理性思考引导两国民众相互理解

《日本新华侨报》的特色之一是“每期主打版面实现‘版版有言论’”，此举是在日华文报纸首创，在成为研究样本的15份报纸中，每份都辟有言论版，用3个整版刊载报社采编人员或中日关系相关研究人员的言论，专版名称为“侨报论坛”。经统计，在15份共45个言论版中，共有160篇言论文章，除去4篇题材内容宽泛外，其余156篇文章的谈论对象主要有四个，分别为“日本”“中国”“中日关系”“国际关系”，其中涉及“日本”的文章有63篇，涉及“中国”的文章有20篇，涉及“中日关系”的文章有47篇，涉及“国际关系”的文章共26篇。这些文章的作者，除了该报的编辑记者，还有中国社会科学院研究员、国内高校国际关系学院教授、中日关系研究员或在日企业人士，可以说都是对日本有着深入了解、研究的专业人士。这些文章不仅从国家交往关系宏观层面，更从日本社会中观层面出发，研究日本这个民族国家的特性，向读者展示日本独有的文化、制度、社会风貌、风俗习惯、民族心理特性。

如《日本警方怎样运用吉祥物》向读者展示了风靡世界的日本“萌文化”和吉祥物文化；《女知事诞生折射日本政治生态》《“国进民退”时代悄然来临》《面对恐怖主义的日本是一脸懵逼》对日本的体制进行了理性的思考；《日本匠人精神从何而来》《日本开学季缘何沦为“自杀季”》《日本老龄社会下子女无奈弑父杀母》则从社会风貌、民族特性等方面，展示了真实而矛盾的日本。这些报道让读者，尤其是让中国读者较为全面地看到了日本社会的各处细微的面貌，了解了日本民众特性的真实内涵。言论版以大量的言论、评论、特写、手记挖掘真实细腻的日本社会，呈现立体、多面的日本形象，在理性的思考中，消除两国之间的误解，将两国关系和民众之间的交流引向深层次、多维度。

3. 访谈版注重表达华侨华人的思考与主张

该报设置的“廿年东瀛风雨路”栏目采访在日华侨华人企业家，讲述华侨华人在异国他乡的创业、守业故事，展示文明智慧、敢于开拓的中国人形象。“高端访谈”和“特别报道”栏目则以人物访谈为主，通过总编与中日两国政经大腕、文化名流的对谈，讲述新闻背后的故事，提供视角独到的见解，被读者誉为“引发深层思考的催化剂”。

改革开放后，华侨华人散居世界各地，凭借勤劳聪慧、坚韧不屈的传统品质，在各个国家立足立身甚至跻身当地社会财富的顶端，这些成果一方面使国际社会看到了中国人的优良品质，另一方面也引发了许多无端的猜忌，国际社会对中国人的道德水平与财富创造积累能力表现出不对称的看法。该报每一期的报道中至少有一位在日中国企业家或文化名人的专访，如《中国式创新与日本长久之道的碰撞——访长城会（GWC）联席CEO郝义》从家电业从业者的视角，发现中日各自所长：“日本的强项是高科技……现在，工业机器人就是高科技，日本不仅能制造机器人，甚至能用机器人来制作机器人。……所以说，日本在技术积累上是很扎实的，基本功做得特别好。中国很善于在商业模式上做创新，今后需要沉下心来修炼硬功夫。”

专访在对人物的特写中，塑造了在日本各个领域获得成功的精英人士，展示了在日华侨华人的工作成果、社会融入状况。为华侨华人正名，展现当代华侨华人与时俱进的整体形象，改变他们被歧视、被冷落的境遇，是离不开大众传媒在争取话语权上的努力的，《日本新华侨报》正是搭建了一个公共平台，改变日本舆论的刻板印象，帮助华侨华人融入主流社会。

4. 华侨华人新闻关注侨团动态，塑造反哺社会的中国人形象

在中国使领馆、各领域华侨华人社团组织的带领扶持下，在日华侨华人融入日本社会的效果明显。他们受到了日本社会和民众的肯定，获得了物质财富和精神嘉奖，同时他们也反哺着日本民族、反哺着自己的祖（籍）国。《日本新华侨报》不仅注重宣传中国人在日本的“所获”，也重视宣传中国人对日本社会的付出，以及中日两国在长期的交往过程中所达成的“互助互利，携手前行”的默契。如《九州地区中国留学生举办义演支持熊本震后重建》报道在中国驻福冈总领馆的大力支持下，九州地区中国留学生在福冈市市民福祉中心举办义演支持熊本震后重建。系列文章塑造了负责任、懂回报的中国人形象，让日本民众看到中国人乐于为日本社会作贡献的一面，使之得以更加立体、全面地认识中国人“真善美”的整体形象，这对于建构中国“负责任的世界大国”形象助力良多。

中国人离开故土、扎根异乡并不意味着忘却自己的祖（籍）国。《日本新华侨报》注重选择此类报道题材，通过《日本安徽“两会”心系家乡水灾展开募捐　善款转交侨办送灾区》《中国“古筝圣手”赴日弘扬中华艺术　精心打造“牡丹与樱花的盛宴”》《“汉字三千年”大型国际文物展首展告捷》等报道反映华侨华人对于祖（籍）国的深厚情感。他们心系祖（籍）国，为

祖（籍）国解忧难，深念祖（籍）国文化，乐意亲身在异国他乡推广中国传统文化。

真实的、有血有肉的华侨华人形象是中国国家形象不可或缺的一部分，它在中国国家形象塑造过程中起着举足轻重的作用，《日本新华侨报》从细节处着眼，敏锐而巧妙地抓住这个角度，从细微处强化了中国国家形象的正面建构。

5. 艺术专版传播中华艺术哲思

《日本新华侨报》专注宣传中国传统科技文化和艺术成果，《中国古代科技何止“四大发明” 中科院发布88项古代重大科技成果》《〈夜航船〉：明代小百科》《中国民间工艺华县皮影：光影间跳动的精灵》，以及“民俗画里的北京记忆”系列、“名家话北京”系列、“名家说民歌”系列、“中国戏曲中的传统美德”系列，从艺术人物、科技成果到文艺历史传承，多角度、全方位地介绍中华传统文化艺术，向读者展示了文明智慧的古国风韵。《在山水意向中建构东方文化的精神风景》《乡土里的追寻——刘建国和他的水墨人物画》《精神内涵与艺术魅力——王洪亮的雕塑艺术》通过中华文人、艺术家的人物塑形，侧面展现了中国人的时代风貌、中国社会的丰富多样，以及中国作为东方古国所一贯秉承的明智、专注、平和与温厚。

《日本新华侨报》作为中华文化坚定的拥趸者和传播者，勾画着中国智慧的高远旷大，向日本乃至国际民众展示着中国的深厚文化底蕴以及重新屹立于世界强国之林的浑厚底气。

6. 小结：《日本新华侨报》是中国国家形象的维护者、华人意见的传达者

任何华文媒体都是用自己的母语进行编辑撰写的，这种写作本身就是对祖（籍）国的形象的展示。对于《日本新华侨报》来说，该报的报道内容更是对中国形象的有力维护。近几年“中国威胁论”始终甚嚣尘上，“钓鱼岛撞船”事件、“南海仲裁”事件、“APA 酒店右翼书籍”事件等一系列事件横亘在中日两国之间，使得两国关系变得扑朔迷离。另外，客观上的民间往来增多，赴日求学、生活、旅游、交流的中国人增多，相互交往过程中产生摩擦和误会，例如中国游客的“爆买”行为、“华人赴日买房”热潮等新出现的两国民间交往现象已经引起不少日本民众的反感甚至不必要的猜忌，进而使中国人在日本民众中的印象分大减。而同样由于历史等因素的困扰，中国民众也对日本社会存在误解，民众间的相互好感度时时走低。《日本新华侨报》从正面报道中国新闻，建构积极友好的中国国家形象，改善两国民众间的相互印象，为民间交流、侨团互动搭建桥梁，春风化雨式地消弭隔阂。

三、从现实传播环境出发，“合塑”中国国家形象建构

世界关注中国，中国需要世界理解。随着国际移民、侨民的增多，华侨华人对国内信息的需求量与日俱增，国际公众对中国的真实面貌存在着相当多的疑惑及相当高涨的探求欲。在此情形下，海外华文媒体一直被视为平衡西方舆论的独特力量，它们往往扎根社区，能“及时发出响亮的声音，与传统国际主流媒体分庭抗礼，以大量翔实、快速的中国报道赢得读者关注”①。华侨华人发出的声音不仅是在弘扬中国的文化，更重要的还在于展示理性、亲善、负责任的中国形象。“海外华文媒体通过一系列维护中国形象的报道活动，改变了不少西方媒体和民众对中国问题的看法，对西方舆论霸权起了一定的抗击和平衡作用。”②

1. 作为中国国家形象维护者的华文媒体与“客观新闻学”理论的悖论

当前，华文报刊海外版的发行、海外华文媒体与国内主流媒体的联合发展“合塑”中国国家形象，使中国在国际舆论场中的环境有了较大改善，以《日本新华侨报》为代表的海外华文媒体开辟的中国新闻板块也坚持客观、公正地报道中国、解读中国，同时选择有形象建构价值的内容进行多体裁创作，以保障中国形象的完整丰满。中国的声音正在越来越多地通过中国自己的媒体传达出去，让海外受众听到未经歪曲误读的中国声音，避免受到西方媒体的干扰。澄清制度与文化误导，消除中国威胁论，减少理解误差，建构积极正面的中国形象，是几乎所有正规华文媒体的追求。

在这种跨国传播背景下，“客观新闻学”的“反映论”遭到前所未有的挑战。“客观新闻学”源于 19 世纪末美国的客观新闻报道思潮，其基本假设就是实在世界是外在于人脑的一个客观、独立、自在自为的存在，新闻的首要任务甚至是唯一任务，就是客观中立，像镜子一样地“反映”“再现”客观现实世界。这种倡导遵循客观、公平、公正、平衡等原则，力求像镜子一样客观反映外在世界的新闻理念，也常被人称为新闻“反映论”。

但实际上，新闻媒体对客体事实的报道，并不能做到像镜子一样真实客观地反映这个客体世界，尤其是在全球化环境之下，跨国和跨文化传播在国家形象塑造和维护方面起着越来越重要的作用，而当前西强东弱局势下的文化霸权现象，使客观主义新闻学所认为的存在“外在纯然的客观世界”的观

---

① 万鑫、陈宗博：《海外华文媒体：传播和平之声——浅谈海外华文媒体消除“中国威胁论”的作用》，《对外大传播》2006 年第 1 期。

② 郭招金：《海外华文媒体在加强国际传播力建设中的作用》，《对外传播》2009 年第 11 期。

点，受到意识形态和权力观的拷问。

福柯的思想中提出的“外在纯然的客观世界”，实则是由社会历史因素、意识形态因素、知识权力因素等共同构建出来的，而非自在自为的、非社会非历史的、中性客观的。而梵·迪克在提到新闻价值时，也十分重视其中包含的政治经济乃至意识形态上的价值观。另外，大卫·米勒在一次实证研究后表示：“决定编辑重视什么的恐怕不仅仅是那种自我决定的‘新闻价值’或版面空间的安排，政治因素也介入其中。”由此可见，即使是理想中为了真实反映“外在纯然的客观世界”而设立的某些职业准则，本身也蕴含着丰富的意识形态和隐性权利。①

传媒符号学研究学者李玮认为，在中国近一百年的研究历史中，中国新闻学研究很多时候是从“政治”与“新闻”两个角度分别来理解新闻传播的。“从‘政治’的角度来理解新闻，其实是将新闻传播囊括进‘政治’系统中，将新闻传播视作维持政治形象、实施政治行为、争夺政治权力等的一种工具、一种手段……其中最直观、最突出的体现，就是长期以来对新闻及新闻媒体的‘党性’的属性强调，对新闻传媒‘党的耳目喉舌’‘舆论引导的重要阵地’的身份的定位，以及对新闻传播给予‘宣传’与‘指导’的功能概括……其本质是对政治价值与政治意义的强调。”②

《日本新华侨报》作为与国内官方媒体《人民日报》合作的海外华文媒体单位，在新闻报道活动中，宏观上不可避免地存在对新闻的一系列“施控”行为，会人为地规定哪些新闻是值得、应该并可以报道的，哪些新闻是不值得、不应该也不能报道的。中观层面上它对不同新闻事实的重要性排序，则通过控制文本的版面位置、文本篇幅大小及运用其他编辑手段来间接体现。因此，华文媒体的媒介议程在影响日本国内受众议程的同时，也影响了人们对中国各个侧面重要性的判断和排序，进而影响受众对中国的态度和看法。

也就是说，海外华文媒体多从正面出发，有选择地报道正面新闻，塑造中国的正面形象。那些被报道出来的新闻报道的全部集合，一定程度上就为人们勾勒了媒体想让受众看到的“中国”的大致轮廓，为人们框定了他们了解和认识中国的范围。

2. 在不对等的国际传播环境中的主动作为

全球化背景之下，跨文化传播在把握国际话语权、塑造国家形象、扩大国际影响力方面，发挥着重要作用。如上所述，西方发达国家的跨国媒体和文化产品制作公司不仅仅垄断了全球传媒文化市场，而且主宰了全球传媒文

---

① 李玮：《新闻符号学》，成都：四川大学出版社 2014 年版。

② 李玮：《新闻符号学》，成都：四川大学出版社 2014 年版。

化体系；而以中国为代表的发展中国家在信息传播的“软实力”竞争中则处于相对弱势，信息鸿沟由此产生，国际传播格局持续失衡。在此背景下，新闻的“反映论”有其力所不能及之处：一方面，所谓的“客观真实”是谁眼中的真实？是否真实、全面？另一方面，对于解决矛盾、冲突和争端，这种所谓的“真实”到底有多大意义？如果我们依旧按照早期的“反映论”来理解并将其作为准则，那么信息鸿沟中的对立二者必然如“马太效应”所述，强者愈强、弱者愈弱，一切信息皆在发达国家的主导下，形成“一元真实”的局面。

实际上，面对海外形象遭到歪曲，中国威胁论、“反华”与“厌华”情绪一波未平一波又起的国际舆论环境，现实的传播环境不仅要求国内媒体“高举旗帜、引领导向”，“团结人民、鼓舞士气”，也对海外华文媒体提出“澄清谬误、明辨是非”的要求。国内外华文媒体需要在两个舆论阵地，共同打好舆论攻坚战，“成风化人、凝心聚力”，利用海外华文媒体的地理和心理优势，提升中国文化的吸引力和“亲和力”，形成“连接中外、沟通世界”的合围之势，这样才能在西方媒体的新闻框架之下另辟蹊径，“各美其美，美人之美，美美与共，天下大同”。

四、结语

塑造国家形象是一项系统工程，面对世界各国不同的舆论环境，华文媒体，尤其是与中国官方媒体建立了合作关系的海外华文媒体，是国内传媒在海外的延伸，在新闻报道活动中从中国的国家利益出发，一直且将继续在消除“中国威胁论”等方面发挥重要作用，是传播活动中塑造中国良好国家形象的重要力量。《日本新华侨报》作为其中一支力量，正与国内官方媒体一同努力，在一个与中国有着密切联系的国度，极力作出能够沟通两国民众交流和理解的报道，积极建构文明负责、睦邻友好的中国国家形象，力图打破西方媒体的垄断格局，消解日本“厌华”媒体的刻意歪曲，真正搭建沟通中外的信息桥梁，让中国国家形象得以真实自然地展现在世界民众眼前。

【参考文献】

1. 刘琛等：《镜像中的中国国家形象》，北京：中国人民大学出版社 2015 年版。
2. 李玮：《新闻符号学》，成都：四川大学出版社 2014 年版。
3. 彭伟步：《海外华文传媒概论》，广州：暨南大学出版社 2007 年版。
4. 段跃中：《现代日本华文传媒概况》，见《首届世界华文传媒论坛论文集》，香港：香港中国新闻出版社 2001 年版。

5. 倪晓光：《日本媒体对中国形象的建构》，《新闻传播》2013 年第 12 期。

6. 彭袅婷：《用海外华文传媒提升中国国际话语权》，《新闻世界》2013 年第 8 期。

7. 鞠玉华、卢小花：《公共外交视野下的日本华文传媒——以日本侨报社为研究案例》，《八桂侨刊》2012 年第 2 期。

8. 卢昊：《日本媒体对中国的偏向性报道分析：特征、集体反映和舆论影响》，《现代传播（中国传媒大学学报）》2012 年第 2 期。

9. 范颖：《日本电视媒体与日本民众对中印象——以 NHK 涉中纪录片为例》，《现代传播（中国传媒大学学报）》2015 年第 1 期。

10. 鞠玉华、于艳彬：《从东京丰岛区看日本华文报刊的发展现状》，《新闻爱好者》2010 年第 3 期。

11. 彭伟步、焦彦晨：《海外华文传媒的文化影响力与中国文化软实力的建设》，《新闻界》2011 年第 5 期。

日本华文传媒在中日关系和历史传承中的角色与作用
——以日本《中文导报》对日本遗孤的报道为例

邱晓桐

【摘　要】海外华文传媒在华侨华人中一直起着传播中华文化的重要作用，并且帮助了华侨华人更好地融入当地生活。由于中日历史上的特殊关系，日本华文传媒有着更特殊的角色与作用。1945 年日本撤退后，许多孤儿、妇女被遗留在中国，成为一个特殊群体——日本遗孤。1972 年中日邦交正常化后，日本遗孤开始踏上寻亲之路。本文将主要以日本《中文导报》对日本遗孤群体的相关报道为例，试图探讨日本华文传媒在中日关系和历史传承中的角色与作用。

【关键词】日本华文传媒；日本遗孤；《中文导报》

一、引言

海外华文传媒一直对海外华侨华人有重要的影响力，华文传媒维系着华侨华人对母国的认知，同时也帮助着他们在居住国的生活融入、族群维系等。由于中日历史上的特殊关系，日本华文传媒在中日交流、中日关系的演变和发展中也承担着特殊的角色。亚太事务专家约瑟夫・奈在其书《美国世纪结束了吗?》中对中日两国未来的关系预测道："在 2006 年，中国成为日本最大的贸易伙伴，但结盟似乎不太可能。因为两国在中国的东海存在着领土争端，而 20 世纪 30 年代的历史创伤从来都没有完全愈合。"（2016：42）领土争端、历史遗留问题等诸多因素经常影响到中日两国之间的交往，日本华文传媒也一直深受中日关系的影响。

1945 年日本战败后，许多战争期间在中国居住的日本孤儿、妇女，或被弃，或被留在了中国，他们形成了一个特殊的群体——日本遗孤遗妇（一般以"日本遗孤"统称这两个群体），日文为"中国残留日本人"，下文统一使用"日本遗孤"来代指这一群体。本文将主要分析日本《中文导报》对日本遗孤群体的相关报道，试图从中探讨日本华文传媒在中日关系和历史传承中的角色与作用。

二、日本遗孤群体

日本遗孤是历史遗留下的一个特殊群体。1905 年日俄战争后，日本政府取得了中国东北旅大地区的租借权和长春到旅顺的铁路及附属地的一切权益，开始在这一地区推行移民政策。1932 年 10 月 5 日，第一批移民团共 492 人从日本神户乘船前往中国东北。此后，日本政府相继通过了《満洲農業移民根本方策に関する件（满洲农业移民根本方针）》《満洲に対する青年移民送出に関する件（满洲青年移民输送相关文件）》《満洲開拓民に関する根本方策に関する件（满洲移民开拓团相关文件）》等。1945 年 8 月 9 日，苏联红军进入中国东北，日本关东军迅速战败，撤退过程中许多老弱妇孺流落在中国。

このような状況の中で、生活手段を失い、中国人の妻となるなどして中国に留まった婦人等を「中国残留婦人等」と、両親、兄弟姉妹と生別又は死別し孤児となって中国人に引き取られ、自己の身元を知らないまま今日を迎えた子供を「中国残留日本人孤児」と呼び。[①]（在这样的情况下，因没有了生存手段而成为中国人的妻子等原因留在中国的妇女被称为“中国残留妇女”，和父母、兄弟姊妹生离死别成为孤儿而被中国人收养，至今不知道自己身世的孩子被称为“中国残留日本孤儿”。）

1972 年中日邦交正常化之后，两国政府开始将日本遗孤赴日寻亲工作提上议程。据日本厚生劳动省的公开资料显示，到平成二十九年（2017）永久归国[②]的日本遗孤总共有 6 717 人，其中有日本孤儿 2 556 人，日本遗妇 4 161 人。日本遗孤作为中日历史中的战争遗痕，返回日本者得不到与其他国民同等的待遇，生活水平低下，且经常遭受歧视，生活在中日历史残留的夹缝中。从 2003 年开始，日本遗孤开始了状告日本政府之路，向日本政府提出国家诉讼赔偿，诉讼案一直持续到 2007 年。日本政府最终通过了新的支援法案，从

① 《中国残留邦人をご存知ですか》，中国帰国者支援・交流センター，http：//www. sien - center. or. jp/about/whats/index. html。

② 赴日寻亲的日本遗孤分为两种，一种是以回日本定居为目的，称为“永久归国者”；另一种是以访亲、扫墓为主要目的，称为“一时归国者”。

提高日本遗孤群体的补助金等各个方面着手，力图让遗孤们过上体面的生活。

三、研究分析

（一）样本选取

日本遗孤是中日两国历史的遗留问题与遗留产物。中日两国的历史创伤仍未消除，日本遗孤群体可以被看作是这一历史的最好见证。日本政府如何对待遗孤群体，日本华文传媒如何利用这一群体的报道普及中日两国历史等，是传承历史的重要表现。因此，本文选择日本遗孤群体在日本华文传媒中的媒介形象作为案例代表进行分析，从而探讨日本华文传媒在中日关系和历史传承中起到的特殊作用。

日本《中文导报》是由中国留日学生在1992年创办的，是目前比较成熟并颇具规模和影响力的华文报纸，已经发行了超过1 000期。《中文导报》在2006年改版后，推出了中文导报网（www. chubun. com）和电子报。本文以关键词“日本遗孤”在中文导报网搜索相关报道，在筛选掉无关和重复的报道后最终得到了46篇关于“日本遗孤”的新闻报道。

中文导报网收录的最早一篇报道为2005年12月2日的《中国遗孤相聚东京》。此后随着日本遗孤群体提出国家诉讼赔偿，并进行游行活动等渐渐走入公众视野，报道趋多，2009年达到最高峰。2010年开始，随着日本遗孤诉讼案告一段落，这个群体逐渐淡出了传媒的视线。（见图1）《中文导报》报道日本遗孤群体的议题以遗孤诉讼赔偿和补助金等方面为主，还以普及历史和介绍遗孤群体为目的来报道遗孤的个人经历以及其与中国养父母之间的故事。另外，为了使赴日遗孤更好地融入日本生活以及帮助遗孤寻找自己的亲人，《中文导报》也在“赴日寻亲”和“在日生活”两个议题上有所偏重。（见图2）

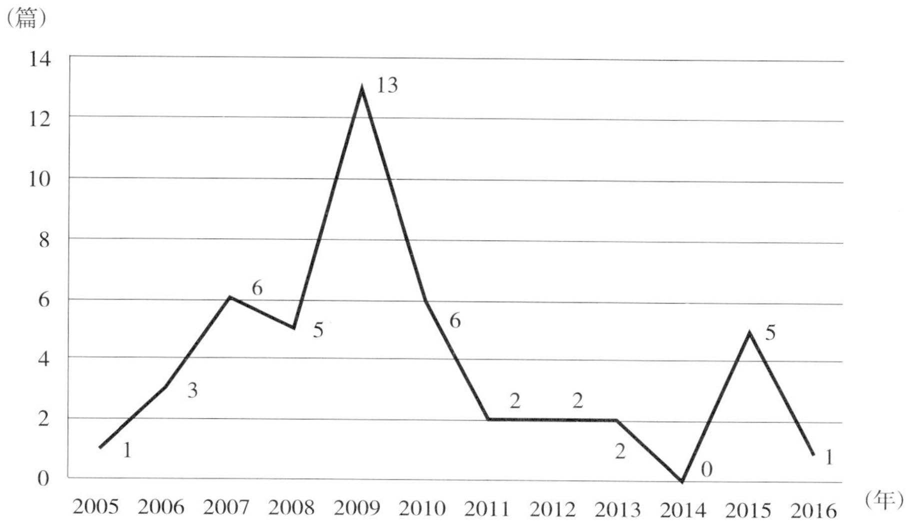

图1　日本《中文导报》日本遗孤报道走势

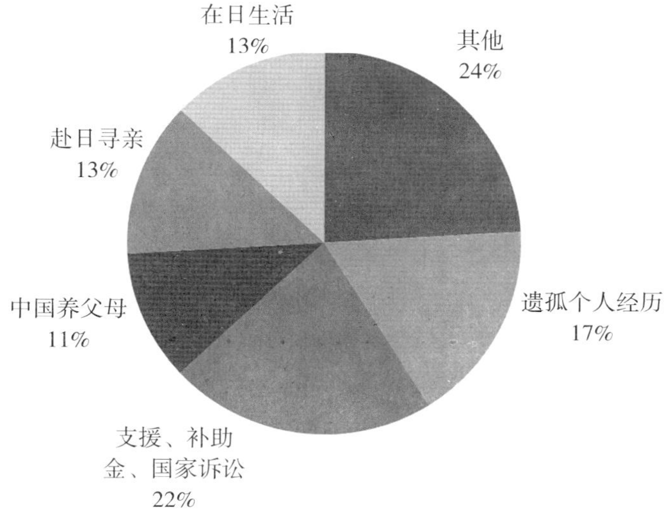

图2　报道议题分布

（二）样本内容分析

1. 不同时间段内遗孤报道的侧重点不同

日本《中文导报》2005—2016年“日本遗孤”相关报道统计表

年份	总数	报道主题	数量
2005	1	支援、补助金、国家诉讼	1
2006	3	支援、补助金、国家诉讼	1
		赴日寻亲	1
		在日生活	1
2007	6	中国养父母	1
		支援、补助金、国家诉讼	3
		赴日寻亲	2
2008	5	赴日寻亲	1
		支援、补助金、国家诉讼	2
		其他	2
2009	13	支援、补助金、国家诉讼	3
		在日生活	2
		遗孤个人经历	3
		中国养父母	1
		其他	4
2010	6	在日生活	3
		遗孤个人经历	1
		其他	2
2011	2	遗孤个人经历	1
		赴日寻亲	1
2012	2	赴日寻亲	1
		其他	1
2013	2	中国养父母	1
		其他	1

（续上表）

年份	总数	报道主题	数量
2014	0		0
2015	5	遗孤个人经历	3
		中国养父母	1
		其他	1
2016	1	中国养父母	1

注：在统计报道主题时，若涉及多个主题则采取文章篇幅最大的主题来录入。

《中文导报》在不同时间段内对日本遗孤报道的侧重点是不同的。2005—2009 年侧重报道遗孤国家诉讼案的相关进展。2010 年后，《中文导报》侧重帮助日本遗孤融入在日生活，且以普及日本遗孤相关知识和中日历史为主要目的，在中日友好的框架下报道遗孤个人经历及其与中国养父母的故事。

2. 前期：重点报道遗孤国家诉讼案

中日邦交正常化后，不少日本遗孤踏上了归国寻亲之路，但生于中国的他们深受中国文化的影响，归国后不得不面对许多困难，如语言不通、工作不便等。遗孤群体依靠补助金生活，在生活上有许多限制，如不得购买大型电器，一旦回中国探望养父母则停止该时期的补助金，同时也面临许多文化冲突。

> 由于他们（指遗孤）主要靠领取生活保护金过活，因此受到其他日本人白眼。一位残留孤儿说，她去超市买菜时，邻居的一名日本妇女总来检查她买的是什么，如果发现她买得多一点、好一点，就会教训她：不要这样奢侈，你拿的是我们缴纳的税金呀！①

2003 年 9 月 24 日，650 名遗孤在东京、札幌等地法院状告日本政府侵犯了遗孤作为普通日本人的权益，由此拉开了遗孤诉讼日本政府的“国赔诉讼”案的序幕。《中文导报》在 2005—2009 年都着重报道“国赔诉讼”案的进展。2005 年 12 月 2 日的《中国遗孤相聚东京》首次对诉讼案进行报道。“国赔诉讼”案涉及了日本多个地区法院，起诉遗孤达到 2 211 名，持续时间为五年之久。2007 年 1 月 20 日，东京法院驳回诉讼案，引起遗孤极大反弹，诉讼原告

① 张石：《我们要给养父母扫墓去》，《中文导报》，2006 年 12 月 4 日。

团与辩护律师团“计划6月1日，在东京举行由50名残孤及家属参加的游行抗议活动”①，游行活动为期三天。最终，日本政府通过了新支援法（平19年法律第127号），在遗孤养老金、生活补贴、就业等各方面进行了重大改革。新支援法出台后，大部分诉讼原告团撤诉。2009年2月12日，日本最高法院驳回了日本遗妇铃木则子等3人的上诉。《中文导报》这样报道：“厚生劳动省表示，该残留妇人判决实质上终结了有关在华遗留孤儿和遗留妇女的诉讼。”②

3. 后期：侧重报道遗孤的在日生活

海外华文传媒一直以帮助当地华人更好地融入当地生活为宗旨，提供居住国的一些基本信息等。改革开放以后，许多学生到日本留学，他们中的一部分还不能熟练使用日语，只能借助母语阅读日本华文传媒来收集在日生活的信息。日本遗孤归国时年龄较大，对日语使用并不熟悉。日本厚生劳动省2009年发布的《平成21年度中国残留邦人等実態調査結果報告書》中写道：“帰国者の平均年齢は71.6歳，配偶者は68.6歳となっている。年齢別の割合では、60歳代が48.5%、70歳代が33.6%、80歳以上が16.8%となっている。”③（归国者的平均年龄为71.6岁，其配偶的平均年龄为68.6岁。按年龄比例来看，60~69岁占48.5%，70~79岁占33.6%，80岁以上占16.8%）

1972年后归国的日本遗孤一代年龄处于40~50岁，更熟悉使用中文，对日文使用不熟悉。在这种情况下，《中文导报》偏向报道遗孤的在日生活，帮助其融入当地，此外也对遗孤赴日寻亲等相关信息有所侧重。2006年8月1日的《遗孤事务所装电话惹麻烦》一文以报道遗孤诉讼事务所因没有细看租用电话的细则而惹上麻烦一事，借以提醒当地华人在日本生活的注意事项。2009年12月《中文导报》则关注了新宿区政府为丰富遗孤老年生活所创办的“友之会”，并在文章最后留下“友之会”的联系方式。2010年7月10日，《中文导报》首次将目光转向了日本遗孤参与政治选举的话题：“7月11日是日本第22届参议院选举的日子。众多已经加入日本国籍有选举权的华人，都走进投票点投票，行使自己的权利和义务，选举自己赞成的议员和政党。”④ 日本遗孤是中日战争的历史遗痕，许多遗孤小时候在中国生活时被当作“日本鬼子”对待，回国后则因日文沟通不畅和受中国文化影响等被日本

---

① 孙盈：《遗孤游行抗议厚劳省援助政策》，《中文导报》，2007年5月21日。

② 朱江：《中国遗妇遗孤诉讼终结》，《中文导报》，2009年2月23日。

③ 厚生労働省社会・援護局：《平成21年度中国残留邦人等実態調査結果報告書》，http://www.mhlw.go.jp/stf/houdou/2r9852000000uhyy-img/2r9852000000ui39.pdf，第1页。

④ 孙盈：《参议院大选遗孤心有所属》，《中文导报》，2010年7月10日。

当地人排斥。遗孤群体生活于两国文化的夹缝中，找不到自己的真正定位。《中文导报》首次报道日本遗孤参与政治生活，是遗孤身份认同转变的一个重要标志。

四、日本华文传媒的角色与作用——两国历史传承的媒介角色

本文以日本《中文导报》对战争遗留的特殊群体——“日本遗孤”的相关报道作为案例进行分析后，发现中日两国之间仍有诸多问题亟待解决。诸如历史问题、钓鱼岛争端、南海问题等因素仍然影响着中日关系，日本华文传媒在中日历史的传承和中日关系的发展等方面有着特殊的角色和作用。

首先，日本华文传媒充当着中日两国沟通的桥梁。一旦两国对一些事情的理解有所偏差时，日本华文传媒便能借助自身优势来进行客观报道。在中日历史的传承中，日本华文传媒无疑是重要的一环。日本华文传媒身居日本，可以得到日本方面对中日历史态度的一手资料，从而反馈给中国。另外，它又具备更好的语言、文化等资源，更有利于获得中国方面的资料，充当两国交流沟通的媒介。《中文导报》在普及“日本遗孤”的相关历史时，以及在反馈日本遗孤的生活和诉讼案等方面上，比中国国内媒体更能接近第一现场。而在报道日本遗孤的中国故事上也具有优势，如对2009年日本遗孤感恩访华团在中南海接受时任国务院总理温家宝的慰问的报道。《中文导报》也积极加强与中国国内地方的合作，力图为日本了解中国各地的发展搭建一个交流的平台。如《中文导报》与广东侨办合作，在日定期刊发《侨乡广东》专版，传播广东省的侨务工作新动向，还推介了“新羊城十景”“广东参与一带一路建设”等内容，均在日本取得了不错的反响。

其次，日本华文传媒承担着日本生活向导的角色，为华侨华人等提供在日生活的必要信息。随着两国交流加深，中国赴日旅游人数逐年增多，中国留日学生人数已经接近在日留学外国人的一半。在日华侨华人的数量逐渐增多，成为在日外国人的一股重要势力。日本遗孤一代年龄偏大，且使用日语不便，更倾向于使用中文读报来获取信息。日本华文传媒使用中文来报道，可以更快帮助初期在日的华侨华人融入在日的生活。同时，《中文导报》等华文传媒也担负着引导日本主流媒体聚焦华人社会的重要角色。日本《朝日新闻》曾刊登大型年度系列专题报道项目“在日华人”，并委托《中文导报》参与全文编译与转载。《中文导报》携手《朝日新闻》，成为“在日华人”报道项目的合作伙伴。

最后，日本华文传媒相对于其他国家的华文媒体而言，在普及正确的历

史和传播中日友好理念上承担着更重的责任。日本华文传媒基于中日友好框架进行报道，普及和传承正确的中日历史，促进中日友好交流。2013 年 1 月 1 日，《中文导报》借中国归国者新宿区“友之会”中川广会长的话来呼吁中日友好。《中文导报》推出的“2017 春节祝贺专辑”得到了在日侨团、侨社、企业、个人的大力支持。人民网日语版也多次转载《中文导报》的相关信息。2017 年 2 月 2 日，日本首相安倍晋三连续第五年通过《中文导报》祝贺中国春节以及向华侨华人贺新春。

《中文导报》的社长杨文凯对《中文导报》在中日关系间的角色这样定位：“甘做中日关系的‘稳压器’，勇做中日民族主义情绪的‘灭火器’，在中日之间传递正能量，发挥着华文媒体作为公共外交平台的应有作用。”①

【参考文献】

1. 车霁虹：《战争遗痕：日本遗孤与中国养父母的历史考察》，《中国浦东干部学院学报》2013 年第 3 期。

2. 刘光耀：《日本华侨华人在中日关系中的角色与作用——以钓鱼岛争端为例》，华侨大学硕士学位论文，2016 年。

3. 于艳彬：《日本华文传媒研究（1978 年至今）》，暨南大学硕士学位论文，2010 年。

4. 彭伟步：《海外华文传媒的多维审视》，广州：暨南大学出版社 2013 年版。

5. 刘茹：《日本遗孤问题探究》，黑龙江省社会科学院硕士学位论文，2013 年。

6. 中文産業株式会社，http：//www. chubun. jp/index. php。

7. PLUM M C. Unlikely heirs：war orphans during the Second Sino-Japanese War，1937 – 1945. Stanford University，2006.

① 杨文凯：《传承与担当：中文导报千期之路》，见《华文媒体 200 年——薪火传承与时代担当（第八届世界华文传媒论坛论文集）》，香港：香港中国新闻出版社 2015 年版。

美国华文媒体构建的中国形象研究
——以美国“神州传媒”和“侨报网”微信公众号推送为例

余　琼

【摘　要】20 世纪 90 年代以来，美国的华文媒体随着社会经济水平的提升得到进一步发展，华文报纸的类别细化，内容也越来越丰富。但进入互联网时代后，华文报纸的运营长期面临着人才缺失、广告收入不稳定、外部恶性竞争严重和内容缺乏竞争力的情况。它们开始尝试使用微信公众平台等新媒体拓展传播的渠道。因此，本文将以美国“神州传媒”和“侨报网”微信公众号推送为例，分析美国华文媒体在使用微信公众平台时是如何进行内容生产和操作的，并探讨其构建了一个怎样的中国形象，以期为海外华文微信公众号的运营提供相关营销策略。

【关键词】美国华文媒体；微信推送；中国形象

一、美国华文报纸的发展现状

美国作为世界强国，以其拥有的一流科学技术、医疗设备、教育水平和开放自由的环境吸引了越来越多的外来人口。根据皮尤研究中心的数据，亚裔是在美国人口发展最快、受教育和工资水平最高的族裔，而华裔又是亚裔中人口最多的一个群体，占全部亚裔的 23%。① 人口的激增为华文报纸在美发展奠定了基础。进入 20 世纪 90 年代，随着社会经济的进一步发展，华文报纸分类越来越细，内容也越来越丰富，已成为华人生活中不可缺少的信息来源。到了 21 世纪，华文媒体已经逐渐进入美国主流媒体的视线之中，成为新移民发声的有力平台。②

美国华文报纸大致上可以分成三类：第一类是在美国编辑出版，向美国

① http：//mt. sohu. com/20160516/n449735105. shtml。

② 吴君静：《美国华文报纸现状与经营策略》，《青年记者》2015 年第 2 期，第 74 页。

各地发行的，如《侨报》《中国时报》；第二类是在美国之外编辑出版，在美国之外编辑而在美国印刷出版，或大部分版面在美国之外编辑、小部分版面编辑及全部印刷在美国进行的，如中国大陆的《星岛日报·海外版》、台湾的《中央日报·海外版》和《世界日报》、香港的《星岛日报》等；第三类是美国当地的华人社区报纸，如《芝加哥时报》《美中新闻》《神州时报》《辰报》《华报》及一些教会（如基督教、佛教）小报等。[①]

在经营的过程中，美国的华文报纸长期在主流文化圈之外，生存艰难，面对各种挑战和考验：①新闻采编专业人才的缺失是当今海外华文报纸甚至是纸媒行业普遍存在的问题，年轻的留学生有创新的理念，但缺乏业务经验，而新闻业内经验丰富的双语人才大多因为薪资选择了主流媒体；②华文报纸的广告商重复率较高，广告业务团队的人员流动频繁，广告收入的不稳定会使报纸经营面临风险；③华文报纸受众群体主要是在美国的华人，华人社区市场份额有限，报纸想要盈利不容易，甚至在大大小小华文报纸不断出现的情况下，容易出现外部恶性竞争的情况；④纸媒面对各类新媒体冲击，而华文报纸的原创性不高，在互联网面前更加缺乏竞争力。[②]

二、华文报纸的微信公众号运营情况

（一）样本的选择

如今，许多美国的华文报纸都纷纷开放了微信公众平台，推送新闻内容。《侨报》《星岛日报》《神州时报》分别代表了三个不同的报纸类型。由于《星岛日报》的官方微信公众号“星岛美西版”和“星岛美东版”的内容中与中国相关的寥寥无几，因此，本文将以《侨报》的官方微信公众号“侨报网”和《神州时报》的官方微信公众号“神州传媒”的微信推送内容为研究样本，对两家不同类型的微信公众号推送内容进行研究，进而对比分析两家媒体是如何对中国形象认同进行建构的。

（二）样本的获取

通过微信公众平台，本文选取了两家媒体从2017年1月1日至31日对中国的相关报道。通过整理和统计，得到“神州传媒”官方微信公众号相关文本31篇、“侨报网”官方微信公众号相关文本32篇。

---

① 黄卓：《美国的中文报纸》，《新闻研究导刊》2000年第1期，第54页。

② 林爱珺、樊雪婧：《美国华文媒体发展困境考察》，《新闻知识》2014年第5期，第45－46页。

（三）研究方法

本文使用内容分析法，探讨这两家媒体的官方微信公众号在报道与中国相关的内容时的关注度、内容主题等。

三、研究内容分析

（一）报道概况

2017年1月1日至31日，《神州时报》官方微信公众号“神州传媒”一共发布了140条推送，其中与中国相关的内容是31条，所占比例为22.1%；《侨报》官方微信公众号“侨报网”一共发布了86条推送，其中与中国相关的内容是32条，所占比例为37.2%。

可以看到，虽然“侨报网”推送的频次和数量不如“神州传媒”，但是其报道与中国相关的内容比例是“神州传媒”的近两倍，且报道的新闻来源多为“侨报网”的原创文章，有自己的记者和编辑负责采编新闻内容。而“神州传媒”的文章多来源于网络平台，文章最后都会附上免责声明。

（二）新闻报道阅读情况

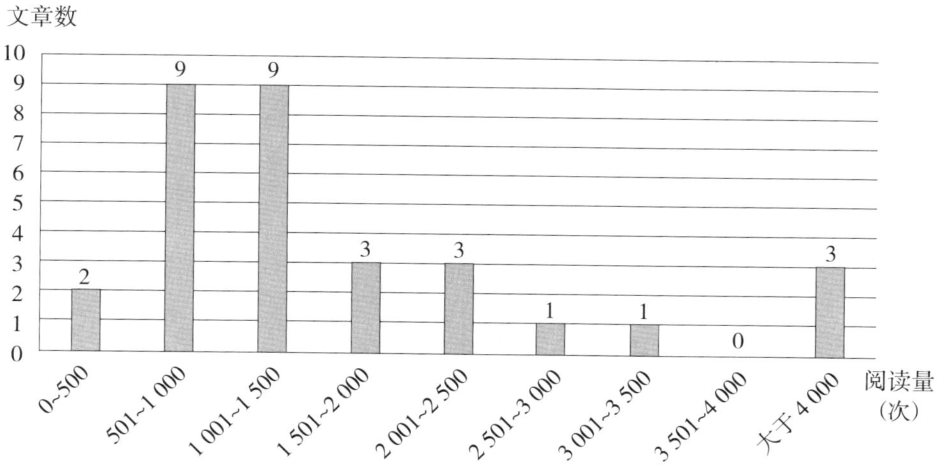

图1　统计期内“神州传媒”微信公众号阅读数

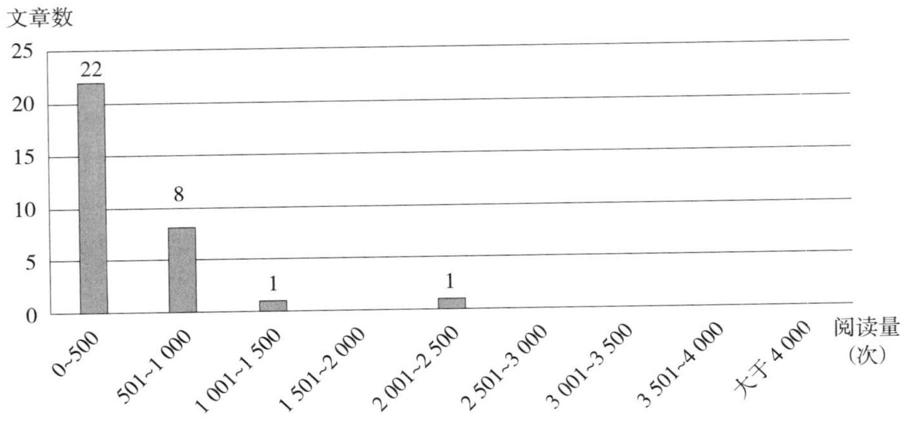

图 2　统计期内"侨报网"微信公众号阅读数

根据图 1 和图 2 显示的数据可以发现，"侨报网"微信公众号单条推送的阅读量主要集中在 0 ~500 次，其次是 501 ~1 000 次。只有极个别的文章出现了超过 1 000 次的情况。而对比之下，统计期内，"神州传媒"只有 2 篇文章阅读数在 500 次以下，多数都集中在 501 ~1 000 次和 1 001 ~1 500 次。阅读数超过 4 000 的推送文章占 9.7% ，阅读量最大的一篇甚至达到了 8 446 次。显然，"神州传媒"微信公众号的阅读数量要明显高于"侨报网"。"神州传媒"微信公众号的内容关注度较高，报道的与中国相关内容的阅读用户也较为稳定。

（三）报道议题

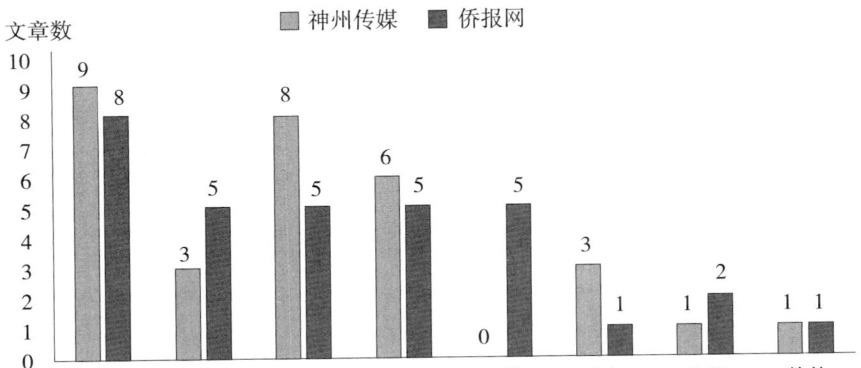

图 3　议题分布情况

“神州传媒”和“侨报网”微信公众号推送内容的报道议题主要集中在时政、经济、社会和文化方面。其中“神州传媒”微信公众号的时政类新闻报道占了29%，经济类新闻报道占了10%，社会民生类新闻报道占了26%，文化类新闻报道占了19%。而“侨报网”微信公众号的时政类新闻报道占了25%，经济类新闻报道占了16%，社会民生类新闻报道占了16%，文化类新闻报道占了16%，科技类新闻报道占了16%。

不难看出，时政新闻是两家媒体报道的主要方向。除此之外，“神州传媒”的报道议题多集中于社会和文化领域，而“侨报网”的报道领域分布较为均衡，且涵盖范围广泛。

四、微信公众号中的新闻框架

（一）理论基础：框架理论

“框架”的概念是由社会学家高夫曼在20世纪70年代引入文化社会学的。他认为对于一个人来说，真实的东西就是他对情景的定义，这种定义可分为条和框架。条是指活动的顺序，框架是指用来界定条的组织类型。新闻媒介框架由瑟尔斯提出，他认为新闻媒介倾向于以不同的方法构造议题。新闻报道是“框限”部分事实、“选择”部分事实以及主观地“重组”这些社会事实的过程。“框架”是新闻工作人员、消息来源、受众、社会情境之间的互动结果。①

（二）报道内容的指向性

“神州传媒”的阅读量普遍偏高，但是它推送的与中国相关文章的倾向多是偏向负面评价。例如转载视频报道湖南怀化一个父残母傻的十五岁少女的凄惨生活，或是报道国内雾霾严重，建构的是一个环境差、生活质量低的国家形象。其中有一篇阅读量高达8 446次的文章，是题为“北京终于意识到川普是真的要下手”的时政类新闻报道，用“标题党”的手法加上阴谋论的内容博得了受众的眼球。相比之下“侨报网”微信公众号推送的与中国相关的文章比例高，且报道倾向上较为正面。例如报道在全球最大电子消费展——美国拉斯维加斯国际消费类电子产品展（CES）上的中国云力量来表现国内科技实力的提升和中国企业在国际舞台上的展现，还有题为“为啥数据显示

① 黄鹤舒：《新闻框架理论视角下的中国国家形象研究——以美国CNBC电视*Inside China*为例》，《西部广播电视》2013年第20期，第28－30页。

北京雾霾在好转，你却完全感觉不到?”的新闻报道。新闻框架的不同影响了报道内容的倾向，同样是对于国内环境的报道，“神州传媒”和“侨报网”完全表现了两个不同的报道方向，内容选择和态度的指向性也有很大的区别。

（三）报道内容的集中性

由于统计时期的特殊性，在2017年1月，两个媒体的时政类新闻报道主要集中在“川普”上台以后美国的对华政策和中美关系等内容上，而文化类新闻报道的主题内容则集中在了恭贺中国传统节日——春节上。“侨报网”除了报道两个媒体共同关注的四大领域之外，在科技方面也有所侧重，包括报道中国企业在各领域核心技术的突破和优势等。微信公众号报道框架的集中性不仅体现了新闻应景的时效，同时有别于其他媒体的“领域集中”，这是其特色的表现。

五、策略与建议

在分析了“神州传媒”和“侨报网”微信公众号推送情况的基础上，我们可以从中吸取经验，提出一些与海外华文媒体微信公众号运营相关的策略与建议：

（一）注重内容的多元化，打造综合服务平台

“神州传媒”微信公众号的文章来源并非全部原创，甚至可以说绝大多数并非原创内容，也不是从《神州时报》转载而来，而是大多来自新华网、凤凰网等各家媒体平台。但是“侨报网”微信公众号的文章多数是原创内容，甚至由专业的《侨报》采编团队采写编辑，多数文章为美国侨报综编稿件。“侨报网”推送内容的版面编排和图文设计也要优于“神州传媒”。然而在这样内容和设计质量不平等的情况下，为何“神州传媒”的阅读量还要高于“侨报网”？笔者通过观察推送内容发现，除了报道与中国相关的内容之外，“神州传媒”微信公众号会固定推送芝加哥最新的公司招聘、房屋出租或出售、二手买卖、家政服务等信息，同时也会报道美国相关的新闻，报道内容更加多元。地方信息的及时推送满足了很大一部分在芝加哥生活的华人所需，有助于稳定阅读人群。

此外，虽然阅读量能在一定程度上说明内容是否吸引受众，但是从观察可得，同一天推送的多条文章，排在越前的，点击率越高。因此纵向比较，阅读量也并非评判内容质量的绝对标准。

因此，我们可以在保证内容质量、排版设计精良的基础上，设置多元的栏目内容，根据重要性有意识地进行顺序降次排列。微信公众号既要突出内容，也要体现服务。

（二）增强互动，展现新媒体优势

在传统营销模式中，一般消费者只是被动接受，没有互动性，而微信营销打破了这一现状，发挥其优势来进行营销是成功的关键。[①] 但“神州传媒”和“侨报网”留言板互动力不足，原因可归咎为受众基础本身较为薄弱，以及互动意识不强。有别于传统的单向传播，微信公众号应该发挥新媒体的双向优势，例如在留言板多与粉丝互动，后台评论即时回复更新。同时，也可以专门设置互动板块，以巩固和增强粉丝黏度，同时建立起运营效果反馈机制。

（三）组建具有创意的专业运营团队

新闻采编专业人才的缺失是当今海外华文报纸甚至是纸媒行业普遍存在的问题。但相比传统纸媒而言，新媒体运营更顺应时代潮流，也更吸引优秀人才。因此，吸纳专业运营团队极为重要，打造好的形象，输出好的内容，同时也需要好的运营和包装。把握受众群体需求，进行个性化的内容运营，精准化的平台营销。通过招募有创意的年轻群体，改革乏味的“转载”形式。

六、结语

从传播学的角度来看，大众媒体在建构认同方面的功能无比强大。现代人依赖媒介取得认同，媒体形式或媒体内容所产生的媒体力量制造了人们的社会认同——这是媒体最具威力的重要效果。[②] “神州传媒”微信公众号在提供丰富信息的基础上，拥有了较为稳定的受众群体，但塑造的中国形象多是以“刺激性”的标题和内容，凸显贫穷、污染严重、社会保障不足的。“侨报网”微信公众号的内容涉及范围更广，内容和排版质量较高，建构的中国形象则侧重于国内科技创新、环境转好等内容，是较为正面和积极的，但阅读量并不高。阅读量的高低，某种程度上也反映了受众的选择性注意，要在积极塑造正面中国形象的同时，获得良好的传播效果，媒体平台需要在传递内

---

① 王惊雷：《企业微信营销研究及策略分析》，《价格月刊》2014 年第 9 期，第 68 – 71 页。

② 罗奕、梁煖：《泰国华文媒体构建“中国形象”认同研究——以泰国〈星暹日报〉和〈世界日报〉微信公众号新闻推送为例》，《传媒》2016 年第 24 期，第 57 – 59 页。

容时注意信息的有效性和显著性，根据新闻的重要性调整新闻顺序，来合理安排新闻消息的主次。在优化内容的基础上，同时也要注意平台的营销，注重服务，打造多元化的综合平台；增强互动，展现新媒体优势来增强粉丝黏度；组建具有创意的专业运营团队改革创新。海外华文媒体如何利用新媒体平台更好地传递国家形象是提升当地华人对中国形象认同的重要课题，需要引起重视。

【参考文献】

1. 廖波、卢艳、廖钊明：《微信营销中微信的传播机制研究》，《中外企业家》2013 年第 14 期。

2. 肖洒：《海外华文媒体中国报道研究——以新加坡〈联合早报〉为例》，上海外国语大学硕士学位论文，2007 年。

3. 万小广：《论架构分析在新闻传播学研究中的应用》，《国际新闻界》2010 年第 9 期。

4. 翁倩：《马来西亚华文报纸涉华报道研究——基于〈星洲日报〉的内容分析》，暨南大学硕士学位论文，2010 年。

海外华文传统媒体微信公众号运营探索
——以美国《侨报》微信公众号为例

朱美仙

【摘　要】 本文以美国《侨报》官方微信公众号“侨报网”为例，探究在手机与网络等新媒体迅速发展、媒体融合成为大势所趋的背景下，海外华文传统媒体如何利用微信公众号来扩大自身影响。文章指出了“侨报网”微信公众号的特色和运营过程中的问题，并认为海外华文传统媒体应树立互联网思维、打造优质内容、增强用户互动、多渠道推广品牌，从而实现微信运营影响力的最大化。

【关键词】 微信公众号；侨报网；海外华文传统媒体

海外华文媒体是指所有在中国大陆、香港、台湾以外出版发行的以汉语为传播媒介的大众传播媒体，包括海外华人创办的报纸、电视、广播、网络媒体以及海外有影响力的各种英文媒体的中文版。① 随着新媒体的强势崛起，越来越多的海外华人从手机和网络获取信息，为了适应这一发展趋势，海外华文媒体不断在新媒体领域进行创新，很多传统媒体纷纷试水微信公众号，以借助这一平台扩大自身在移动互联网用户中的影响。

美国《侨报》创刊于1990年1月5日，长期致力于向读者提供迅速、客观、准确、公正的中国大陆新闻，在众多美国华文媒体中独树一帜。近几年，美国《侨报》不断朝着媒体融合的方向发展，其在2013年4月1日开通的官方微信公众号“侨报网”，属于运营较早的海外华文媒体微信公众号，运营至今已有五年的时间。

“侨报网”的微信号为chinapress，它的功能介绍说：“美国《侨报》官方公众账号。立足美国，以不一样的视角、不一样的尺度解读中国，探讨华人故事。”“侨报网”微信公众号（以下简称“侨报网”）开始运营当天推送了

① 孙玉双、王豆豆：《海外华文传媒的现状及发展趋势》，《记者摇篮》2011年第2期。

4 条图文消息，其中的第三条是《国际游戏开发者大会开幕　华人设计师获 6 项大奖》，内容是一张获奖者的配图 + 简短的一句解释语，可见“侨报网”在成立初期还处于摸索阶段。从 2013 年 4 月 1 日之后，“侨报网”开始定期推送消息。

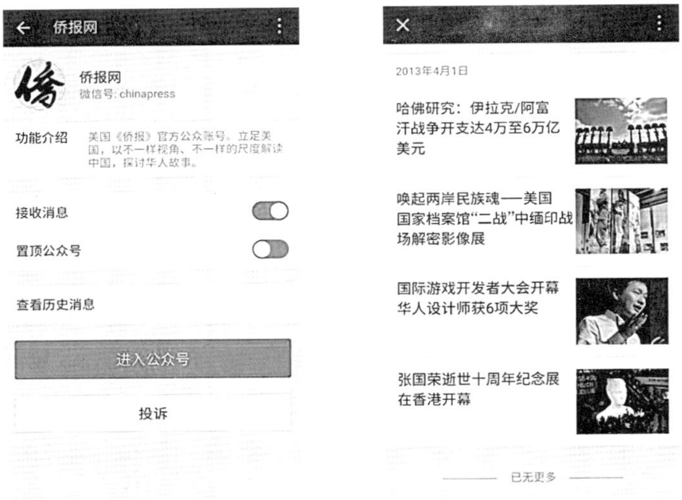

图 1　“侨报网”截图

为了更清晰地描述“侨报网”的内容特色和运营特色，笔者选取了 2017 年 1 月 9 日至 2 月 9 日这一个月为研究区间。在这一个月中，“侨报网”一共发布了 96 条消息，除了 1 月 15 日、1 月 16 日和 2 月 5 日这 3 天没有推送消息，其余的 29 天每天都推送了 1 ~ 5 条图文消息。

表 1　样本选取统计

样本截取时间	2017 年 1 月 9 日至 2 月 9 日				
选取样本周	第一周	第二周	第三周	第四周	第五周
具体时间段	2017 年 1 月 9—14 日	2017 年 1 月 17—22 日	2017 年 1 月 23—29 日	2017 年 1 月 30 日—2 月 4 日	2017 年 2 月 6—9 日
推送消息（条）	24	21	17	19	15
合计（条）	96				

一、“侨报网”微信公众号的内容特色

“侨报网”在内容推送上多以图文消息为主，推送时间在上午九点半左右，消息内容涉及多方面，有当下时事热点、文化资讯、生活服务等；“侨报网”的口号是做“华人守望者”，致力于“讲述华人故事，见证华社变迁，解局中国发展，透析美中博弈”。

（一）原美国《侨报》内容进行二次加工，文本形式丰富多样

“侨报网”的内容绝大多数由母媒体美国《侨报》提供，其推送的每条消息会在末尾标注文章来源，一般分为《侨报》综编稿件、《侨报》编译稿件和《侨报》原创稿件三种类型。在选取的样本月内，“侨报网”推送的综编稿件最多，有53篇；原创稿件次之，有27篇；编译稿件有12篇；剩余的4篇是另一微信公众号“异邦新说”提供的趣味文章，如《如果有天醒来，发现你突然变性了……》《让川普再闹会儿　看看美国人是怎么相亲的》等。

表2　文章来源统计

文章类型	文章数	比例
美国《侨报》综编稿件	53	55. 2%
美国《侨报》编译稿件	12	12. 5%
美国《侨报》原创稿件	27	28. 1%
其他（非《侨报》提供）	4	4. 2%

总体来看，“侨报网”的文章有约95%都是由母媒体美国《侨报》提供，这种情况比较符合海外华文传统媒体将微信公众平台作为其延伸内容与品牌的角色定位与创办初衷。

另外，为了使传统媒体的内容适合新媒体的传播及用户的浅阅读习惯，微信公众平台一般会对母媒体的内容进行二次加工。相较于母媒体美国《侨报》，“侨报网”推送文章的新闻标题、叙事模式、语言风格都更加生活化，如《叮咚！您收到一条国务院侨办主任裘援平的新春祝福》《上任两天了，川普 what are you 忙啥咧?》《敢和美国总统抢头条！波波你故意的吧》《厉害了我的凤，“凤姐代笔门”又反转!》等原创新闻的标题不仅活泼风趣，还巧妙地融合网络热词，很好地贴合了年轻人的特点；同时又增加了情感的元素，

更能吸引受众的点击。

除了新颖的标题，“侨报网”的微信文章还会按照具体的内容采用不同的呈现方式，如文字、图片、视频、图集等。如2月9日推送的《这是一部奥斯卡大热的出柜电影》中就综合运用了“文字+图片+视频”三种形式；在2017年1月28日春节这天，“侨报网”直接以视频的形式传播新春祝福。

（二）聚焦中美，服务华人社会

“侨报网”的母媒体是美国《侨报》，《侨报》自1990年创刊以来，已有28年历史，是美国发展最快和最有影响力的华文媒体，在报道中国大陆新闻方面处于“领军”地位。[①] 所以，作为美国《侨报》官方微信公众号，“侨报网”也以“服务华人社会”为使命，努力为400万美国华人群体提供贴心的个性服务。

纵观“侨报网”在样本月内推送的96篇微信文章，可发现其内容大部分围绕中美关系、中国时政热点或者美国新出台的政策对华人的影响等方面，如原创系列文章“预测2017”相继推出了《预测2017之中国房价迎来拐点》《预测2017之中国进入“裸体”时代》《预测2017之人民币汇率》《预测2017之中国境外旅游新方式》《预测2017之中国股市将迎来慢牛?》等；政策方面的文章有《移民新政之火乱烧　华人恐遭殃及》《创业工卡行政敲定，移民美国又一次选择》《购汇政策收紧　中国客在美买买买反而更坚决》等。值得注意的是，“侨报网”在1月22日图文消息推送《沟通中美、互联世界　“美国头条”App洛杉矶上线啦!》，23日又重复推送该消息，可见其对这一未来可能影响广泛的华文新媒体的重视程度。

另外，“侨报网”在会话界面底部设置的自定义菜单中的“热点新闻”里保留了“2016年中国答卷”和“雾霾里的中国”两个二级菜单；“侨报出品”菜单里有专门的《华人口述故事》栏目，介绍中国发展，讲好中国故事。这些都体现出“侨报网”持续关注中国的发展，并致力于成为中国了解美国、美国读懂中国的纽带。

（三）原创保护意识强烈

“侨报网”非常重视对公众号以及原创作品的保护，每条消息的末尾都会加上红色醒目大字“如需转载请注明作者及来源”。而且，“侨报网”在会话界面设置的一级菜单“关于我们”中有“转载原创文章”的说明，其中明确

---

① 费一妍：《了解美国读懂中国　沟通中美互联世界“美国头条”App正式上线》，http://sh.eastday.com/m/20170122/u1a12657918.html。

要求开头须注明“经侨报网微信（chinapress）授权转载”。

图 2　“侨报网”转载文章说明

另外，“侨报网”在文章中使用的图片一般会标注来源，如标明“网络图片”，或者“图片来自美联社”“图片来自《侨报》”等，这些细节都体现出其对他人原创作品的尊重和保护。

“侨报网”除了上述三点特色外，还具备文章更新频率高、盈利模式灵活等特点。笔者发现，“侨报网”善于利用微信平台进行广告推送和产品营销来拓宽媒体业务，如《【买会员　乐视盒子零元购】限时限量邀请制活动今日开抢》《【吃货福利】明天是甜甜圈日　免费甜甜圈来一套》《买前找折扣　买后退差价　情人节购物看这篇就够了》等广告软文可以有效地增加媒体收入，从而维持公众号的正常运营。

二、“侨报网”微信公众号存在的问题

经过五年的发展，“侨报网”正日益成为一个被美国华人熟知的微信公众号，其提供的便民服务在美国华人社会圈子中积累了一定口碑。虽然“侨报网”的运营已经日常化，但仍然存在着活跃粉丝少、影响力不够、缺乏优秀的用户体验与互动等问题。

1. 用户人数少，阅读率低，关注度弱

笔者无法获取“侨报网”的订阅量信息（笔者曾试图联系小编，但未得到回复），但从几个数字可以看出其传播效果与《侨报》这一美国领军华文媒体的地位不相匹配。

在网页版搜狗浏览器中搜索“侨报网”公众号，可以看到其微信平台月

发文88篇，平均阅读量567。笔者通过统计2017年1月9日至2月9日这一个月内的图文阅读情况，发现阅读量最多的是1月10日推送的《马云与川普在纽约会面　川普：我们要搞事情了!》，阅读量有2 169。此外，在96篇文章中，只有2篇文章的阅读量上了2 000，7篇文章的阅读量上了1 000，其他文章的阅读量均在200～600徘徊，最少的阅读量低于100，如1月18日推送的《懂艺术又会舞蹈的心灵美发师在美国是怎样生活的?》只有66次阅读；1月10日的《看完CES大展　哆啦A梦的世界还远吗?》的阅读量只有84。

表3　文章阅读量统计

阅读量	文章数	比例
2 000以上	2	2.1%
1 001～2 000	7	7.3%
101～1 000	83	86.4%
0～100	4	4.2%

总体来看，“侨报网”虽发文多，但文章阅读量偏低，只有在遇上话题性强的文章时，阅读量才会上升，尤其是涉及移民、留学等政策的文章阅读量一般会破千，如2月4日的《华人注意了　冒领福利或遭川普新政严打》，阅读量有1 152。可见，“侨报网”的活跃粉丝少，传播效果大打折扣。而且“侨报网”缺乏有效推广，传播力不足。虽然推送的每篇文章末尾都带有“侨报网”的二维码，“侨报网”官方网站的最右端也有微信二维码提醒大家扫一扫，但是作为商业类公众账号，目前“侨报网”依然缺乏有吸引力的推广手段。

2. 缺乏有效的用户互动

新媒体的一个显著特征是可以实现媒体与受众的即时互动。对于微信公众号，用户可以通过留言、上传视频或者图片的方式与公众号背后的运营团队进行互动。[①] 用户可以直接给公众号发送消息，用类似“私信”的方式与后台小编交流。“侨报网”自称“小侨”，以拟人化的角色与用户交流，拉近了与用户的距离，但笔者曾多次给“小侨”发送消息，均未得到回复。

微信平台的互动性还体现在用户发表的留言或建议上，后台编辑及时回复用户的评论，或者直接与用户对话，一对一地答疑解惑和提供服务，可以

① 曹琳琳：《海外华文传统媒体如何借助微信扩大影响》，《新媒体研究》2016年第10期。

让微信成为媒体与用户沟通交流的平台。笔者翻阅了“侨报网”在抽样月内的96篇文章，发现只有两篇文章的末尾出现了读者留言，其中在1月11日推送的文章《看完美国PM2.5我不造要说什么!》的阅读量有1 551，读者发表的留言也不少，但“侨报网”直到1月12日才回复读者的留言，而其他94篇文章甚至都没有留言，这体现出“侨报网”对用户反馈信息处理不及时。

另外，相比其他更成熟的微信公众号，如已实现了“可以回复任意词语阅读新闻”的央视微信公众号，“侨报网”并没有设置关键字回复或数字回复功能，失去了与用户互动的机会。

三、海外华文传统媒体微信公众号的发展策略

（一）坚持“内容为王”讲好华人故事

无论媒体形式如何更新，优质的内容永远是立身之本，尤其是在公众号数量、种类不断增长和用户对于公众号质量要求不断提高的背景下，运营者应该把重心转向内容，将更多的精力投入精品内容的生产和创新上，量身打造属于自己的产品。“侨报网”从2014年12月27日开始，在每条图文消息的标题前加上一个界定内容属性的导读词条，比较固定的有“【华言侨语】”“【侨报观】”“【子规啼】”“【游子吟】”“【嬉皮笑脸】”等。这些已经成为“侨报网”具有鲜明特色的原创内容，附加值高。而且每周固定推出的“侨报评（社）论”“侨报时评”和“中国时评”等原创评论文章的阅读量也明显上升。

为了打造精耕细作的优质内容，微信公众号要密切关注用户的阅读需求，做好选题上的把关；还要重视网络编辑与排版策略的运用，如文章标题尽量做到通俗化、口语化，简洁生动又准确地传递文章精华，从而吸引读者点击阅读；文章的排版要讲究简洁有趣，适当插入图片、音频、视频及H5动画等，为读者创造一种全媒体、多方位的阅读体验。

同时，海外华文传统媒体的微信运营更应该立足于服务华人的使命，挖掘真实世界里的华人生活，讲好华人故事。“侨报网”原创系列策划《美国华人口述实录》，就是由华人自己讲述异乡生活、心路历程，记录华人最真实、立体的原生态故事。这些真实的故事引起了美国华人的强烈共鸣，继而形成广泛和持久的传播，使“侨报网”在收获阅读量的同时，也渐渐地吸引大批忠实用户。

（二）组建出色的专业化运营团队

海外华文传统媒体试水包括微信公众号在内的新媒体，除了要遵循新闻

的基本规律外，还需要熟悉互联网思维、熟悉多媒体运营策略、熟悉受众痛点的专业人员来进行运作[①]，这样才能保证微信公众号的良性持续发展。大数据背景下，运营团队应分工协作，密切关注和掌握用户的属性、用户数量的增减、消息的传播效果等，并根据用户语言、地域、性别、喜好的不同，将订阅用户分组，进行精品内容的精准推送，这样才能使微信公众号散发长久的魅力，成为海外华人手机中常打开的公众号，从而慢慢积累口碑，再逐渐推广开来。

运营者除了创作出优质作品，还需要学会用版权保护自己的作品，即进行对版权的运营，尝试利用版权来实现作品的商业价值，这就需要运营团队在运营初期就要有清晰的规划。

（三）多渠道推广微信公众号品牌

传统媒体微信公众号运营成功模式不多的一个重要原因是推广力度不足，相对于企业类公众号，目前媒体公众号尚缺乏有吸引力的品牌推广手段。[②] 如何吸引潜在受众群，拓展订阅用户数量，是媒体公众号运营的关键。

海外华文传统媒体微信公众号的推广要充分利用报纸、网站、微博、App等多种途径增加二维码和微信号的曝光率；还可以与优质公众号相互推荐，如“侨报网”利用与“异邦新说”微信号的互推来加强品牌推广；或者与企业合作，提供奖品激励，吸引用户关注，如侨报网与星巴克、乐视等企业的合作活动；或者举办有影响力的线下活动增加粉丝活跃量。鉴于海外华文传统媒体的用户主要为海外华人，可以根据当地华人的具体情况组织一些趣味性强的活动，这样可以有针对性地增加用户与公众号之间的黏性，提高微信公众号的品牌影响力。

四、结语

通过对“侨报网”从2017年1月9日至2月9日这一个月内运营情况的统计分析，笔者认为它作为海外华文传统媒体在新媒体领域探索的“先行者”，取得的成绩有目共睹。“侨报网”的推文更新快，而且推送的内容覆盖范围广，为美国华人提供了从时政到移民、留学等日常生活方面的最新资讯。

---

① 曹琳琳：《海外华文传统媒体如何借助微信扩大影响》，《新媒体研究》2016年第10期，第40页。

② 荆丽娜：《传统媒体微信公众号的运营与发展探析——以新京报微信公众号为例》，《青年记者》2016年第2期。

经过五年的发展，“侨报网”已经逐渐成为与美国华人联系密切、沟通中美两国、帮助华人融入美国社会的桥梁，并获得广泛赞誉。但从微信公众号的长远发展来看，“侨报网”的运营还有一些方面需要完善，目前主要存在订阅用户少、互动性较弱等问题。在未来的发展中，“侨报网”应该增强精品原创内容的生产，用新媒体思维认真讲好华人故事来突出自己的鲜明特色。还应通过营销和策划特别活动推广“侨报网”的微信品牌，加大对年轻人的影响。另外，“侨报网”还可以在盈利模式上作出更多有益的探索，如根据用户情况匹配广告需求、会员付费阅读等。

【参考文献】

1. 彭伟步：《当前海外华文传媒发展动态浅析》，《东南亚研究》2014 年第 2 期。

2. 彭伟步：《媒体融合背景下海外华文媒体的开拓与创新——以马来西亚星洲媒体集团为例》，《东南亚纵横》2010 年第 10 期。

3. 荆丽娜：《传统媒体微信公众号的运营与发展探析——以新京报微信公众号为例》，《青年记者》2016 年第 2 期。

4. 李琳：《传统媒体微信公众号如何脱颖而出——以〈彭城晚报〉微信公众号为例》，《新闻战线》2016 年第 9 期。

5. 王慧玲：《媒体真的需要一个微信公众号吗——基于“大河网财经”微信公众号的观察》，《青年记者》2016 年第 29 期。

6. 王鹏翔：《传统媒体如何利用微信——以“央视新闻”官方微信为例》，《青年记者》2014 年第 14 期。

7. 郑茵茵：《侨报侨刊 SWOT 模式分析与改革思考》，《新闻传播》2009 年第 12 期。

海外华文媒体的文化传递与节日仪式传播
——以《侨报》春节报道为例[①]

江雁琦

【摘　要】海外华文媒体作为联系海外华侨华人和中国的桥梁，在传递当地信息和中国文化中具有重要作用。本文主要研究海外华文媒体的文化传递功能，通过对美国《侨报》春节报道的考察，发现其在节日仪式传播中，从文化符号、华族记忆和身体实践三个方面建构着中华文化认同，对维系华族情感、文化传承和认同具有积极作用。

【关键词】《侨报》；节日仪式；文化传递；文化认同

海外华文媒体作为海外华侨华人精神寄托的媒体领域，一方面为华侨华人提供着各种资讯，帮助其迅速融入主流社会；另一方面传播着中国文化，建构起文化集体认同，让华侨华人保持着对故土的眷恋。芝加哥学派创始人之一帕克通过调查证实了移民媒体对外来移民与主流社会融合的促进作用。“帕克反对压抑或控制移民报刊，主张发挥其促进移民融入美国文化的作用，他强调它们的角色有助于维护种族文化，并使读者透过家乡的语言而接触到大都会生活，使移民顺利融入美国社会中。”[②] 至于文化集体认同方面，华侨华人久居海外，置于外国媒体的耳濡目染之中，特别是“香蕉人”，他们难免吸收了所在国的文化，甚至文化记忆受到了阻隔。尽管都是华裔，或者都生活在同一家庭当中，他们之间的精神和感情可能已经绝缘，中华民族的记忆和对中华文化的认同可能就只存在第一代华侨华人中。因此，对海外华侨华人的文化集体认同建构迫在眉睫。

---

① 本文是广东省普通高校人文社科重点研究基地——暨南大学海外华文文学与华语传媒研究中心 2016 年度青年项目阶段性成果。课题名称“海外华文媒体在中国软实力建设中的作用研究”，项目批准号 16HW09。

② 沈爱君、梅琼林：《华文媒体与中华文化认同之建构——以〈世界日报〉为例》，《学术交流》2011 年第 7 期。

一、海外华文媒体具有文化传递的功能

海外华文媒体对中华文化的传承，与所在国的政治、文化环境密不可分。当中华传统文化的核心观念与所在国的主流文化相冲突时，文化传承就会停顿下来，中华文化也会不断地边缘化。[①] 所以华文媒体作为海外中华文化传播的平台，对于中华文化的传承和认同起着重要的桥梁作用。彭伟步曾经说："海外华文媒体可强化华人的文化认同感，承传优秀的华族文化传统。"[②]"它们在报道社区新闻、营造社区认同感甚至华族认同感等方面具有无可替代的社会功能。"[③] 对于移居海外的华侨华人而言，对中华文化的认同和寄托能使他们缓解心中的乡愁和国绪。而华文媒体作为文化的载体，正为海外侨胞们提供了平台。

海外华文媒体从新闻报道及组织文化活动各个方面来传承中华文化。例如，新加坡的《联合早报》于2013年8月开展"与于丹感悟中国智慧"讲座，这是于丹第三次受邀到新加坡演讲。2007年，于丹再次受邀，在新加坡举行了两场有关《论语》的演讲，在当地掀起了一阵"于丹旋风"。于丹的讲座和系列活动，都带有明显的中华传统文化的色彩，更确切地说是儒家思想和道德观。在文学方面，2016年，《联合早报》开展"名人演讲系列"活动，邀请中国学者到当地讲述中华文化。《联合早报》对文化形象的塑造还集中体现在对张爱玲的研究和报道上。其多次刊登中国学者陈子善对"张学"的研究，如《访上海学者陈子善——故纸堆里寻张爱玲》《陈子善："张学"研究的一件事》。《世界日报》的副刊有香港影视、台湾影视、彩色影艺、儿童世界、家园、世界副刊、香港副刊、上下古今、万象、小说世界等板块，其中以刊登著名海外华文作家文学作品的"世界副刊"最受读者喜爱。《星岛日报》的副刊有天河副刊、星岛小说、众言堂星声、电影等板块，它由于发表大量的高质量的杂文影响较大。在纽约华报界流传着这样一句话："独家新闻是争取新读者的利器，特色副刊是挽留读者的佳肴。"纽约华文报界非常重视报纸的副刊，表现之一就是副刊所占的比重大。上述分析的《世界日报》《星岛日报》等报纸的副刊都办得有声有色，比重几乎占报纸版面的一半。彭

---

① 白贵、王南：《寻找文化归属的海外华文媒体——〈联合早报〉对中华传统文化传承与异变的个案研究》，《新观察》2005年第1期。

② 彭伟步：《华文报纸在华文教育中的作用——以马来西亚华文报纸为例》，《华文教学与研究》2012年第4期。

③ 彭伟步：《用社区化赢得生存空间》，《人民日报·海外版》，2015年4月24日第13版。

伟步认为：“副刊刊登武侠小说，显得有点陈腐，那么副刊刊登医药健身的栏目，却显得相当高明。”[①] 马来西亚的《南洋商报》在此方面就有高明之举。其曾多次报道在马来西亚举行的有关中医药的活动，如《首届国际中医药创新发展论坛在马来西亚举办》《马来西亚华人医总将整合8所院校成立中医药大学》《马来西亚明年将首次举办“世界中医药学术大会”》《大马医总督促卫生部承认中国中医药大学学位》等报道。海外华文媒体对儒家思想、文学和中医等方面的报道，使海外华侨华人感觉仍与中国存在联系，在这些小说或者讲座活动中得到情感的寄托。与此同时，海外华文媒体也在读者情感寄托中建构着文化认同，将中华民族的核心文化精神灌输给他们，使他们得到文化上的认同感和归属感。

二、海外华文媒体的仪式符号传播

在《社会如何记忆》一书中，保罗·康纳顿用纪念仪式和身体实践来阐述集体记忆是如何形成和传播的。就节日仪式而言，它为参与者提供了一个追忆文化、信仰、社会风俗、社会规范等知识的平台，在反复参与、体验的过程中，这些习惯和知识成为他们记忆的重要组成部分，并经由仪式的反复操演成为族群共享的记忆。可以说，节日为参与者提供了一个认知该民族的物质文化、精神文化实践的机会，是人们通过重构和想象过去发生的事件而展开的一种活动。对于海外华侨华人而言，通过参与传统节日仪式，可以激起对民族文化的记忆和认同。春节是中国传统节日中最盛大的节日，《侨报》通过对春节的报道，传播着中华民族的集体记忆，以此来延续文化认同。

节日仪式对文化符号的建构。在节日仪式中，文化符号是辨识度最高的表征。每个不同的仪式都会具有其特定的文化符号。如中秋节的符号是满月和月饼，端午节是粽子等。春节为最盛大的传统节日，《侨报》在报道中充分凸显了其文化符号。如《侨报》在《我家的年夜饭》专题报道中，就以美食为专题，讲述海外同胞在异国他乡的年夜饭。文章中提到各地有不同的年夜饭菜式：饺子、凉拌菜、白切鸡、烟笋烧腊肉、姜葱炒蟹、珍珠丸子、发财就手等。“中国有八大菜系，是餐饮文化大国，美食资源丰富。文章报道从美食的角度出发，背后体现的是凝结在美食中的人、家、民族和国家的情感，利用文化的吸引力和凝聚力使集体意识和国家认同在美食文化的纽带中得到

① 蒋经韬：《美国华文报纸的生存策略》，《新闻前哨》2006年第11期。

展现，促使实现民族认同和国家认同。”① 在《侨报》专题《返乡还是来美过年》，以及春运的报道中，空城、摩托大军、列车、团圆、返乡等文字，都属于中国春节的特定符号。一年一度的中国“大迁徙”，在反映中国社会变迁的同时，也在背后折射出游子对家和故土的眷念。中国传统文化中，家国观念甚是强烈。家庭一代一代地延续，也说明着民族的薪火相传。美食和春运的符号在跨历史、跨地域地呈现，重温和建构着中华同胞的集体记忆，这样的民族文化符号的流传象征着中华民族的一种集体认同。

节日仪式对中华民族记忆的建构。安德森在《想象的共同体》一书中将民族界定为“一种想象的政治共同体——并且，它被想象为本质上有限的，同时也享有主权的共同体”②。按照其观点，民族都被想象为一个共同体。所以，大众媒体在报道中经常强调想象性的血缘关系，以此来增强中华民族的集体记忆。通过节日仪式，可唤起中华民族记忆，进而形成文化集体认同。《侨报》对华侨华人的新春生活进行了专题报道《我家的年夜饭》。在该专题报道中，《侨报》报道了海外华侨华人在除夕夜和亲戚朋友的年夜饭。涂尔干曾说：“在大多数社会里，据说共同进餐可以在出席者之间建立起人为的亲属关系。实际上，亲属是那些天然就有一样血肉的人。不过，食物始终是持续再造有机体的物质。因此，同样的食物也能产生与共同起源一样的效果。”③所以，对于年夜饭本身这个仪式来说，食物共享就是形成共同起源的一种形式，在潜移默化地建构起民族记忆。同时，《侨报》对年夜饭大规模的报道，实际上已经是在塑造一个想象的共同体。“一个社会学的有机体遵循时历规定的节奏，穿越同质而空洞的时间的想法，恰恰是民族这一理念的准确类比，因为民族也是被设想成一个在历史中稳定地向下（或向上）运动的坚实的共同体。”④ 就是说，其实一个人不知道他的同胞们特定时间、特定地点在做什么，但是对于他们稳定、匿名又同时进行的活动，他都是能完全肯定的。《侨报》关于年夜饭专题的报道共21篇，讲述的是从吉林、山东到福建侨乡亭江镇、江西、广东广州和茂名等地方记忆中的年夜饭，还有在海外诸如毛里求斯、新西兰、南非、罗马尼亚等地的年夜饭。故事中，海外华侨华人虽然不确切知道国内同胞们是否在确切的时间和地点也在吃年夜饭，但是他们深信大家都在做同样的事情，流露出对家乡春节的思念之感。这一过程其实是在

---

① 戴盈：《〈舌尖上的中国〉和〈寿司之神〉——美食文化背后的国家形象传播》，《传媒观察》2017年第7期。

② 本尼迪克特·安德森著，吴叡人译：《想象的共同体》，上海：上海人民出版社2005年版。

③ 爱弥尔·涂尔干著，渠东、汲喆译：《宗教生活的基本形式》，北京：商务印书馆2011年版。

④ 本尼迪克特·安德森著，吴叡人译：《想象的共同体》，上海：上海人民出版社2005年版。

想象，在完成一个民族的共同记忆。于是，中华民族春节的集体记忆，在媒体的报道下进一步建构和加深。

节日仪式是通过身体实践对文化集体认同的建构。保罗·康纳顿把人的身体实践分为两类：体化实践与刻写实践。其中，体化实践为“一个微笑或一次握手或见面打招呼说话，都是一个传达人或一些传达人以他们自己现在的身体举动来传达的信息，只有他们亲身在场参与这个具体活动，才能传达信息”①。所以，对于文化特有姿势的记忆，是体化实践的一个例子。例如拱手、作揖、吉拜等都是春节的文化姿势。在节日仪式中，姿势的操演让参与者更加容易加深对节日文化的记忆。在该次春节的报道中，关于海外华侨华人庆贺活动的报道有41篇，占全部报道的28%，内容主要是大游行庆贺活动。2017年是农历鸡年，美国各地如洛杉矶、南加州、奥克兰等地游行活动都以金鸡游行为主，还有中国传统的舞龙舞狮。在游行或者舞龙舞狮活动中，海外华侨华人通过参与仪式，获得礼节性的辞令和姿势。通过这些每年一度的身体实践，春节文化特有的姿势得到了巩固，以习惯的方式储存于人体，并在此过程中使华侨华人学习中国的历史文化知识，产生对文化的认同。

文化认同对于一个民族来说至关重要，而传统节日民俗和文化充当了一个主要的认同载体。安德森曾说，民族是想象的。正因为“民族”是一种人造物，所以集体记忆也是被塑造的。集体记忆本身就是宏大而抽象的，笔者认为，无论多么宏大的文化认同理念，都必须植根于具体的现实生存环境和社会关系中。因此，《侨报》通过对春节的报道以及对仪式氛围的塑造，使华侨华人在具体的春节仪式和符号中交流，在仪式中释放情感，形成共享记忆和文化认同。中国春节文化之所以在全球渐渐普及，不仅在于越来越多的海外华侨华人睹节思乡，更在于春节文化背后为华侨华人带来的吸引力与凝聚力。在每一位华侨华人心中，春节都是非常值得欢庆的节日，不仅因为它是世代延续的传统节日，更因为春节蕴含着深厚的中华文化和民族归属感。

三、海外华文媒体对文化认同的建构

格尔茨曾说，人与人之间的传播或是文化传播的目的是进行有意义的交流，意义内容是无形的，传播的过程所传达的意义只有借助于具体可感的物质形式，借助于符号，才可能为受众所理解，因此，人与人之间的传播活动

---

① 保罗·康纳顿著，纳日碧力戈译：《社会如何记忆》，上海：上海人民出版社2000年版。

首先表现为符号化和符号解读过程。[①]《侨报》在传播过程中，将中华文化要素符号化，从读者视角重新建构易读性符号，再让读者进行符号化解读。《侨报》全部采用读者的稿件，以美食文化为主题，背后是中华民族强调的孝顺、团圆、手足情等，这些观念被具体化、故事化。中华民族受儒家影响甚大，《侨报》报道中的家庭、兄弟、团圆等观念，与儒家思想和道德观一致。《侨报》的报道内容和框架与读者的认知框架较为符合，当读者去进行符号解读时，自然很容易理解和接受符号中的内容，以及符号中涉及的文化因子，进而产生文化认同。例如《我家的年夜饭》专题报道以"#全球大拜年#"为主题，在微博吸引了1万位粉丝，引起了94.5亿条讨论和4.7亿次阅读。春节策划报道的文章被"今日头条"转载，让国内读者了解海外华侨华人的心声，促进海内外同胞的感情。在另一主题"#年夜饭#"中，微博粉丝纷纷晒出自家年夜饭的美食图片，以及用社交软件拍摄拜年视频上传微博，与朋友分享年夜饭的快乐与团聚。

《侨报》一直致力于促进中美文化传播与交流，促成文化认同。在《世界华文传媒年鉴2015》一书中，就提及"《侨报》业已成为美国发展最快和最有影响力的华文媒体。包括中国国家主席和国务院总理在内的许多中国高层官员都接受过《侨报》的独家专访。《侨报》已奠定了在报道中国大陆新闻方面的领军地位"[②]。同时，《侨报》亦积极反馈，曾捐赠自创刊以来的全套报纸，对于研究美洲华侨华人具有重大意义。《侨报》与中国官方文化交流的畅通，为中美同胞交流提供了便利。在搭建文化桥梁方面，《侨报》亦得到业内人士的认可。搜狐传媒就曾经在《〈侨报〉是什么样的报纸　西方主流媒体包括哪些》一文中，引用中国驻美大使崔天凯的话，说明长期以来《侨报》着力服务华人社区，客观报道中国发展，积极传播中国文化，努力增进中美互相了解，获得广泛赞誉，[③] 表达出搜狐对《侨报》在促进中美互信方面的赞赏。在国外，《侨报》的文化传播也得到了肯定。据中新社《美国〈侨报〉新版面市　增彩色版面强化视觉冲击》一文中，纽约市市长彭博先生称《侨报》对华人社区是一个巨大的支持源泉；纽约州州长柏德基先生称赞《侨报》是一份有品位的报纸。[④] 在《侨报》25周年庆典上，中国国务院侨办主任裘援平和纽约州华裔国会议员孟昭文分别表示，《侨报》是传播乡音的桥梁，是

① 克利福德·格尔茨著，韩莉详译：《文化的解释》，南京：译林出版社2008年版。

② 《世界华文传媒年鉴2015》，北京：世界华文传媒年鉴社2015年版。

③ 搜狐传媒：《〈侨报〉是什么样的报纸　西方主流媒体包括哪些》，http：//media. sohu. com/20160311/n440073328. shtml。

④ 《美国〈侨报〉新版面市　增彩色版面强化视觉冲击》，新华网，http：//news. xinhuanet. com/overseas/2005 -05/03/content_ 2910339. htm。

中美人民和中美两国之间的桥梁。除此之外，《侨报周刊》在周年庆典上，还与周刊读者一同欢庆，在丰富社区生活的同时，赢得更多读者。与中国的官方机构和媒体，以及国外官方和社区、读者进行文化交流，并由此获得认可，《侨报》可谓在传递中国文化上成效颇为不错。

四、总结

文化认同可分为文化符号认同、文化身份认同和价值文化认同三个方面。[①]《侨报》的春节报道运用仪式符号，传播了中国传统道德文化，建构了中华民族特有的记忆和文化身份，传递了中国社会的道德准则，对海外华侨华人的文化认同进行了全面的构建。符号作为一套指代和表述关系的系统，在节日仪式中作为介质传播发挥着上述的功能。英国学者特伦斯·霍克斯认为，符号的存在条件是独立并且与另外一个事物有联系。就是说符号没有固定意义，它所传递的信息也是被赋予的。仪式符号也是如此。因此，在节日仪式中，通过对仪式符号赋予特定的文化含义，让内在的个人经验与之产生心灵上的互动，并且加之以重复运用和操演，就很容易唤起人们的情感和信念，对此产生认同。富含文化意义和价值的文化符号，是文化认同建构特别是海外文化认同的重要载体，对文化建构具有重要意义。

① 王沛、胡发稳：《民族文化认同：内涵与结构》，《上海师范大学学报》2011 年第 1 期。

女性政治形象的贬抑

——美国《世界日报》中希拉里形象的塑造

吕　鑫

【摘　要】美国《世界日报》作为美国华文媒体的领军代表，在美国社会的华人圈具有极其重要的影响。因此，该媒体在2016年美国大选期间对于总统竞选者的报道方式和话语选择都对华人关于竞选者形象的认知产生潜移默化的影响。尤其在女性政治家希拉里的报道方面，更是隐藏了对于政治中女性形象的贬抑。本文通过对《世界日报》关于希拉里的报道及形象贬抑的表征及原因进行分析，阐释了在美国的政治环境中，华文媒体不但要考虑自身运营与发展，还肩负了社会教育的重要职责。对民众的思想意识进行正确引导，是媒体客观、公允地进行新闻传播、享受受众信赖的同时不可推卸的社会责任。

【关键词】女性政治形象；《世界日报》；美国总统竞选

一、引言

2016年美国总统选举落下帷幕，希拉里·克林顿自2008年败选给奥巴马后，再次输给同样不被看好的参选者特朗普。回看此次选举过程，媒体宣传依然扮演着至关重要的角色，甚至有人断言，是过度依赖传统媒体的希拉里输给了积极有效地运用新媒体的特朗普。选举的成败，必然不可能简单依赖于媒体对选举者形象的塑造和竞选政策的单一宣传，竞选者的个人品质、从政经验以及民主党和共和党各自标榜的形象能否赢得选民的青睐都在影响着选民的投票。对于美国总统选举衍生出来的新闻学和传播学的研究影响深远，如“两级传播”“既有政治倾向”“意见领袖”等。事实上，希拉里参选总统是对新闻传播活动的一次挑战，因为此次竞选活动中女性政治形象的塑造未能得到与男权一直占上的既有政治形象一样的平等对待。本文选择了《世界日报》这一在美国具有较高影响力的华文媒体，并选取其中关于希拉里参加总统选举的相关报道，通过数据分析和内容分析的方法来解读相关报道中女性政治形象的塑造，并阐释该媒体对女性政治形象的贬抑的原因。

二、《世界日报》与美国总统选举

1951年，台湾《联合报》在台北创刊。1976年，其海外报系《世界日报》在纽约和旧金山同时创刊，总部设在纽约。1980年创建洛杉矶分社，1987年创建多伦多分社，1991年创建温哥华分社。美国《编辑与出版人年度手册》（*Editor & Publisher International Year Book*）2007年版公布的发行数量显示，《世界日报》每日发行量为135 000份。发展至今，《世界日报》已成为北美地区发行量最大的中文报纸，同时也是美国少数几家发行于全国的日报之一，在纽约、洛杉矶、旧金山、芝加哥、得克萨斯州、温哥华、多伦多等地拥有独立的发行业务。

“《世界日报》一年365天全年无休，每日至少出版64个版面，至多可高达128个版面，内容包括当天的全球重大新闻，美加要闻与经济、政治新闻，还有最新的中国大陆、台湾、港澳和东南亚新闻，以及地方华人社区新闻。此外，《世界日报》也提供体坛焦点、影艺动态、金融、艺文、论坛、儿童世界、家园、科技资讯、医药保健、消费、工商等报道。”①

纽约中文网2013年曾报道称：“只要你是中国人，不管你是旅游，还是移民、留学，只要你在美国生活，你就离不开《世界日报》。这家报纸在美国各区的华人心中有着举足轻重的地位，如果在美国没有《世界日报》，华人没办法生活，很多东西不方便，因为这家报纸提供了最全面的中文信息，包括中美新闻、美国当地生活资源、找房子、找工作、招聘员工，各种商业活动都可以在这里找到。华人离不开《世界日报》，《世界日报》离不开华人。《世界日报》是美国中文报纸的老大，利润也相当之大，就单单报纸广告，记者大概推算一下有80万美金一个月，而且他们还开设了世界书局、世界周刊、网络报纸。”《世界日报》不但获奖无数，更得到了北美主流社会的肯定，美国前总统布什以及加拿大前总理克里靖都曾先后赞扬《世界日报》，肯定《世界日报》在帮助新移民融入当地社会的过程中所扮演的关键性角色及卓越贡献。

美国总统选举与在美华裔的生活和生产息息相关，更重要的是，美国的选举制度保障了每一位美国的适龄合法公民都具有重要的投票选举权，而不

① 王艳琴：《海外华文传媒与中国国家形象》，暨南大学硕士学位论文，2013年。

同的政党候选人出任总统会对民众生活产生极具差异化的影响。为了选择一位能够为华裔选民带来更为优厚政策与良好待遇的总统，这些华裔选民试图更充分、更系统地了解这些总统竞选者。而他们的了解渠道则依赖于深受民众喜欢和信赖的媒体报道。所以，《世界日报》的相关报道对华裔选民参与总统竞选的影响显而易见。其对竞选者形象的塑造是积极的还是消极的，是表面的还是隐含的，也变得至关重要。其突出的社会影响力是将其作为研究对象的重要原因。

三、《世界日报》对希拉里形象塑造的数据分析

在《世界日报》官方网站以“希拉里”（繁体搜索“喜莱莉”）为关键词进行搜索，对以相关性为排序依据所呈现的100篇新闻报道进行数据分析，结果如下：

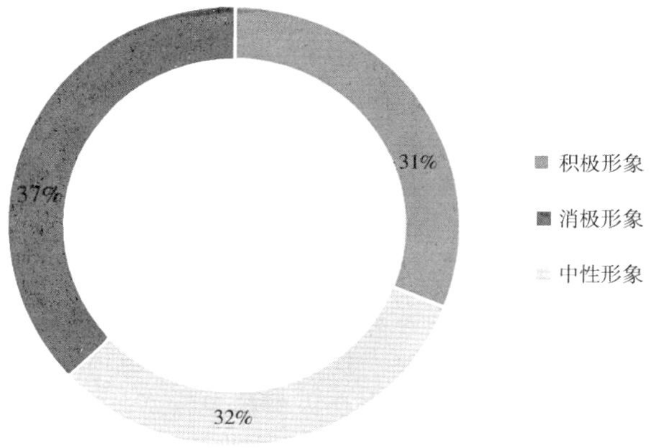

图1　样本新闻报道塑造希拉里积极、消极、中性形象的篇幅占比

由图1可知，在样本新闻报道中对希拉里形象的呈现情况看似大致呈均衡态势，但明显消极形象所占篇幅过多，甚至会消解同等比例塑造积极形象的报道。在意义界定上，积极形象的报道多数是指关于希拉里在竞选期间获得竞选优势的新闻。例如，得到了在任总统的各方面支持，在某些州民意投票中获得领先，以及获得某些社会名流和家族的支持。中性形象的报道主要指客观中性报道新闻事件，并未对希拉里形象进行评价性报道。消极形象报道内容是多方面的，首先希拉里个人“邮件门”事件在消极形象塑造中成为主要话题而被反复报道。同时，个人健康问题也占据了一定版面，还有对其

作为总统的个人能力的消极评价。报道中对希拉里直接性和间接性的负面评价报道比重大，内容复现率高，隐藏了对于女性政治形象的偏见和贬抑。

如上所述，在塑造希拉里消极形象的报道中，《世界日报》主要选择并呈现了四个报道方向：个人健康、性格、个人能力以及丑闻。图2为各方面报道的数量及在总体样本中所占比重：

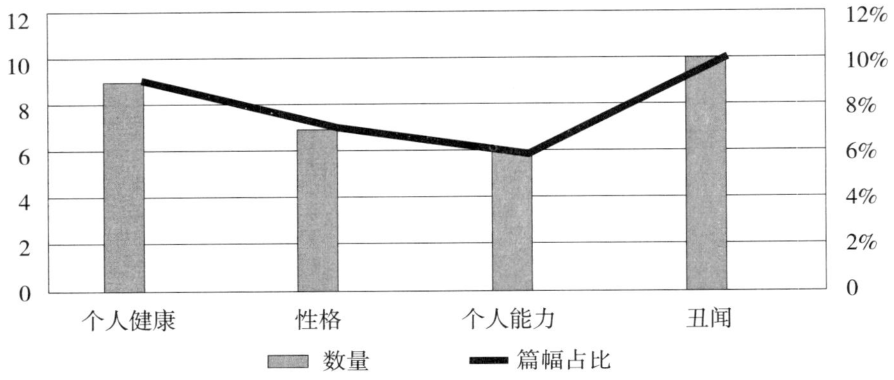

图2 《世界日报》塑造希拉里消极形象报道分析

由图2可知，在100篇《世界日报》样本报道中，关于希拉里个人健康问题的报道为9篇，对希拉里性格负面评价和表述的为7篇，对希拉里个人能力负面表述与评价的为6篇，关于希拉里“邮件门”和其丈夫性丑闻的报道为10篇，共计32篇。对其数据分析可发现，样本中既有在报道标题中即呈现明显消极的形象，也有在内容中直接或间接表达对希拉里形象的负面评价。其女性政治形象整体可以表述为个人健康情况差，性格复杂，个人综合能力不足以及丑闻缠身。媒体报道内容的选择既包含了对于受众兴趣的考量，也含有媒体机构自身运营与发展以及社会影响的因素。而媒体自身因素既包含管理者对于事件与人物的认知，还含有自身文化因素的影响。所以《世界日报》对于希拉里报道的数量、角度、情感基调都可以用数据具体体现，而上述数据也明确显示了《世界日报》对于希拉里这一女性政治形象的贬抑。

四、《世界日报》对希拉里形象的塑造的内容分析

媒体在做新闻报道时会采用一种框架，即“组织文本时，在认知、阐释、

呈现、选择、强调和排除的过程中都会遵循一个持续的范式”①。媒体经常会用男性主导世界的传统框架来构建女性的形象。换言之，媒体报道通常也是以男性立场来看待相关事件的。《世界日报》同样如此。

通过对样本的内容分析，可见希拉里在《世界日报》中主要呈现以下形象：

（1）身体健康较差的女性。

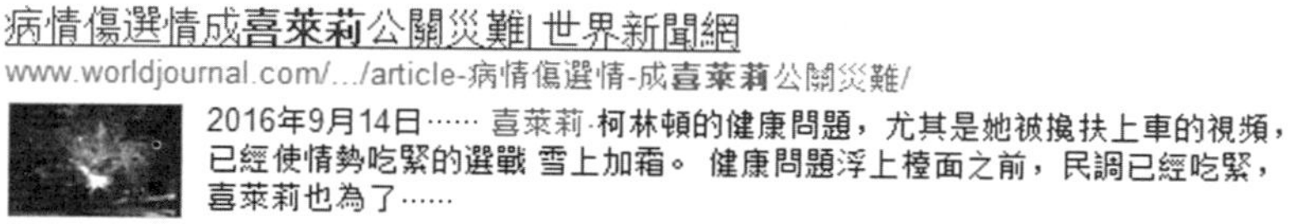
病情傷選情成喜萊莉公關災難| 世界新聞網
www.worldjournal.com/.../article-病情傷選情-成喜萊莉公關災難/
2016年9月14日…… 喜萊莉·柯林頓的健康問題，尤其是她被攙扶上車的視頻，已經使情勢吃緊的選戰 雪上加霜。 健康問題浮上檯面之前，民調已經吃緊，喜萊莉也為了……

图3　希拉里相关报道

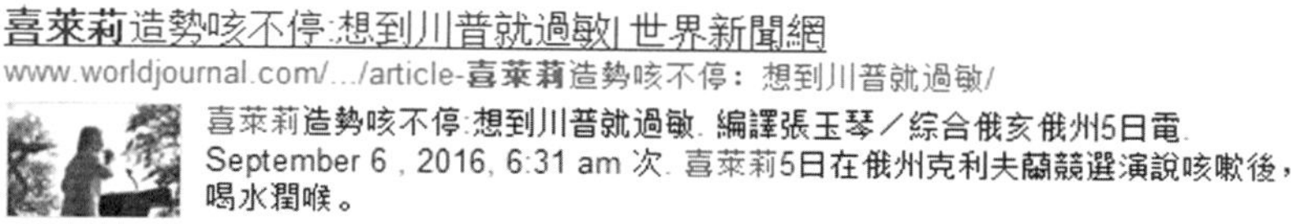
喜萊莉造勢咳不停:想到川普就過敏| 世界新聞網
www.worldjournal.com/.../article-喜萊莉造勢咳不停：想到川普就過敏/
喜萊莉造勢咳不停:想到川普就過敏. 編譯張玉琴／綜合俄亥俄州5日電. September 6 , 2016, 6:31 am 次. 喜萊莉5日在俄州克利夫蘭競選演說咳嗽後，喝水潤喉。

图4　希拉里相关报道

希拉里和特朗普同为此次竞选中年龄较大的总统竞选者，两人的健康问题引起了媒体与选民的广泛关心。而从图3和图4两则新闻标题中可以看出，《世界日报》不但选择了较为严重的词汇去表述希拉里的健康问题，还指出是另一位竞选者迫使希拉里出现健康问题。上述的表述，明显体现了相对于同龄男性，女性更容易出现健康问题，而希拉里被塑造为会因为压力直接影响工作的身体健康较差的女性。这一形象特点，必然会使选民对于希拉里的总统竞选产生忧虑，并直接影响选民的投票结果。

（2）气场过于强势的女性。

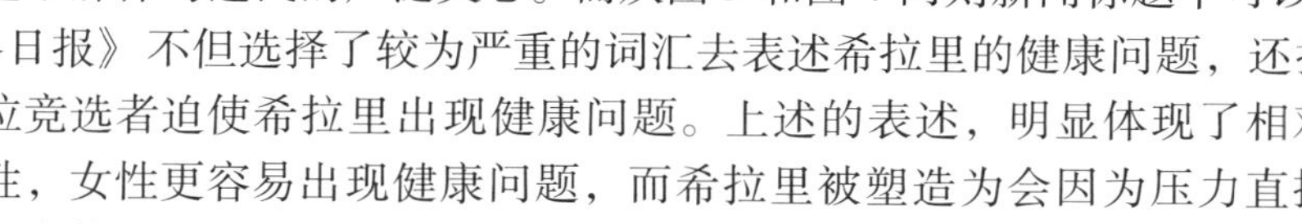
喜萊莉出場走在夫婿前面仍顯強勢| 世界新聞網
www.worldjournal.com/.../article-喜萊莉出場走在夫婿前面-仍顯強勢/
2017年1月21日……川普總統就職典禮，儘管諸多國會議員和名人拒絕出席，但多位前總統還是循例應邀 到場，既給足川普面子，也為疏離政治舞台中心的自己爭取曝光 ……

图5　希拉里相关报道

① 张旺斌：《透视“她者”的镜像——〈纽约时报〉中希拉里·克林顿形象的呈现》，《中国报业》2012年第2期。

步入主席台的貴賓席，受到在場觀禮的民眾歡迎。喜萊莉·克林頓身穿白色禮服，走在夫婿克林頓總統的前面，依然氣場十足，仍顯強勢作風，而其他兩位前總統的夫人，則都是跟在丈夫身後亦步亦趨。

图 6　希拉里相关报道

图 5、图 6 的新闻报道无论从图片还是具体的文字表述，都可见《世界日报》对于希拉里强势的刻意强调。无论事实是希拉里刻意走在克林顿前面还是恰巧被拍到如此，《世界日报》都在有意说明女性不该如此强势，甚至用与其他两位总统夫人的对比来说明此问题，加深受众对于媒体所塑造的这一女性形象的印象。对这一报道标题的拟定和具体新闻报道内容中的对比描写都体现了《世界日报》对于女性形象的不正确塑造，以及对受众与选民的女性形象认知的错误引导，依然体现着“男尊女卑”的固有偏见，将行为上与传统不符合的暗示为不正确。

（3）因为性别而获得差别待遇的女性。

男不傷女傳統喜萊莉或得同情分| 世界新聞網
www.worldjournal.com/.../article-男不傷女傳統-喜萊莉或得同情分/

2016年9月26日……總統辯論委員會25日宣布，第一場總統候選人辯論沒有開場白和結束語，依女士優先 的傳統原則，主持人將先向喜萊莉提問，在兩人分別回答兩分鐘……

图 7　希拉里相关报道

性別——喜萊莉敗選的關鍵因素| 世界新聞網
www.worldjournal.com/.../article-性別——喜萊莉敗選的關鍵因素/
2016年11月22日 ... 2008年，歷經磨難的喜萊莉·克林頓，無可奈何地宣布退選。她在國家建築博物館的 穹頂下發表退選演說，你們投出的每一票，都讓世界變得不同。

图 8　希拉里相关报道

图 7、图 8 两则新闻引导受众认为希拉里的成绩与失败都取决于她的女性性别，忽略了女性作为个体在政治活动中依然拥有独立的、强大的个人价值与意义。《世界日报》的立场根源在于固有的男性占政治领导地位的刻板印象，所以其引导受众忽略希拉里在政治中的领导能力，转而关注其性别在总统竞选中所带来的差别待遇。然而，希拉里在担任国务卿时的政治成就已是众所周知，虽然后来也有“邮件门”等负面新闻的出现，但不能忽视其所拥有的能力与成绩。所以，《世界日报》的立场没有给予女性政治形象该有的正确塑造。

（4）执政能力不足的女性。

《新聞眼》喜萊莉克林頓適合當總統嗎？| 世界新聞網
www.worldjournal.com/.../article-《新聞眼》喜萊莉克林頓適合當總統嗎？/

2016年10月9日……美國亞裔一向支持民主黨居多，華裔也是如此，但今年美國大選民主黨總統提名人為 喜萊莉·克林頓，華裔對克林頓存在複雜的感情。她作為一個老……

图 9　希拉里相关报道

克林頓任內中情局長轟喜萊莉缺領導能力| 世界新聞網
www.worldjournal.com/.../article-柯林頓任內中情局長-轟喜萊莉缺領導能力 /
2016年9月13日 …… 曾經在前美國總統柯林頓任內擔任中央情報局局長的伍爾西(James Woolsey)，12日 重砲猛批民主黨總統候選人喜萊莉既缺乏領導能力，也不遵守 ……

图 10　希拉里相关报道

經濟學人：喜萊莉軟肋在經濟政策| 世界新聞網
www.worldjournal.com/.../article-經濟學人：喜萊莉軟肋-在經濟政策/

2016年4月25日 …… 喜萊莉·柯林頓面對26日的東北部五州之戰，幾乎可以肯定她被提名。喜萊莉雖然 從政經驗豐富，但在極端主義抬頭的時代，她固守中間路線，即使她 ……

图 11　希拉里相关报道

图 9、图 10、图 11 所展示的三则新闻的标题，以直接和间接的方式表达了希拉里执政能力不足这一形象认知，分别在领导能力、经济决策能力上批评希拉里，甚至指出她作为一个老政客，野心勃勃而又不择手段，知法犯法，让人对她望而却步。而且提出民主党的理念逐渐脱离现实，为了选票，不计后果地乱施福利，掏空了美国财政。报道者断言，如果民主党希拉里当选，对美国是弊大于利。媒体本应坚持客观报道的原则，但行文内容里却直言不讳地表达希拉里有政治缺陷，忽略其所取得的政治成绩，引导受众形成希拉里缺乏执政能力这一单一认知，对女性形象的塑造并不公平。

解读完《世界日报》对希拉里的女性形象塑造，我们再来参照一下美国本土极具影响力的媒体《纽约时报》对于希拉里的形象塑造：

（1）穿裤装的女人。

“新闻报道中多次提到了希拉里的穿着，这样的描写置希拉里于特定的性别角色，那就是女性应该强调穿着。当提到她的总统候选人角色时，作者依然是用‘穿裙子或穿裤套装的人’这样一个特定的符号来指代。这样的报道将希拉里的形象琐碎化，会让受众更关注希拉里的外在形象而不是她的政治行为。”①

（2）反常的政治妻子。

“许多女权主义者推崇希拉里是因为她公然反抗性别角色刻板印象。事实上，媒体继续用传统女性的符号来塑造她。例如，作为一名妻子，希拉里应该了解丈夫的食物口味，应该重视家庭的稳定，容忍丈夫的不忠。因为她在家庭以外的其他领域取得了成绩，她成了‘非传统的政治妻子’。因为不愿随丈夫姓克林顿，她成了‘不受控制的妻子’。”②

（3）哭泣的女人。

“从一开始，希拉里的整个竞选策略就集中在建立强硬与经验充足的形象，然而媒体还是会捕捉到她脆弱、感性的一面。希拉里内心敏感细腻，当遇到挫折时也会用泪水表达委屈。这样的描述让受众感觉她是一名脆弱的女子，无法处理好棘手复杂的政治局势。”③

（4）摇摆不定者。

“在伊拉克问题上，希拉里表现出摇摆不定的态度。希拉里在伊拉克问题上的态度屡遭非议，她转换的立场被媒体塑造为反复无常。她缺乏决断的力度和技巧，对于传统的男性阵地，她也有点穷于应付。通过和奥巴马态度的对比，媒体更凸显了她的优柔寡断、立场不坚定。”④

五、《世界日报》对于希拉里形象塑造的原因及理论分析

对于《世界日报》对希拉里形象的塑造，我们可以从其自身的运营与发展、既有的文化积淀和所处的整体社会环境等角度去考虑：

1. 性别的刻板印象

女性弱势、有依附性、有可控制性，是简单的刻板印象。这种刻板的印象真实地存在于整个世界的所有领域当中。另外，人类当下所生存的世界从政治、经济到文化处处充斥着男权至上的思想，因此一些人更加笃定地确信男性就该无理由地支配着权利，对于想要获取同等权利的女性带有偏见。“从

---

① 张旺斌：《透视“她者”的镜像——〈纽约时报〉中希拉里·克林顿形象的呈现》，《中国报业》2012 年第 2 期。

② 张旺斌：《透视“她者”的镜像——〈纽约时报〉中希拉里·克林顿形象的呈现》，《中国报业》2012 年第 2 期。

③ 张旺斌：《透视“她者”的镜像——〈纽约时报〉中希拉里·克林顿形象的呈现》，《中国报业》2012 年第 2 期。

④ 张旺斌：《透视“她者”的镜像——〈纽约时报〉中希拉里·克林顿形象的呈现》，《中国报业》2012 年第 2 期。

女权主义视角看待媒介，媒介总是体现了一定的主流意识形态，任何事件的解读都和当时的社会秩序、话语形态相关，而正是社会秩序和话语方式左右着大众传媒的意义生产，究其实质，还是男性霸权在起主导作用。”①

2. 华人的传统文化

《世界日报》作为华文媒体，其创办者接受了传统的中华文化中“男尊女卑”固有传统观念的影响，由思想指引行为，因其是传统便不加更改、不思更新地接受。同时，媒体考虑到受众的思想行为习惯，也会将自身态度选定为男强女弱，这样受众接受起来更方便，便会对该媒体的认可度变高，信任感增强，媒体的运营和盈利才更有保障。

3. 迎合主流媒体

《世界日报》固然有影响力，也会为了更好地融入美国社会，融入美国政治，吸引更多的民众关注而选择和美国本土媒体的报道基调融合。以《纽约时报》为首的美国主流媒体也会因为刻板印象等报道希拉里作为女性的非传统形象，这种形象塑造影响了美国的大众群体，作为少数群体媒体的《世界日报》也在报道中尽可能迎合美国大众的价值观，使华裔群体思想与更多美国本土居民的思想一致，使华裔居民不受到排挤而融入大群体当中。

4. 消费主义主导下政治新闻“软化”的体现

在当下的媒体生态环境中，“在‘消费’和‘快乐’的双重作用下，政治新闻的严肃性和深刻性很容易被‘软化’为适合受众快速消化的新闻，以适应市场中的大众需要。因此，作为当前世界政治力量中最受瞩目的美国，其总统竞选情况肯定具有极大的新闻价值，在希拉里宣布参选后，媒体最先该向受众解读希拉里的相关政治素质和从政经历等‘硬新闻’，但其性别本身以及其作为前第一夫人身份的‘软新闻’也是媒体关注的焦点之一，而受众更易于被这些‘软新闻’所吸引的现实使得媒体不得不作出‘软化’的选择与表现”②。“消费主义反映到新闻媒介中的表现之一，即是它导致媒介用社会新闻的模式来处理、表现信息，使各种信息的政治性削弱，消解政治新闻的严肃性，化解深度，以适应平民口味。”③

① 汪振军：《大众传媒与社会性别观念的传播》，《中州学刊》2007 年第 3 期。

② 谭超华：《中国媒体再现西方政治女性的性别议题及机制——以对赖斯和希拉里的报道为例》，《常熟理工学院学报》2010 年第 9 期。

③ 罗以澄、夏倩芳：《他国形象误读：在多维视野中观察》，《新闻与传播研究》2002 年第 4 期。

六、结语

我们在要求华文媒体改善媒体报道中的性别意识时，也要关注到华文媒体因考虑到自身生存、发展而选择的价值观导向。但是，媒体除了自身运营与发展外还兼具了社会教育的重要职责，对民众的思想意识进行规范，将正确的思想意识客观、公允地传播出去是媒体享受受众信赖的同时所肩负的不可推卸的社会责任。

“传媒给人们带来的并不都是进步的思想观念，相反媒介信息绝对量的增加，导致了一系列传媒生态问题的出现。……由于性别意识潜存于新闻传播文本中，考量文本，认知其特别意味的表述，注意到新闻传播中无意施加给大众的不同维度的性别意识，我们可以对社会表征中的性别隐喻方式保持警醒，从而建构出更为积极的两性价值观念。这不仅是女性主义研究者面临的学术问题，更是关系到媒介生态平衡和社会生态平衡的一道大题。”①

【参考文献】

1. 孙来斌：《从大选看美国政治的问题、形象和走向》，《武汉大学学报（哲学社会科学版）》2017 年第 1 期。

2. 《华文媒体在美国》，《中国传媒科技》2015 年第 2 期。

3. 苏彦韬：《美国华文媒体如何在主流社会发声》，见世界华文传媒论坛组委会：《国际话语体系中的海外华文媒体——第六届世界华文传媒论坛论文集》，2011 年。

4. 秦贻：《新媒体与民主政治重构及其问题分析》，武汉大学博士学位论文，2012 年。

5. 乔新生：《总统选举结果是对美国媒体的当头棒喝》，《青年记者》2016 年第 36 期。

6. 迪娜·巴哈提：《大众传播媒介在美国社会性别政治中的作用机制探究——1991 年与 2002 年“美国总统大选”实证分析》，《南阳师范学院学报》2015 年第 11 期。

7. 刘立娟：《美国大选中女性竞选人的媒体运用——以卡莉·菲奥里纳和希拉里·克林顿为例》，《青年记者》2016 年第 20 期。

8. 刘月：《美国总统选举中的性别政治》，复旦大学硕士学位论文，2012 年。

9. 李燊：《女性主义国际关系理论视角下的美国总统选举》，吉林大学硕士学位论文，2016 年。

10. 陈征：《希拉里的外交决策顾问及其外交主张》，《中国发展观察》2016 年第 14 期。

① 张旺斌：《透视“她者”的镜像——〈纽约时报〉中希拉里·克林顿形象的呈现》，《中国报业》2012 年第 2 期。

从印尼文报纸对华人的报道看当地原住民对华人的态度

彭伟步

【摘　要】本文对印尼文报纸中的华人新闻进行内容分析，认为政客和传媒长期对华人的负面批评和报道，强化了原住民对华人非原住民形成的缺乏国家认同和回馈社会的负面印象。这些印象是造成华人长期在印尼受排挤和歧视，并成为骚乱受害者的主要原因。本文认为，除了印尼传媒要客观公正报道华人外，华人也要塑造良好形象，努力融入主流社会，承担更多的社会责任，并实现在政治上的突破，促成民主社会，逐渐改变当地居民对华人的负面印象。

【关键词】印尼传媒；原住民；印尼华人；态度

印尼是一个多民族国家，而华人是其中较大的族群之一。早在汉唐时代，就有华人迁徙到印尼诸岛的记载。19 世纪 70 年代，大量华人移居印尼。由于历史原因，原住民形成了对华人的复杂态度，他们在经济上离不开华人，但是心底里又忌恨华人在经济上的成功。这种爱恨交加的态度的形成，与传媒，特别是印尼文报纸长期对华人的不客观和负面报道有关。传媒通过对华人新闻的负面报道，不断加深原住民的猜疑和不满，导致原住民形成了对华人的刻板印象。

目前，印尼主要有印尼文报纸 5 份，它们是《罗盘报》（*Kompas*，50 万份）、《专业之声》（*Suara Karya*，12 万份）、《战斗报》（*Berita Yudha*，8 万份）、《独立报》（*Merdeka*，10 多万份）、《明灯报》（*Pelita*，6 万多份）。印尼有两份英语报纸：《雅加达邮报》（*Jakarta Post*）、《印度尼西亚观察家报》（*Indonesian Observer*），还有十多份华文报纸，但是这些华文报纸除了《印度尼西亚日报》（现为《印尼星洲日报》）外，都是 1998 年苏哈托政权垮台之后诞生的。苏哈托对华文教育、华人社团、华文传媒三十多年的限制与摧残，以及华文在印尼缺乏商业价值，导致了五十岁以下的华人大多都不谙华文，因此，华文传媒在印尼的影响极其有限。当前不仅绝大部分的华人不懂华文，也没有形成像其他国家那样当地居民热衷学习华文的现象。华文仅在印尼少数华人圈中传播，造成印尼文传媒垄断了社会舆论的形成与传播。其中作为销量最高的印尼文报纸，《罗盘报》影响社会舆论的作用尤其明显。本文以《罗盘报》作为主要的研究对象，通过内容背景分析和历史资料研究，探讨它对原住民的影响。

一、强化当地原住民对华人是非原住民的印象

印尼华人约有 1 000 万人，虽然只占印尼人口的 3.5% ~4%，但是使印尼成为拥有最多华人的国家。非正规统计表明，在印尼普遍上被称为"少数族群"的华人，是印尼多元部族中排名在爪哇部族和顺达部族以外的第三大部族。现在为数众多的华人已经是几代居住在印尼的公民。他们中有很多人只知道自己具有华人的血统，但对中国知之甚少，甚至一无所知。众多土生土长的华人已经与原住民没有根本的区别。

令人非常遗憾的是，自荷兰开始殖民地统治到印尼独立至今，印尼却是经常反华排华的国家。在荷兰殖民时期，荷兰殖民者为了巩固政权，不仅剥夺华工的劳力，还推行分而治之的统治手法，使得华人跟原住民在社会、经济和感情心理上形成恶劣的关系，这也在印尼原住民与华人之间造成许多麻烦与问题。

不但荷兰殖民者挑拨华人与原住民的关系，连追求独立、反对荷兰统治的原住民领导人苏卡诺、穆罕默达·哈达、苏多莫等人也经常发表对华人不友善的言论。苏多莫等领袖人物每天利用广播电台进行三四个小时演讲，但许多篇幅都在批评华人，视华人为外来经济掠夺者，"譬如讲卖花生的华人，来印尼时只穿一条裤子和一件背心在街头挑卖，不久之后就会由印尼人来挑担子，华人走在前面叫卖；再过不久，华人就租小店铺，雇印尼人做，自己则当老板等"①。他们也认为华人腐败是造成印尼贫穷的原因之一。②

在苏哈托总统长达 32 年的统治期间，印尼华人遭受到普遍性的歧视。1965 年后，他强迫华人解散华人组织、关闭华校、禁用华文、禁止中华文化、停止华族活动等，并不准华人使用传统名字，命其必须改用印尼原住民的姓氏和名字。在政治和经济敌视下，反华排华的各种针对华人的暴力活动时常发生。

---

① 吴金帆、林洛川：《印尼排华运动的前因后果》，《联合早报》，1998 年 10 月 22 日。

② Artalyta Tersenyum Dengar Rekaman Suapnya. Kompas, 2002 - 05 - 24.

苏哈托对印尼华人采取严厉的同化政策。他实行以“土著”为“国族”的建国和治国模式，视华族文化为外族文化，认为它不能成为所谓“印尼文化”的组成部分，把华人当作外来人，并关闭华族文化的三大支柱（华团、华校与华文媒体），只准许华人在家庭范围内庆祝传统节日，限制华文的使用，严禁华文读物进口，只批准半印尼文半华文的官方《印度尼西亚日报》出版。但是这种官方办的双语报纸，由于受到军方的控制，得不到华人的支持，发行量经常徘徊在 3 万至 5 万份，根本起不到改变舆论、客观反映华人贡献的作用。

把华人视作外来人，并由此剥夺华人政治权利，相当明显地在各种印尼文报纸上反映出来。发行量最大，影响也最大的印尼文报纸《罗盘报》一直以来都有报道华人的负面新闻，对华人极其不友好。笔者经随机抽样，选中 2002 年 11 月所有新闻和言论作为研究样本。经统计发现，华人负面新闻的比例为 72.6%，中性的有 23.2%，正面的有 4.2%。在华人负面新闻中又有 56.3%的新闻与言论排斥华人，并认为华人是外来民族。这些数据说明，报道华人的负面新闻是该报的主要办报方针。

该报经常发表敌视华人的言论。2000 年 11 月 24 日前后，它刊登了一篇文章说，印尼华人的问题是由殖民政府的少数民族政策引起的。过去的荷兰殖民政府把印尼华人列为“在社会上多数民族当中处于中上阶层的少数种族”①，这样他们就把华人送上了火山口，加剧了华人在经济上与原住民的矛盾，并使其受到贫穷原住民的敌视。《罗盘报》认为，“华人独立于其他族群，带着五千多年悠久的中华文化的优越感居高临下甚至讥笑原住民不发达的文化，使原住民相当反感，也是原住民始终不把华人当作自己人看待的原因之一”②。该报每天发行 50 万份，按照每一份报纸三个人看的国际标准计算，也就是说至少有 150 万人受到该报的影响。由此可见，《罗盘报》一旦出现对华人不友好的言论，就会影响到原住民对华人的负面看法。

虽然随着瓦希德、梅加瓦蒂、苏西洛相继上台，华人的境况有了好转，但是在许多领域仍然受到歧视，特别是法律上的歧视，尤使华人无法改变自己的命运。比如说，移民当局规定，印尼华人必须在出生纸上注明种族，而且在出国时必须出示国籍证，这种政策迫使华人这一生中必须不断证明本身的国籍。这明显把华人排斥在主流社会之外。2002 年 2 月 19 日，中国新闻网站转引《雅加达邮报》的报道说，虽然华人的政治环境有所好转，但是仍然在诸多领域中受到歧视。印尼一名人权活跃分子艾斯特称：“印尼华人必须提

---

① Golput dan Fatwa Haram Golput Sama Ekstremnya. Kompas, 2001-12-23.

② Golput dan Fatwa Haram Golput Sama Ekstremnya. Kompas, 2001-12-23.

交额外的证件，而且在申请身份证、护照及其他法律文件时付较高费用。"[①]

由于被排斥在印尼社会主流以外，印尼华人必须勤奋工作以证明自己的价值。然而，当华人变得富有之后，却引起印尼原住民的憎恨。一名在公关公司工作的华人就说："即使我会讲流利的印尼语及爪哇语，而且是在这里出生，我的祖父母也在这里出生，对中国相当陌生，我仍被当作外国人对待。"[②]

印尼华人与原住民在政治方面被分割，也是华人受歧视的表现之一。苏哈托政府在政治和社会上歧视华人，改称他们为"支那人"。"支那"一词在印尼文是贬义词，苏哈托有意丑化、侮辱和贬低华人。在政治主导下，在新闻局的审查下，传媒大量发表歧视华人、把华人当作外来人的言论，强化了原住民对华人是外来人的刻板印象。这种观念一旦定型，就变成了一种相当顽固的文化意识，很难被消除。

传媒强化原住民对华人的非原住民印象，长期把华人排斥在主流社会之外，既不利于华人的生存，也不利于印尼各种族的和睦相处，更不利于印尼的经济发展。华人由于长期被政府和传媒视作外来人，在政治上被剥夺了权利，只能埋头经商，结果经常成为政府和传媒的替罪羔羊。在1998年发生的反华骚乱中，华人流出印尼的资金相当于印尼的外债，结果骚乱之后，印尼经济一蹶不振。在骚乱中，华人损失巨大，数百名华人妇女被强奸，5 000多家华人商铺被烧毁。鉴于骚乱的严重性，许多有意赴印尼投资的财团打消了念头，就更延缓了印尼的经济恢复。

二、强化当地原住民对华人缺乏国家认同感的观感

华人具有很难被同化的民族性格和强大的族群文化观念，在许多印尼人看来，华人是一个缺乏国家认同感的族群。印尼华人作家林伟忠在《我们的困境》一文中针对原住民对华人的国家认同的疑惑，提出了一个颇有普遍性的问题："原住民认为你首先是个华人还是印尼人？中国政府和所谓的印尼政府认为你首先是华人还是印尼人？"[③]

原住民在传媒的影响下，对华人持有很深的偏见，认为他们缺乏国家观念，享受经济成果，却不愿意承担国家发展的各种义务。早在1950年，担任教育与文化部部长的阿布·哈里发在《罗盘报》上发表文章说："这些华人不

---

① 《媒体指印尼华人仍在政治、社会等领域受歧视》，中国新闻网，2002年2月19日。

② 《媒体指印尼华人仍在政治、社会等领域受歧视》，中国新闻网，2002年2月19日。

③ 刘宏：《族群与国家观念的迷思——以后殖民时期的印度尼西亚为例》，见郝时远主编：《海外华人研究论集》，北京：中国社会科学出版社2002年版。

是效忠荷兰就是他们的祖国——中国。他们对于供养他们的国家及其人民没有丝毫的忠诚。"[①] 他们认为，华人在印尼独立战争当中保持中立，只能说明他们过于看重自己的经济利益，对国家付出甚少。1998 年印尼发生反华骚乱后，哈比比接任总统职位，在接受传媒采访时也发表了对华人相当不友好的言论。他说："如果华人因为不信任自己的国家而不愿回国，我不能强迫他们回国，任何人都不能强迫他们。""华人不回国，印尼不会完蛋"，"他们的空位将被其他人填补"。[②] 可想而知，连总统都对华人发表不友好言论，其他的政府官员对华人的态度又好到哪里去？普通百姓又怎么可能不受到这些政客的影响呢？

印尼独立后，华人逐渐加入印尼国籍，形成"落地生根"的念头，有一部分华人希望在政治不效忠中国的基础上，维系文化上的族群感。他们与印尼当地文化进行交流，但不同意政府同化华人的政策，强调华人作为单独和颇具特色的族群存在的重要性。他们更加务实，更加注重华人的本土化，但是又坚持自己的文化特色。所以，在传媒上就有文章评论"我们希望中国强大，这对我们会有些益处，但是我们不能将自己的命运寄托在中国的强弱上"[③]。

另有一部分的华人倾向完全本土化。这部分人主要是土生土长的华人，他们从小就接受印尼文教育，生活在印尼人当中，对中国的感情已经相当淡薄，只有在家里才会偶尔接受父母的华文教育，脑子里才有一点关于华人的印象。由于从小接受印尼文教育，在许多华人家庭中，用印尼语进行沟通已是相当普遍的现象。持本土化观点的华人认为华人只有接受原住民的同化，解散各种华人组织和团体，才能被原住民全盘接受，才能融入印尼主流社会，获得与原住民平等的政治和经济地位。他们说，"我们真正的祖国是印尼，我们效忠的是印尼，这种效忠必须是单一的和不可分的"，"我们的生活取决于印尼而非中国，无论从何意义上说，中国都是一个外国"。[④]

然而，从多次反华排华的骚乱来看，传媒和原住民并不区分从中国大陆移民过来的和土生土长的华人，他们总是把华人当作一个整体来看待，认为"华人热爱中华文化，向中国投资，抽走了印尼的资金，体现了华人缺乏国家

① 翁德生：《印尼华人的贡献》，《联合早报》，2004 年 7 月 2 日。

② 翁德生：《印尼华人的贡献》，《联合早报》，2004 年 7 月 2 日。

③ 刘宏：《族群与国家观念的迷思——以后殖民时期的印度尼西亚为例》，见郝时远主编：《海外华人研究论集》，北京：中国社会科学出版社 2002 年版。

④ 刘宏：《族群与国家观念的迷思——以后殖民时期的印度尼西亚为例》，见郝时远主编：《海外华人研究论集》，北京：中国社会科学出版社 2002 年版。

认同感”①。在传播学上的晕轮效应影响下，不论是华侨还是土生华人稍有一点不符合印尼人观念的行为，统统都会被扣上反印尼或者反种族融合的帽子，从而受到排挤，甚至成为骚乱针对的目标。

事实上，华人并不是如传媒所报道的那样缺乏国家认同感的族群。在印尼受到日本侵略时，华人也同原住民一起反抗日本，也有知名人士被日军杀害，如郁达夫等。华人为印尼独立和社会发展作出了巨大贡献。印尼如果没有华人的贡献，经济发展会延缓相当长的时间。因此，20 世纪 50 年代末，富有正义感的原住民就针对原住民和传媒对华人不客观的评价站出来替华人说话。“譬如，伊万·西马杜邦在评论反华书籍《印尼的华人问题》时，指出此书夸大事实，著名作家普拉穆迪亚·阿南达·杜尔出版了一本 200 页的专著《在印度尼西亚的华侨》，以详尽的事实论证了华人对印尼的贡献，并得出结论，华人可以成为印尼的战友。”② 但是具有这种正义感的印尼原住民毕竟是少数。一些相当极端的印尼作家把对华人的观感写成文章发表在印尼文的报纸上，结果造成雪崩效应，严重影响了原住民对华人的感情，更加加深了他们对华人缺乏国家认同感的印象。

在负面言论的影响下，华人生活在受原住民排斥和怀疑的阴影之中，有时候感到彷徨和迷茫。坚持本土化的土生土长的华人经历了多次骚乱之后，也对自己的身份认同产生了疑问和反思。由此来看，传媒对华人的指责，不仅强化原住民认为华人缺乏国家认同的观感，而且严重影响到华人的身份认同，反而再次强化了华人对族群的身份建构，不利于印尼国内各族群的团结。

三、强化当地原住民认为华人不建设国家和回馈社会的思想

自印尼独立以来，领导人就常常拿印尼华人与中国大陆的人们进行比较。中华人民共和国成立以后，中国实现当家做主的愿望，社会生产力得到释放，短短几年就把濒临崩溃的国民经济恢复了过来。当时印尼领导人到中国参观之后，相当感叹中国人民勤奋朴素、自强不息的精神，也对他们把集体利益放在个人利益之上的精神大加褒扬。

印尼领导人回国之后，对照华人在印尼的表现，对印尼华人产生了相当不满的情绪。他们认为，印尼华人也应该像在中国的人民一样，发扬艰苦奋斗的精神，把国家、集体利益置于个人利益之上，不要只顾自己利益，而忽

① Wagub Cina Undang Indonesia Kunjungi Provinsinya，2008-09-04.

② 刘宏：《族群与国家观念的迷思——以后殖民时期的印度尼西亚为例》，见郝时远主编：《海外华人研究论集》，北京：中国社会科学出版社 2002 年版。

视了帮助其他种族的义务。他们对印尼华人的不满通过传媒报道出来后，使原住民将印尼贫困的原因归咎于印尼华人对社会的掠夺，认为他们是自私自利的族群。如20世纪50年代初，印尼著名记者苏卡多（Sugardo）访问中国并撰写了不少有关中国的论述，他对中国人的集体主义精神尤为赞赏，认为这使“他们将社会利益置于个人利益之上”。与此同时，他特地提醒印尼读者中国人和当地华人的不同，称后者“来到印尼仅仅是为了发财致富，他们也损害了中国形象”①。

《泗水邮报》（印尼文）主编阿齐兹1956年5月22日在雅加达《新报》（印尼文）上发表文章，认为有两种不同类型的华人：“我曾经八次出国访问，这次的访华是最令我满意的一次，中国人在每一个细节上都表现出礼貌、谦虚、真诚。这也使我意识到他们与我在东南亚所见到的华人不同。与之相比，后者既不谦虚也不诚恳。”② 印中友协仁义罗苏娜·赛义德在20世纪50年代末访华归来后对中国人的劳动与生活热情大加赞叹，并强调：“如果我们国家的华人都被中国人取代，那该多好。”③

中国改革开放之后，经济得到飞速发展，人们的生活水平得到了长足的提高。中印1990年复交后，许多领导人和学者到中国参观访问，再一次为中国人的创造力所震撼。他们认为，虽然中国经济发展有赖于改革开放，但是动力却来自中国人的传统优点，正是中国人不断创新、艰苦创业、为国家发展作出牺牲的精神，才使得中国经济得到飞跃。他们回国，把自己的见闻发表在印尼文或英文传媒上，结果无形之中又把中国人的艰苦奋斗、勇于奉献的精神当作参照系，指责印尼华人缺乏集体荣誉感，暗喻他们缺乏与国家和其他种族同甘共苦，并把财富回馈社会的精神。④ 1998年，接替苏哈托继任总统的哈比比在接受《罗盘报》采访时发表抹黑印尼华人形象的言论。他说，“所谓1998年印尼华人遭迫害的说法是很荒谬的”，并认为“华人与土著印尼人之间的紧张关系是属于社会性质的”。⑤ 哈比比发表的言论意思是说，印尼华人与原住民是两个阶级，印尼华人是富有阶层，因此受到低下阶层的敌视与破坏是咎由自取。

原住民常常透过印尼文报纸有关印尼华人的报道来了解华人社会，而印尼文报纸的从业者又持着印尼华人缺乏国家认同感、掠夺印尼人的观念。这

---

① Garuda Sugardo Raih Lifetime Achievement Bidang Politik. Kompas, 2009-03-19.

② 《文化传统促进了中国的发展》，《新报》，1956年5月22日。

③ 刘宏：《族群与国家观念的迷思——以后殖民时期的印度尼西亚为例》，见郝时远主编：《海外华人研究论集》，北京：中国社会出版社2002年版。

④ 10 WNI di Cina Tersandung Kasus Hukum. Kompas, 1996-06-14.

⑤ Habibie Pidato di DPD. Kompas, 1998-08-17.

种观念时刻影响他们的办报宗旨，形成恶性循环，使原住民不断积累和强化印尼华人不回馈社会的思想。可以说，传媒在塑造原住民对回馈社会的想法的过程中，发挥了相当负面的作用，经常把印尼华人描绘成“掠夺者”“吸血鬼”等，更加挑拨了原住民和印尼华人之间的关系。

四、传媒负面报道华人新闻的思考

印尼原住民对华人的负面印象有其历史原因。早期荷兰殖民者为控制少数民族，利用各民族之间的相互猜忌和不满，通过凸显各民族的弊端来牵制各民族，随后日本侵略者针对华人的反日情绪和对抗日战争的支持，大肆妖魔化华人，挑拨华人与原住民的感情。日本投降后，原住民由此形成的负面印象并没有因为日本退出印尼而消失，相反却得到加强。苏哈托推翻了苏加诺政权，对华人采取了相当极端的做法，大量华人被屠杀和驱逐，华文教育被彻底取消，华人也被迫改用印尼人名字。

早期移居东南亚，选择定居印尼的华人应该是最有创业冒险精神的一群。当初他们离乡背井，远离祖国，在当地白手起家，艰苦创业。第一代印尼华人是垦荒者，他们用智慧和胆识创造了财富，也推动了印尼经济的发展。可是第三、第四代的印尼华人，却成了不中不西又不土（著）的一族，其中一些华人养尊处优的状况和原住民在贫困线挣扎的情形形成了强烈对比。这种对比就被一些政客利用，他们在华人与原住民的贫富差异问题上大做文章，在报纸上发表抨击华人缺乏社会责任的文章，从而激化了原住民的怒火。一旦怒火积聚到一定程度，再加上政客和传媒的挑拨，就会形成反华骚乱，打砸华人商铺泄愤。自印尼独立以来数不清大大小小的反华骚乱，几乎都是政府主导，传媒挑拨离间造成的。在1998年骚乱中，一些暴民接受路透社采访时说他们“看了印尼文报纸后产生对华人的不满，并参与到暴力中来”①。

长期以来，华人被排斥在政治选举之外，虽然在经济上颇有实力，但是总是缺乏更上一层楼的机会和条件。要改变原住民对华人的负面态度，作为少数族群的华人，更应该积极参政，组织包容各个种族的政党，推动印尼多元和谐社会的发展，促使民主生根发芽。同时，华人平时也应养成财富取之社会、用之社会的回馈精神，才能阻止极端分子兴风作浪，利用种族贫富课题制造社会动荡。笔者认为，华人也应该办起一份或数份印尼文报纸，把它

---

① Violent against Chinese in Indonesia. Reuters，1998-12-12，http：//www. reuters. com/article/latestCrisis/idUSJAK27199812.

当作华人的舆论工具，反击其他报纸对华人的不实攻击。

印尼传媒在报道华人时严重缺乏客观公正精神，但是客观来说，华人本身也存在一些问题，如炫富心理很普遍、缺乏对弱势群体的关怀等。因此，要避免传媒的负面报道，消除原住民的负面印象，华人要全面投入重建印尼民族和谐社会中去，关心弱势群体，多参与慈善事业，以实际行动回击传媒的批评，与原住民和睦共处，共同进退，消除“奶牛”和“替罪羊”的形象，避免成为种族问题的挡箭牌，为传媒利用某些课题不客观公正报道华人提供条件。

此外，华文传媒也要利用其作为少数族群传媒的特殊地位，发挥影响社会舆论的功能。虽然华文传媒为少数华人服务，但是其代表华人权益，传递华人的声音，特别是在当前文化全球化的国际环境中，其在影响社会舆论方面有开拓的空间。比如，在一些敏感的时刻，印尼政府为保持统一和稳定，将不得不考虑甚至满足华文传媒的诉求，这样就为华文传媒增强影响力和话语权提供了条件。如果华文传媒在全球化的特殊环境中，能够充分认识到民族国家种族关系的敏感性与复杂性，利用这种敏感性设计议题和内容，那么华人就不会被动地应对印尼政府的不利政策。因此，在全球化背景下以及印尼敏感、复杂的种族关系中，华文传媒无疑可从少数族群传媒的特殊视角去维护华人利益，传播良好的华人形象，促进各种族的相互理解，改变印尼文传媒随意、不客观地渲染不利于华人的舆论的垄断地位。

我国在华文传播中的制度性话语权建设现状和发展策略研究
——以孔子学院的制度建设为例

王正邦

【摘　要】 语言和文化作为国家软实力的重要组成部分，在提升国家影响力上发挥着举足轻重的作用。因此，本文引入制度性话语权的理论，从话语的视角考察我国的华文传播现状。本文将从孔子学院这一机构的发展现状着手，分析汉语和中华传统文化在海外华文传播中的传播现状和策略，并将其和世界上其他主要的语言文化推广机构作比较，尝试从制度性话语权的视角为汉语的海外传播提供有效可行的发展策略。研究提出了六项话语权构建的策略，包括将理解中华传统文化的核心价值体系纳入教师培养和筛选的标准中；制定鼓励性制度吸纳外国留学生加入传播队伍；用制度赋予孔子学院一种中国文化研究的平台功能；寻求制度性话语行为体间的合作，实现相互促进的共赢局面；坚持"民办官助"的发展道路；明确孔子学院在文化多样性和全球化进程中扮演的角色，提升"和而不同"办学理念的影响力。

【关键词】 孔子学院；制度；话语权；汉语；传统文化

自20世纪40年代布雷顿森林体系建立以来，以规则为基础的全球经济治理体系开始形成。[①] 到了20世纪90年代，国际上出现了全球治理的新理论，全球治理理论的提出反映了当代国际政治发展到全球政治新阶段时在政治结构、政治主体与管理方式上的新变化、新特点。[②] 全球经济治理体系和全球治理理论的形成与发展都离不开旧规则、旧秩序的"破"与新规则、新秩序的"立"。可以说，制度在全球各领域的合作及治理中发挥着基础性作用。

---

① 陈伟光、王燕：《全球经济治理制度性话语权：一个基本的理论分析框架》，《社会科学》2016年第10期。

② 曾箭华：《全球治理理论的兴起及其中国视角》，华东师范大学硕士学位论文，2006年。

制度建立和执行过程也反映了各个国家话语权间的合作与博弈。

在全球治理的语境下，话语资源是行为体制度性话语权的生成来源和依据。一国所享有的话语资源首先以硬实力为基础，如经济实力、军事实力等。如今我国已经成为世界第二大经济体，在经济实力、军事实力等硬实力上拥有一定优势。然而行为体在全球治理中享有的话语权力的来源不仅仅包括硬实力，还与软实力的强弱密切相关。语言和文化是一个国家软实力的重要组成部分，在决定国家影响力上发挥举足轻重的作用。因此，学界有必要从制度性话语权的视角看我国的华文传播现状，话语权视角下的研究有助于我们厘清当前我国在全球治理体系中拥有的软实力话语资源。

孔子学院是汉语教学推广与中国文化传播的全球品牌和平台，为促进世界各国人民学习汉语和了解中国文化，推动世界文明的多样性发展作出了积极的贡献，被誉为中国目前最好、最妙的出口产品。孔子学院的成立和发展为我国的华文传播提供了可行的渠道和传播路径，也是我国提升语言、文化软实力的重要举措。本文将从孔子学院这一机构的发展现状着手，分析汉语和中国传统文化在海外华文传播中的传播现状，并将其和世界上其他主要的语言文化推广机构作比较，尝试从制度性话语权的视角为汉语的海外传播提供有效可行的发展策略。

一、概况

孔子学院是中国国家汉办在世界各地设立的推广汉语和传播中国文化与国学的教育和文化交流机构，是一个非营利性的社会公益机构，一般下设在国外的大学和研究院等教育机构里，采取国内外合作办学的方式。孔子学院最重要的一项工作就是给世界各地的汉语学习者提供规范、权威的现代汉语教材，提供最正规、最主要的汉语教学渠道。2004 年 11 月，全球第一所孔子学院在韩国首尔建立。到 2017 年，全球已有 140 个国家建立了 511 所孔子学院和 1 073 个孔子课堂。各类学员多达 210 万人，有 1 300 万人次参加了相关文化活动。[①]

《孔子学院章程》规定：“孔子学院的使命是致力于适应世界各国和地区人民对汉语学习的需要，增进世界各国（地区）人民对中国语言文化的了解，加强中国与世界各国教育文化交流合作，发展中国与外国的友好关系，促进

① 黄培昭等：《这里，培养了无数海外“中国迷”》，《人民日报》，2017 年 2 月 7 日第 23 版。

世界多元文化发展，构建和谐世界。”① 孔子学院提供的服务包括开展汉语教学、培训汉语教师、提供汉语教学资源、进行汉语考试和汉语教师资格认证、提供中国教育和文化等信息咨询、开展中外语言文化交流活动。

和世界上其他主要的语言文化推广机构相比，孔子学院刚刚走过十多年的发展历程，仍旧处在快速的“铺面阶段”，在语言教学、文化推广、组织管理、制度建设等诸方面都存在较大问题，这些问题亟待解决以应对我国日益上涨的软实力需求。

二、制度性话语权的理论建构

制度性话语权是一个新兴概念。在大多数学者看来，国家的制度性话语权主要指的是国家对国际经济制度构建及改革的能力。例如徐明棋提出制度性话语权具有两层含义：一是有发表看法以及发表的看法得到关注和重视的权利，且这种权利在制度体制上得到了保障；二是在全球经济治理涉及制度改革和重构的问题上，具有话语权和影响力。② 笔者认为，行动体的制度性话语权不仅仅反映在国际经济制度的建构中，也反映在国际政治、文化交流等各领域合作谈判和机制构建过程中。与此同时，行动体在某个特定领域所掌握的制度性话语权也反映出它在该领域的实力和影响力。

制度性话语权的概念可以从“制度”影响力、行动体的“权力”以及行动体的“话语”方式三部分来定义。话语背后的权力不直接影响和控制话语实践过程，而是通过规定话语的规范化（standardization）和进入话语的“程序”（formality）的设置来间接控制话语，它隐蔽了话语中的权力关系以获得良好的话语效果。③ 因此，在话语活动中，掌握话语权的主体对传播、沟通的内容和形式起主导的控制作用，无权者由于文化和语言背景显著不同，无法按照传统的惯例完成话语活动而处于“失声”的境地。话语主体间这种极度不平衡的权力关系，使话语实践活动无法达到预期的说服目标和效果。制度形成的过程是话语权博弈的过程，权势者将权力内置入制度话语实践，让话语活动更大程度地体现权势者自身的群体利益。我国的儒学传统文化的流传是文化制度性话语权的一种隐性表达，传统儒学中君臣间的支配与服从关系在漫长的历史中已变成常识而被人们习以为常，服务于权势者的阶级意识成

---

① 国家汉办：《孔子学院章程》，http：//www. hanban. edu. cn/kzxylist. php？ ithd = xyzc。

② 徐明棋：《全球经济治理：提高我国的制度性话语权》，http：//theory. gmw. cn/2015 - 11/23/content_ 17823330. htm。

③ FAIRCLOUGH N. Language and power. London：Longman，1989，p. 91.

功地打破了权力差异，转化为社会的主流意识形态和各项制度。然而在被这种权力意识形态浸染的社会的底层话语实践场域中，几乎看不到对话语“同化”的抵制，能看到的只是他们对当下制度的学习与遵守。

政府、组织和国家等行动体掌握的制度性话语权是动态的或者说流动的，因为制定制度、执行制度、解释规则等行使话语权的过程是不同话语权持续博弈和争夺的过程。我国学者陈伟光、王燕梳理了制度性话语权的作用机制：第一，话语权的首次分配受到话语者客观话语资源占有状况及主观话语意愿的影响，其话语资源为该国的硬实力与软实力，主观因素则为该国支配特定制度的意愿和兴趣；第二，话语与权力、行为体与结构之间是互构的关系，而并非简单的单向流动，话语博弈下产生的国际经济制度亦界定并巩固行为体身份及权力，并反向增进或削弱其硬实力或软实力；第三，在话语博弈中，改变话语要素，通过对话语身份、对象、内容、场合、时机及方式中的一项或多项因素的合理配置，便可提升话语权的实施效果。①

三、孔子学院发展过程中的制度话语分析

孔子学院的章程规定了业务范围、经费运营、管理、设置机构等内容。孔子学院涉及海外合作办学机制，章程中的条款不仅仅与中国的利益有关，同时也提到了如何和其他国家合作办学。因此，孔子学院章程的设立可以看作是各国行使制度性话语权的过程。孔子学院是在中国登记并受到中国资助、由中国管理的非营利机构，中国无疑在制定制度中占据主导的话语权。孔子学院章程在发展模式、机构定位及产业化方向三方面反映了中国在华文传播中拥有的制度性话语权现状。

（一）发展模式：善用民间软实力资源，呈现弱控制形态的话语权

作为“公益性的、非营利的教育机构”，孔子学院的管理及运作方式更接近法语联盟。② 国家汉办和孔子学院总部负责海外孔子学院的建设、孔子学院教师的培训和派出、孔子学院大会的召开等工作。根据《孔子学院章程》，孔子学院总部理事会成员人选由中国国务院教育行政部门提出建议，报国务院

① 陈伟光、王燕：《全球经济治理制度性话语权：一个基本的理论分析框架》，《社会科学》2016 年第 10 期。

② 莫嘉琳：《孔子学院与世界主要语言文化推广机构的比较研究》，《云南师范大学学报（对外汉语教学与研究版）》2009 年第 5 期。

批准。[①] 虽然孔子学院的创办及运作受到政府相关部门的管理，但它不同于文化部外派的“中国驻外文化中心”。相比之下，孔子学院更具有民间性质。

此外，从海外孔子学院的申请及报批过程来看，孔子学院坚持“外方申办，双方自愿，平等合作，互利共赢”的原则，实行外方为主，中方协助，当地政府和社会各界大力支持和积极参与的模式，90%以上的海外孔子学院由中外高校合作创办。中国高校和外国高校合办孔子学院究其实质是一种民间合作的形式，孔子学院走的是一条“民办官助”的道路。

孔子学院“民办官助”的办学模式反映了我国注重运用民间软实力，结合孔子“和而不同”的理念传播中国传统文化，“润物细无声”地进行华文传播，而不是通过官方渠道的刻意灌输实施强势控制的话语权。“民相亲则国相交”，语言文化的民间渗透力是孔子学院发展的强大推动力。孔子学院“民办官助”的发展道路使其运作有了更大的回旋空间，其机制更富活力与弹性。

由此我们可以看出，行动体在文化传播领域行使制度性话语权不同于全球经济治理领域，文化传播反映的不仅仅是国家之间的制度互动，还是民众对既有制度的接受情况以及协定的执行情况。倘若以官方“亲力亲为”的模式开展华文传播，从制度上会被视为受到政治、官方意识形态等因素的干扰，进而产生逆向话语，不利于话语权的实施。

（二）机构定位：非学历教育的文化传播路径折射出话语权博弈

孔子学院在经营策略上采取与海外教育机构合作建设及特许经营等方式。海外孔子学院参照和借用总部提供的教学模式、课程产品等教学资源，向社会人士开展专门技能的汉语培训以及中文教师的教学能力培训。值得注意的是，海外孔子学院提供的是非学历教育。

除了负责汉语在国际上的推广外，孔子学院还有提供与中国教育、文化、经济和社会相关的信息咨询，开展当代中国研究等工作。孔子学院将语言传播与文化推介视为两大使命。汉语国际推广并不仅仅是纯粹的语言教学，同时也将文化传播到海外。语言是文化的重要载体之一，“语言承载着文化，也是一个民族文化最重要的徽记”[②]。孔子学院重视文化与语言融合互渗，把语言讲授与文化的传播结合起来。孔子学院和孔子课堂在进行汉语教学的同时也在传播和弘扬中华文化，向国际社会展示发展中的中国是一个推崇文化、

---

① 国家汉办：《孔子学院章程》，http：//www. hanban. edu. cn/kzxylist. php？ithd = xyzc。

② 《实录：全国人大“孔子学院的发展情况”专题采访》，中国网，http：//www. jyb. cn/china/gnxw/200903/t20090312_ 254614_ 3. html。

追求和平发展的国家，和合文化正引领中华民族的发展与崛起。[①] 因此，要在对外汉语教学语境下协调语言与文化之间的张力，关键在于培养语言习得者的文化意识。语言的工具性与文化传承功能同为海外汉语热的重要动因。此外，孔子学院为中国文化软实力的象征，文化推广本是该机构的题中之意。“孔子学院立足语言教学，而不局限于语言教学，这是由它的软实力的性质所决定的。”[②]

从孔子学院的机构定位上看，我国的海外华文传播提倡语言教育和文化传播并重。但从其制度实践看来，孔子学院的制度运行和操作尚处于初期阶段，具体表现为孔子学院的教学课程是一种非学历教育。非学历教育意味着海外华文教育受重视的程度仍然不高，在某种程度上制约着华文传播的受众面拓展。非学历教育是我国与其他国家在制度性话语权博弈中形成的结果，反映出我国传统文化软实力形成的制度性话语权仍有待提升。

此外，孔子学院所负责的开展当代中国研究等工作亟待制度介入来进一步推进，如设立制度通过资金和访学支持鼓励海外学者借助孔子学院的平台对中国传统文化、教育展开研究。海外学者的研究成果可以进而反哺该国学界，形成更多的学术讨论和文化交流。

（三）产业化方向：亟待获取更多文化软实力话语资源

从经济现状来看，仅靠总部的资金支持，维持孔子学院、孔子课堂的运作显然是不现实的。官方数据显示，2005 年到 2009 年 3 月，北京总部对海外各孔子学院的支出总计 5 亿元人民币。[③] 同样作为语言传播国际民营机构的歌德学院每年支配的总预算高达 2. 8 亿欧元，其中 2. 2 亿欧元来自政府拨款。[④] 孔子学院办学资金的筹措与管理，从投入产出率上来看更为合理。而从此类机构的发展路径来看，孔子学院要想进一步实现可持续的健康发展，必然要走产业化的道路。“汉语国际推广不是纯教育，因为语言本身是一种产品，特别在向国际上推广的时候，就更是一个文化产品，必须以产业、市场的方式来运作。语言推广不走产业、市场之路是绝对没有发展前途的。”[⑤]

---

① 许琳：《汉语国际推广的形势和任务》，《世界汉语教学》2007 年第 2 期。

② 张西平：《汉语国际推广中的两个重要问题》，《长江学术》2008 年第 1 期。

③ 《实录：全国人大“孔子学院的发展情况”专题采访》，中国网，http：//www. jyb. cn/china/gnxw/200903/t20090312_ 254614_ 3. html。

④ 莫嘉琳：《孔子学院与世界主要语言文化推广机构的比较研究》，《云南师范大学学报（对外汉语教学与研究版）》2009 年第 5 期。

⑤ 《对话国家汉办主任许琳：汉语文化“软推广”》，新华网，http：//news. xinhuanet. com/politics/2008 －05/06/content_ 8113032. htm。

实际上，国际上的官方语言传播机构的长足发展都是依赖着产业化的教育服务体系，例如英国文化委员会、法语联盟、歌德学院、塞万提斯学院。其中众所周知的是英国的雅思考试（IELTS），它是英国文化委员会和剑桥大学考试委员会、澳大利亚教育国际开发署共同开发的一项国际英语水平考试。目前，雅思考试被大多数英语国家选为考察英语运用能力的一项必要的证明，其影响力远超过其他同类测试。

我国的汉语水平考试（HSK）是开展外国人汉语考试的一项重要尝试，目前已经达到每年1 000多万元的盈利。① 但是汉语国际化程度与英语相比尚有距离。从文化软实力上说，汉语的影响力随着我国的经济和社会发展提升了不少，但与英语比，汉语的影响力尚待提升。

从制度上看，产业化是一项行之有效的制度方案，但目前汉语的影响力束缚着汉语国际化，由此可以看出汉语国际化仍然处于初期阶段。中国在制度设置上可以参考国际上的其他语言考试。另外，寻求制度性话语行为体间的合作，实现相互促进的共赢局面或许是一种话语策略。孔子学院秉承和谐发展、和而不同的共赢理念，借助其他语言国际化的制度搭上顺风车，或许能让汉语国际化的进程事半功倍。

四、当前孔子学院制度性话语权建构的可行性策略

当前孔子学院推行非学历教育的制度体现了中华文化在国际上的影响力仍然有限，学院制度性话语权的构建迫切需要跨越式的提升。我们首先应该明确中华文化的核心价值体系是什么，然后结合我国文化软实力的现状，明确孔子学院在文化多样性和全球化的进程中扮演的角色。本文认为，孔子学院要在进一步认知文化软实力现状的基础上，制定长期的制度性话语策略。

具体而言，孔子学院在设定制度中的可行性策略如下：

第一，将理解中华传统文化的核心价值体系纳入孔子学院教师培养和筛选的标准中。习近平总书记指出："中华文明绵延数千年，有其独特的价值体系。中华优秀传统文化已经成为中华民族的基因，植根在中国人内心，潜移默化影响着中国人的思想方式和行为方式。"② 因此，华文传播并不仅仅局限于汉语的传播，更应该包含中国文化的核心价值观的传播。孔子学院可以将

---

① 《对话国家汉办主任许琳：汉语文化"软推广"》，新华网，http：//news. xinhuanet. com/politics/2008－05/06/content_ 8113032. htm。

② 《六、创造中华文化新的辉煌——关于建设社会主义文化强国》，人民网，http：//politics. people. com. cn/n/2014/0709/c1001－25255921. html。

汉语作为文化的基础性载体，将培养和弘扬中华传统文化的核心价值观融入汉语教育中，如在讲授汉字起源和造字时可以着重讲述古人造字的理念。这种语言与文化融合的教育模式可帮助国际社会从深层次理解孔子学院的宗旨和教学理念。

第二，制定鼓励性制度，鼓励并吸纳在中国学习多年的外国留学生加入华文传播的队伍中。外国留学生具有本国文化和中华文化的双重文化基因优势，他们在传播中华文化时可以进一步淡化该国的文化被剥夺感，也使华文传播的话语趋于多样化和去意识形态化，达到更好的传播效果。此外，对外国留学生利好的制度显示出中国在文化传播中的开放性和兼容并包，因此中国也可以在国际文化交流制度制定中获得更多的话语权。

第三，制定可行的制度，赋予孔子学院中国文化研究平台功能，通过资金支持、邀请访学等形式鼓励学者和外国孔子学院办学者开展当代中国传统文化研究。

第四，寻求制度性话语行为体间的合作，实现相互促进的共赢局面。从孔子学院当前的发展现状来看，汉语国际化尚处于初期阶段，我国的文化软实力也有待提升。因此，以合作协商的方式设定孔子学院的运行制度是一种设法实现共赢的话语策略。孔子学院秉承和谐发展、和而不同的共赢理念，借鉴其他语言国际化的制度，或许能让汉语国际化的进程事半功倍。

第五，坚持“民办官助”的发展道路。孔子学院“民办官助”的发展道路使其运作有更大的回旋空间，其机制更富活力与弹性。同时，亲民的办学模式配合奖励机制等鼓励性制度，可以激发国外的中华文化爱好者的学习热情。

第六，明确孔子学院在文化多样性和全球化的进程中扮演的角色，提升“和而不同”办学理念的影响力。中华传统文化在国际文化“熔炉”中扮演着重要角色。但不可否认的是，中国的文化软实力尚处于弱势。孔子学院“和而不同”的宗旨既符合中华传统文化的核心内涵，也淡化了文化灌输的霸权色彩，体现了话语的延续性和中长期传播策略。同时，“和而不同”的办学理念和办学风格展现了中华传统文化的平等、天地人和的大同理念，为中国在其他领域的话语权战略提供了文化驱动力。

五、结语

研究孔子学院的制度制定和执行，并与国外语言推广政策作对比，从我国综合实力入手制定出适合我国当前综合实力的语言推广政策，对于汉语国际化及海外华文传播有着重要意义。语言文化推广机构是各国语言推广政策的直接体现，它综合反映了行动体在国际上的文化软实力、经济实力等综合国力，更反映出行动体在文化、教育领域的话语权。盘点孔子学院的发展历程和制度，我们可以发现当前孔子学院的推广路径采取的是弱控制的“民办官助”的路线，这种淡化了话语“权力”色彩的执行路径被视为褪去了意识形态色彩，是更容易让人接受的文化传播而非文化侵略。此外，非学历教育的制度也反映出在文化传播中我国的话语权尚有待提升，我国传统文化得到认可的进程仍有待推进。最后，汉语国际教育的产业化道路反映出我国海外华文传播正积极利用话语权优势，将文化实力转化为经济效益。通过设定对汉语水平的制度性认证，可以提升汉语在国际上的地位，有利于更广泛的传播。

在此基础上，本文还提出了提升六项文化话语权的策略，主要的决策逻辑在于：我们首先应该明确中华文化的核心价值体系是什么，然后结合我国文化软实力的现状，明确孔子学院在文化多样性和全球化的进程中扮演的角色。本文认为，孔子学院要在进一步认知文化软实力现状的基础上，制定长期的制度性的话语策略。

【参考文献】

1. 陈伟光、王燕：《全球经济治理制度性话语权：一个基础的理论分析框架》，《社会科学》2016 年第 10 期。

2. 曾箭华：《全球治理理论的兴起及其中国视角》，华东师范大学硕士学位论文，2006 年。

3. 黄培昭等：《这里，培养了无数海外“中国迷”》，《人民日报》，2017 年 2 月 7 日第 23 版。

4. 国家汉办：《孔子学院章程》，http：//www. hanban. edu. cn/kzxylist. php？ithd = xyxz。

5. 徐明棋：《全球经济治理：提高我国的制度性话语权》，http：//theory. gmw. cn/2015 －11/23/content_ 17823330. htm。

6. 莫嘉琳：《孔子学院与世界主要语言文化推广机构的比较研究》，《云南师范大学学报（对外汉语教学与研究版）》2009 年第 5 期。

7. 《实录：全国人大“孔子学院的发展情况”专题采访》，中国网，http：//www. jyb. con. cn/china/gnxw200903/t20090312_ 254614_ 3. html。

8. 许琳：《汉语国际推广的形势和任务》，《世界汉语教学》2007 年第 2 期。

9. 张西平：《汉语国际推广中的两个重要问题》，《长江学术》2008 年第 1 期。

10. 《对话国家汉办主任许琳：汉语文化“软推广”》，新华网，http：//news. xinhuanet. com/politics/2008 －05/06/content_ 8113032. htm。

11. 《六、创造中华文化新的辉煌——关于建设社会主义文化强国》，人民网，http：//politics. people. com. cn/n/2014/0709/c1001 －25255921. html。

12. FAIRCLOUGH N. Language and power. London：Longman，1989.

后　记

“一带一路”沿线国家生活着数以万计的华人。他们在所在国辛勤工作，为当地的经济和文化发展作出了重要贡献。他们传承中华文化，繁荣当地文化，促进了中华文化与当地文化的交流与融合，推动了中华文化在海外的传播。

作为面向华人传播的媒体，华文媒体成为华人社会最重要的文化纽带和信息传播介质，担当了推动信息互联互通和增进文化互信的角色，加强了华人社会内部的信息交流，及时报道当地的社会舆情，实现了华人的舆论引导，具有广泛的传播力与影响力，对于提升华人形象，帮助华人了解和融入当地主流社会，参与所在国的政治活动，维护华人的社会权益，发挥了重要的、不可替代的作用。

本书在我国建设“一带一路”的历史背景下，立足海外华文媒体的发展现实，特别是海外华文新媒体急速发展的事实，围绕如何增强国际传播力、服务当地华人社会等课题展开讨论，通过探讨海外华文媒体的资源整合、媒体转型、社会功能、族群文化传播以及身份认同等问题，从多个角度研究其文化角色与责任担当，集中呈现了海外华文媒体在新的历史时期的角色功能。“一带一路”沿线国家华文媒体数量众多，形态多样，不乏有规模、有影响的媒体，如果能参与到“一带一路”的建设中，建立起通达世界的传播平台，实现传播的全球化，必将促进中华文化和中国故事在海外的传播，助力我国“一带一路”的建设。

本书比较客观地描述了海外华文媒体的发展现状与愿景，根据其发展实际，提出其应适应社会发展潮流，着力向新媒体转型或与其融合，借助传播科技，加强资本运营能力，寻找新的增长点，实现跨媒体运作经营、跨语言传播的目标，并发展社区服务。海外华文媒体在新媒体发展过程中，要制定切实可行的奋斗目标、总体路线、主要任务和措施保障。本书对如何开展海外华文媒体业务提出了新的看法，例如，应重视新媒体的作用，深入研究新媒体的族群性传播特点与独特文化，通过剖析一些颇有价值的媒体融合与族群内传播的案例，为海外华文媒体的相互协作与跨媒体运营，以及新媒体发展提供有益借鉴。

本书着眼于海外华文媒体发展的未来走向，指出其应站在信息传播业的前沿，推动文化传播与科技的融合，积极运用高新技术改造传统媒体，大力发展新兴媒体业态，推动传统媒体升级，通过资本市场的运营，借助社交媒体，形成一批有影响力、传播力的新媒体集团。本书还提出一些创造性的发展设想，如整合海外华文媒体的资源，立足国外华人社会社区，实现错位发展，良性竞争，分工合作。

本书是本人与研究生共同合作的成果。研究生均来自暨南大学新闻与传播学院。以论文集的形式出版研究成果，其中不可避免地存在一些有待完善和改进的地方，特别是在创新性方面要加强。例如，论文虽有大量数据支撑，但有些数据并非报告撰写人亲身调查而来，而且数据存在滞后性，因此可能无法真实、全面反映海外华文媒体的现状。此外，由于研究生写作能力有待进一步提高，虽然资料翔实，但分析力度有所欠缺，理论素养有待加强，存在面广但深度不足的问题。例如，对于海外华文媒体如何担当游说者的角色，影响当地舆情，缓解甚至消除不利于华人的舆论，以及其如何成为中介者，通过政治动员推动华人参与当地政治活动等问题的研究缺乏较有前瞻性的观点，理论色彩稍为淡薄。

本书对如何拓展媒体的生命线，培育媒体新的生长点，特别是媒体随新媒体的迅速发展如何转型，如何适应传播全球化、运营集团化、媒体融合化的趋势，在新的媒体生态中担当新的角色，以及新媒体如何影响新生代华人等方面的研究也有待深入。例如，华文新媒体如何对华人新生代产生影响，如何利用新媒体加强文化传播和意识熏陶，增进他们对祖籍国的认识；如何利用社区化的传播手段，为华人新生代创造一种全新的、体验式的媒体接触环境和信息场景，培养他们的族群文化思维，缓解他们的母语危机等问题，在本书缺乏更大幅度、更深入的论述。

海外华文媒体是一种非常典型的少数族群媒体。它们如何在全球化的背景中继续维持其生命力，如何在祖籍国和海外离散族群之间建立文化联系，如何借鉴其他少数族群媒体为族群成员服务的手段、方法，增强自己在华人当中的认受性等，也需要在理论上作一定深度的探讨。

总而言之，本书作为一本论文集，在社交媒体快速发展的时代背景中，审视海外华文媒体两百年历史的发展进程，探讨其在海外华人社会中坚韧的生命力与文化传播力，总结其成功经验与失败教训，借鉴其他少数族群媒体的特点与经验（如美国犹太人的社区报等），剖析华人的信息接受心理，采集和传播信息，建构跨媒体运作、多语言传播的传播格局，充分利用少数族群媒体在民族国家中的敏感性与文化独特性，以及传播全球化、网络化的趋势，为华人提供更多贴近性强又符合传播规律的信息，展现海外华文媒体的文化独特性、政治动员、舆情观察、社会互动的媒体景观，为读者提供了丰富史料与了解海外华文媒体的窗口。

感谢暨南大学出版社编辑的支持与辛勤工作。他们严格把关，精心编辑，为此付出了大量心血。此外，还要感谢各位作者。他们在提交稿件时根据要求多次修改，尽最大努力提高论文质量。

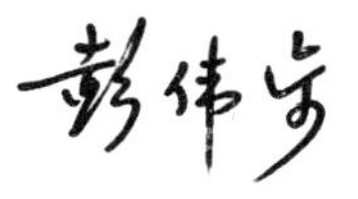

2018 年 8 月 13 日于暨南园